Das Nacherfüllungsrecht des Verkäufers im UN-Kaufrecht

Studien zum vergleichenden und internationalen Recht -
Comparative and International Law Studies

Herausgeber: Bernd von Hoffmann und Erik Jayme

Band 65

PETER LANG
Frankfurt am Main · Berlin · Bern · Bruxelles · New York · Oxford · Wien

Heiko Lehmkuhl

Das Nacherfüllungsrecht des Verkäufers im UN-Kaufrecht

PETER LANG
Europäischer Verlag der Wissenschaften

Die Deutsche Bibliothek - CIP-Einheitsaufnahme

Lehmkuhl, Heiko :

Das Nacherfüllungsrecht des Verkäufers im UN-Kaufrecht /
Heiko Lehmkuhl. - Frankfurt am Main ; Berlin ; Bern ; Bruxelles ;
New York ; Oxford ; Wien : Lang, 2002
(Studien zum vergleichenden und internationalen Recht ;
Bd. 65)
Zugl.: Heidelberg, Univ., Diss., 2001
ISBN 3-631-38522-6

D 16
ISSN 0930-4746
ISBN 3-631-38522-6

www.peterlang.de

Für Carlotta

Meinen Eltern und Schwiegereltern

Mein ganzer Dank gilt insbesondere meinem
Doktorvater Herrn Professor Dr. Gert Reinhart
für seine intensive und fürsorgliche Betreuung.
Er stand mir für alle meine Fragen und Sorgen
stets unterstützend zur Seite.

Weiterhin danke ich
Herrn Professor Dr. Dr.h.c. mult. Erik Jayme
für die Erstellung des Zweitgutachtens
sowie zusammen mit Herrn Professor Dr. Bernd von Hoffmann
für die Aufnahme meiner Dissertation in diese Reihe.

Ohne die Unterstützung von
meiner lieben Frau Carlotta,
meiner und ihrer Familie
sowie von Freunden, Bekannten und Verwandten
wäre dieses Werk nicht zu realisieren gewesen.

Inhaltsverzeichnis

Einführung

Mit dieser Arbeit soll im Bereich des Rechts der Leistungsstörungen bei internationalen Warenkaufverträgen, die dem UN-Kaufrecht (UNKR) unterfallen, ein Beitrag zum besseren Verständnis des Nacherfüllungsrechts des Verkäufers geleistet werden.

Das UNKR weicht von dem im nationalen deutschen Schadensersatzrecht normierten Verschuldensprinzip ab und statuiert in Anlehnung an romanische, skandinavische und anglo-amerikanische Rechtstraditionen eine Garantiehaftung des Verkäufers, der mit Abschluß des Kaufvertrages eine Garantie dafür übernimmt, daß er den Vertrag absprachegemäß erfüllen wird. Das hat für den Käufer zur Folge, daß ihm schon bei einer geringfügigen Abweichung des Verkäufers bei dessen Vertragserfüllung die Möglichkeit offensteht, unverzüglich Rechtsbehelfe auszuüben. So kann er nach Art. 45 Abs. 1 lit. b) UNKR auch in solchen, vom Verkäufer unverschuldeten Schadensfällen von diesem Schadensersatz fordern. Dem Verkäufer wird aber, um ihn nicht einseitig und über Gebühr mit den weitreichenden Folgen dieser Garantiehaftung zu belasten, das Recht zur nachträglichen Mängelbeseitigung eingeräumt. Gemäß Art. 48 Absatz 1 UNKR hat der Verkäufer das Recht, einen Mangel in der Erfüllung seiner Pflichten auch noch nach Ablauf des Lieferzeitraums zu beheben, sofern das dem Käufer zumutbar ist und dieser den Vertrag nicht bereits aufgehoben hat.

Vorbild für diese Ausgestaltung als Garantiehaftung war unter anderem der US-amerikanische Uniform Commercial Code (UCC). Nach dessen sec. 2-508 UCC kann sich ein Verkäufer gegenüber einem Käufer, der eine fehlerhafte Kaufsache zurückweist, auf sein Recht zur nachträglichen Erfüllung berufen, um dann nach einer erfolgreichen Mängelbeseitigung den Kaufpreis in voller Höhe einzufordern. Es gibt jedoch einen wichtigen Unterschied im Wortlaut der beiden Normen. Nach dem Wortlaut von sec. 2-508 UCC kann das Recht des Verkäufers zur Nacherfüllung der Norm erst dann entstehen, wenn der Käufer die fehlerhafte Kaufsache zurückgewiesen hat. Diese Voraussetzung fehlt im Wortlaut des Art. 48 UNKR. Die Zurückweisung der fehlerhaften Ware ist danach keine tatbestandliche Voraussetzung für das Entstehen des Nacherfüllungsrechts. Daraus ergibt sich die mit dieser Arbeit zu untersuchende Frage, ob dem Verkäufer im UNKR auch dann ein Nacherfüllungsrecht zustehen kann, wenn der Käufer die fehlerhafte Ware nicht zurückweist. Ausgehend von diesem Unterschied der Normen soll daher untersucht werden, ob ein Verkäufer nach Art. 48 UNKR berechtigt ist, auch nach Ablauf der Lieferfrist den Fehler einer Kaufsache zu beseitigen, obwohl der Käufer eine nachträgliche Mängelbeseitigung nicht verlangt, er vielmehr die Ware trotz ihres Fehlers billigt und unter Zahlung des vereinbarten Kaufpreises die fehlerhafte Kaufsache behalten möchte.

Es sind in diesem Zusammenhang zwei Fallkonstellationen denkbar. Liefert der Verkäufer einerseits fehlerhafte Ware und billigt und bezahlt der Käufer diese, dann kann der Verkäufer an einer späteren Mängelbeseitigung der Ware interessiert sein, um eine drohende Gefährdung anderer zu vereiteln oder um den wirtschaftlichen Ruf, der von seiner Ware auf dem Weltmarkt ausgeht, nicht zu gefährden. Andererseits könnte es sich auch ergeben, daß ein Verkäufer versehentlich höherwertige oder gänzlich andere Ware an den Käufer ausgeliefert hat, die dieser nun zum vereinbarten, geringeren Kaufpreis unter Ausschluß des Neulieferungsrechts des Verkäufers behalten möchte.

Fraglich ist es demnach, ob es dem Käufer möglich ist, den Rechtsbehelf des Verkäufers auf Nacherfüllung durch Billigung der fehlerhaften Ware und durch Zahlung des vertraglichen Kaufpreises zu vereiteln, oder ob den Käufer auch gegen seinen Willen die Pflicht treffen kann, eine nachträgliche Mängelbeseitigung durch den Verkäufer nach Art. 48 Abs. 1 UNKR zu dulden.

Kapitel 1

Das Nacherfüllungsrecht des Verkäufers gemäß Artikel 48 UNKR

Im Rahmen eines Kaufvertrages, der dem UNKR als dem anwendbaren Recht untersteht, hat der Verkäufer das Recht, einen Fehler an der von ihm gelieferten Kaufsache auch nach ihrer Lieferung noch beheben zu können. Dieser Rechtsbehelf steht ihm entweder bis zum Ablauf des vereinbarten Lieferzeitraums oder auch noch danach zu. Bis zum Ablauf der Lieferfrist bestimmt sich das Recht zur nachträglichen Mängelbeseitigung nach Art. 37 UNKR. Nach dieser Norm ist die Beseitigung statthaft, sofern die Ausübung dieses Rechtsbehelfs dem Käufer zumutbar ist und diesem keine unverhältnismäßigen Kosten verursacht.
Mit Ablauf der vertraglich vereinbarten oder einer angemessenen Lieferzeit[1] bestimmt sich das Nacherfüllungsrecht des Verkäufers nach Art. 48 UNKR. Dabei ist zwischen dem eigentlichen Nacherfüllungsrecht des Verkäufers nach Absatz 1 der Norm und den Regeln zur Durchführung der Nacherfüllung nach den Absätzen 2-4 zu unterscheiden.

A Das Nacherfüllungsrecht nach Artikel 48 Abs. 1 UNKR

Voraussetzung für das Nacherfüllungsrecht nach Absatz 1 ist es, daß der gelieferten Ware ein Fehler anhaftet. Ergibt sich nach dem Fehlerbegriff im UNKR[2] ein Mangel der Kaufsache, „kann der Verkäufer [diesen] Mangel auf eigene Kosten beheben".
Die weiteren Voraussetzungen dieses Rechtsbehelfs des Verkäufers sind einerseits, daß der Vertrag durch den Käufer in Ansehung des Mangels nicht bereits wirksam aufgehoben worden ist, sowie andererseits, daß die Maßnahmen zur Mängelbeseitigung hinsichtlich ihrer tatsächlichen, zeitlichen und finanziellen Beeinträchtigungen dem Käufer zumutbar sind.

I Der Mangel in der Erfüllung

Grundsätzlich kann der Verkäufer jeden Mangel in der Erfüllung seiner vertraglichen Pflichten nachträglich beheben.[3]

---

1 Mangels einer vertraglichen Vereinbarung eines Zeitpunkts (Art. 33 lit. a) UNKR) oder eines Zeitraums (lit. b)) ist innerhalb einer angemessenen Frist (lit. c)) nach Abschluß des Vertrags zu liefern.

2 Die Anforderungen an die Vertragsmäßigkeit der Ware werden in Art. 35f. UNKR normiert.

3 Schlechtriem/Huber[3], Art. 48 Rn. 1.

1. Art des Mangels in der Erfüllung

Es kommt weder auf die Art des Mangels noch auf seinen Umfang an.[4] Es ist auch nicht erheblich, ob es sich bei der verletzten Pflicht um eine nur beigeordnete oder um eine vertragscharakteristische Pflicht handelt, wie diese in Art. 30 UNKR beschrieben sind. Danach hat der Verkäufer insbesondere die geschuldete Ware zu liefern, die sie betreffenden Dokumente zu übergeben und das Eigentum an der Ware zu übertragen.
Es ist ebenso unerheblich, ob die Pflichtverletzung nur als eine weniger gravierende Vertragsverletzung zu bewerten ist oder ob der Fehler geeignet ist, das Vorliegen einer wesentlichen Vertragsverletzung zu begründen.[5] Nachbesserungsfähig ist schließlich sowohl die vollständig bzw. teilweise unterlassene[6] als auch die verspätete Lieferung, wobei hinsichtlich einer verspäteten Lieferung zu beachten ist, daß die zeitliche Verzögerung als solche nicht nachträglich behebbar ist, und daß darauf basierende Schadensersatzansprüche des Käufers durch eine nachträgliche Erfüllung nicht vereitelt werden können.[7]

Ob die angelieferte Ware den vertraglichen bzw. gesetzlichen Vorgaben entspricht, bestimmt sich nach dem objektiv-subjektiven Fehlerverständnis im UNKR.[8] Es ist in erster Linie auf die vertraglichen Vereinbarungen der Parteien abzustellen; Art. 35 Abs. 1 UNKR geht daher von einem subjektiven Fehlerbegriff aus.[9] Nur für den Fall, daß Parteivereinbarungen fehlen, ist auf die allgemeinen Regeln des Übereinkommens in Art. 35 Abs. 2 UNKR zurückzugreifen.[10] Die gelieferte Ware ist in diesen Fällen nach einer objektiven Bewertung insbesondere daran zu messen, ob sie sich für den vertraglich vorgesehenen Zweck ihrer Art nach eignet und ob sie auch unter weiterer Beachtung der Handelsbräuche oder Gepflogenheiten zwischen den Parteien als vertragsgemäß zu bewerten ist.

2. Inhalt der Regelung

Die gelieferte Kaufsache ist daher fehlerhaft, wenn sie qualitativ schlechter ist als vertraglich vereinbart. Aber auch eine Kaufsache, deren Qualitätsmerk-

---

4 Soergel/Lüderitz, Art. 48 Rn. 2; Staudinger/Magnus, Art. 48 Rn. 8ff.; Herber/Czerwenka, Art. 48 Rn. 2; Enderlein/Maskow/Strohbach, Art. 48 Bem. 2.
5 Honsell/Schnyder/Straub, Art. 48 Rn. 7.
6 Soergel/Lüderitz, Art. 48 Rn. 2; Gutknecht, S. 61.
7 Staudinger/Magnus, Art. 48 Rn. 33.
8 Näher dazu: Schlechtriem/Schwenzer[3], Art. 35 Rn. 6, 9; Coester-Waltjen, JURA 1997, S. 638.
9 OLG Frankfurt a.M. (18. Januar 1994), NJW 1994, 1013; Besprechung von Kappus, NJW 1994, 984f.
10 Honsell/Schnyder/Straub, Art. 48 Rn. 6; Schlechtriem/Schwenzer[3], Art. 35 Rn. 12 (m.w.N. in Fn. 37).

male besser als vereinbart sind, ist unter Anwendung des Fehlerverständnisses nach dem UNKR eine fehlerhafte Ware.[11] Es könnte beispielsweise im Versandlager des Verkäufers zu einer Verwechslung gekommen sein. Der Verkäufer lieferte dann statt des bestellten Weins den gleichen Wein, aber aus einem anderen, besseren Jahrgang. Der gelieferte, qualitativ bessere Wein wäre dann in Ansehung des Vertrages eine fehlerhafte Ware, und dem Verkäufer stünde grundsätzlich ein Nacherfüllungsrecht zu. Neben einer Neulieferung wäre eine Reparatur des Mangels, falls möglich, darauf gerichtet, der gelieferten Ware isolierbare und qualitätsbestimmende Bestandteile auf eigene Kosten nachträglich wieder zu nehmen. Der Verkäufer müßte die Ware daher „verschlechtern"[12], um sie so in einen vertragsgemäßen Zustand zu versetzen. Ein solcher Austausch isolierbarer Einzelteile könnte auch „vor Ort" beim Käufer erfolgen.

Im UNKR erfolgt schließlich keine Unterscheidung zwischen der Lieferung einer fehlerhaften Ware und der einer völlig anderen Sache.[13] Jede Ware, die im Zusammenhang mit einem Vertrag geliefert wird und die von dessen vertraglichen Vorgaben abweicht, stellt nach nunmehr übereinstimmender Auffassung eine fehlerhafte Kaufsache dar.[14] Früher wurde zwar auch die Auffassung vertreten[15], daß in den Fällen einer krassen Falschlieferung eine Ausnahme gelten sollte, beispielsweise wenn statt Autoreifen Kartoffeln geliefert würden. Nach dieser Auffassung hätte dann der Verkäufer bereits seiner Leistungspflicht nicht genügt; diese Meinung wurde in jüngerer Zeit jedoch nicht mehr vertreten. Es ergibt sich daher aus den Vorschriften des UNKR für den Käufer die Pflicht, auch vertragswidrige Ware anzunehmen, und zwar in einem erweiterten Umfang als im autonomen deutschen Recht.[16] Wegen des Leistungsdefizits muß sich der Käufer dann anderer Rechtsbehelfe bedienen, sofern er den Mangel rügt. Dieses Erfordernis, einen Mangel selbst in Fällen der Lieferung eines krassen aliuds rügen zu müssen, hat zum Vorteil, daß die teilweise schwierige Unterscheidung zwischen Schlecht- und Falschlieferung im UNKR entfällt. Es kommt ausschließlich darauf an, ob die Kaufsache vertragsgemäß ist oder nicht, so daß immer dann ein Mangel in der Erfüllung vorliegt, wenn die gelieferte Ware zum maßgeblichen Zeitpunkt[17] den Erfordernissen des Vertrags oder der Konvention in quantitativer oder qualitativer Hinsicht

---

11 Schlechtriem/Schwenzer[3], Art. 35 Rn. 10 (m.w.N. in Fn. 29); Honsell/Magnus, Art. 35 Rn. 8.

12 Solche isolierbaren Bestandteile sind beispielsweise die Radfelgen oder der Motor bei einem Personenkraftwagen.

13 Anders als im deutschen BGB, bei dem eine solche Unterscheidung vorgenommen wird. Zur Abgrenzung zwischen aliud und peius im nationalen deutschen Recht z.B.: Schlechtriem, BT[3] Rn. 82 ff.

14 Schlechtriem/Schwenzer[3], Art. 35 Rn. 10 (m.w.N. in Fn. 29); Staudinger/Magnus, Art. 48 Rn. 9 a.E., Honsell/Magnus, Art. 35 Rn. 6; Gutknecht, S. 61.

15 Sekretariatskommentar, Art. 29 Bem. 3; Neumayer, in: Doralt, Kaufrecht, S. 135f.

16 OLG Frankfurt a.M. NJW 1994, 1013; Lohs/Nolting, ZvglRWiss 97 (1998) 4, 13.

17 Treffen die Parteien keine eigenen Absprachen, ist nach Art. 36 UNKR auf den Übergang der Gefahr (Abs. 1) bzw. auf den Zeitraum danach (Abs. 2) abzustellen.

nicht entspricht, weil sie gemessen an den vertraglichen Anforderungen entweder besser, schlechter oder völlig andersartig ist.[18] Durch die Anlieferung der fehlerhaften Ware erfüllt der Verkäufer dann zwar seine Lieferverpflichtung nach Art. 30 UNKR, aber er verletzt seine Pflicht nach Art. 35 UNKR, vertragsgemäße Ware zu liefern. Dem Käufer stehen dann die Rechtsbehelfe nach Art. 45 ff UNKR zu[19], und insbesondere kann der Käufer Erfüllung nach Art. 46 Abs. 2, 3 UNKR verlangen.[20]

II Das Wahlrecht des Verkäufers zur Mängelbeseitigung

Ist die gelieferte Ware fehlerhaft, ist der Verkäufer nach überwiegender Auffassung[21] berechtigt zu entscheiden, auf welche Weise er diesen Mangel beheben möchte. Er kann die Kaufsache reparieren, fehlende Teile nachliefern oder für die fehlerhafte Ware teilweise oder insgesamt Ersatz stellen.[22] Dabei ist er nicht dazu verpflichtet, stets das mildeste Mittel zu wählen oder eine sonstige Verhältnismäßigkeitsprüfung anzustellen.[23]

Nach Meinung der Vertreter einer abweichenden Auffassung[24] soll dieses Wahlrecht, aus Gründen einer Sachnähe, statt dem Verkäufer vielmehr dem Käufer zustehen. Er sei es schließlich, der durch die nachträgliche Mängelbeseitigung belastet wird. Dieser Auffassung kann aber nicht zugestimmt werden. Der Verkäufer trägt das Erfüllungsrisiko, also ist es auch sachgerecht, ihm die Auswahl der geeigneten Maßnahme zu überlassen. Der Käufer ist durch den Zumutbarkeitsmaßstab in Art. 48 Abs. 1 UNKR bereits ausreichend geschützt, denn es ist dem Verkäufer dadurch untersagt, eine Maßnahme zu ergreifen, die den Käufer unzumutbar belasten würde.
Ebenfalls spricht der Umstand, daß der Verkäufer alle Kosten der Nacherfüllung trägt, dafür, ihm das Wahlrecht zu überlassen. Ein Käufer wird regelmäßig Lieferung neuer Ware wählen. Müßte der Verkäufer diesem Wunsch nachkommen, wäre er nicht nur gezwungen, fehlerfreie Ware auf seine Kosten erneut zum Käufer zu versenden. Er müßte zudem auch die Kosten tragen, die sich aus der weiteren Verwertung der bereits beim Käufer befindlichen fehler-

---

18 Schlechtriem/Schwenzer³, Art. 35 Rn. 18; Enderlein/Maskow/Strohbach, Art. 35 Bem. 4; Piltz, in: von Westphalen, Handbuch, Rn. 135; Herber/Czerwenka, Art. 35 Rn. 2; von Hoffmann, in: Schlechtriem, Fachtagung, S. 294; Niggermann, in: Hoyer/Posch, S. 86; Honsell, SJZ 1992, 351; Huber, RabelsZ 43 (1979), 484.

19 Sekretariatskommentar, Art. 33 Anm. 2; Bianca/Bonell/Bianca, Art. 35 Anm. 2.4; Herber/Czerwenka, Art. 35 Rn. 2; Staudinger/Magnus, Art. 35 Rn. 6.

20 Vahle, ZVglRWiss 98 (1999) 54, 58.

21 Kuleschowa/Komarow, Art. 48 Anm. 4; Schlechtriem/Huber³, Art. 46 Rn. 7, Art. 48 Rn. 9; Staudinger/Magnus, Art. 48 Rn. 11; Reinhart, Art. 48 Rn. 2; Gutknecht, S. 70.

22 Schlechtriem/Huber³, Art. 38 Rn. 7.

23 Honsell/Schnyder/Straub, Art. 48 Rn. 10; Herber/Czerwenka, Art. 48 Rn. 2; Piltz § 4 Rn. 71; Sekretariatskommentar, S. 352 Nr. 31-34.

24 Stern, Rn. 237.

haften Ware ergeben, also Kosten für einen Rücktransport der Ware oder einer sonstigen Verwertung am Ort des Käufers. Um aber zu vermeiden, daß er selber mit Transportkosten in bis zu dreifacher Höhe belastet wird, wird ein Verkäufer daher in der Regel bemüht sein, den Fehler durch eine Reparatur vor Ort zu beheben.
Insgesamt ist es daher sachgerecht, dem Verkäufer das Wahlrecht über die durchzuführende Nacherfüllungsmaßnahme zuzusprechen.

III Die Zumutbarkeit der Mängelbeseitigung

Dem Verkäufer steht das Nacherfüllungsrecht aber nur dann zu, wenn die tatsächliche Durchführung der Nacherfüllungsmaßnahme dem Käufer zumutbar ist. Was unter diesem Zumutbarkeitsmaßstab zu verstehen ist und wie die ihn ausfüllenden Kriterien auszulegen sind, ist umstritten.

1. Der Maßstab der Zumutbarkeit

Die Auslegung und inhaltliche Bestimmung des Begriffs der Zumutbarkeit soll anhand des jeweiligen Wortlauts in den Originaltexten der Konvention vorgenommen werden.[25]

Teilweise wird die übliche Übersetzung mit „Zumutbarkeit" der Mängelbeseitigung angegriffen und statt dessen vorgeschlagen[26], die Begriffe aus den Originalsprachen mit „*Unangemessenheit*" der Mängelbeseitigung zu übersetzen. Nach den Vertretern dieser Auffassung hätte ein solches Verständnis zur Folge, daß das Nacherfüllungsrecht nicht erst bei völlig unerträglichen, sondern bereits bei gravierenden und nicht bloß geringfügigen Beeinträchtigungen des Käufers ausgeschlossen wäre.

Zusätzlich kommt anhand des Wortlauts in den Originalsprachen noch eine weitere Übersetzung in Betracht, und zwar die der „Unvernunft" der Mängelbeseitigung. Das folgt daraus, daß in den drei der hier untersuchten Wörtern der Originaltexte die Wurzel „Vernunft" (reason, raison, rasum)[27] enthalten ist. Diese drei möglichen Varianten[28] einer Übersetzung sind daher zu vergleichen.

---

25 In dieser Arbeit werden untersucht: engl.: *unreasonable*, franz.: *déraisonnable*, russ.: *nerasumny*

26 Staudinger/Magnus, Art. 48 Rn. 15; Honsell/Schnyder/Straub, Art. 48 Rn. 20f; Kircher, S. 61 unter Fußn. 63.

27 Vgl. zur Übersetzung: Klatt/Roy[20], S. 457 (*reasonable*); Lange-Kowal/Weymuth[16], S. 400 (*raisonnable*); Leyn, S. 339 (*nerasumny*).

28 unzumutbar, unangemessen und unvernünftig.

„*Unangemessen*" ist ein Synonym für unadäquat.[29] Eine Handlung ist dann unangemessen, wenn sie einer speziellen Vorgabe nicht genau entspricht. Sie ist dieser nicht adäquat, wenn sie „entweder zu weit oder zu eng ist"[30]. Insofern könnte man von fehlender Angemessenheit sprechen, wenn sich eine als Nachlieferung angekündigte Maßnahme in Wahrheit als Reparatur der bereits gelieferten Ware darstellt, da die tatsächlich vorzunehmende Handlung dann der angekündigten nicht in vollem Umfang entspricht. In Bezug auf die Beeinträchtigung des Käufers wird aber eine Übersetzung der Konvention durch den Begriff „*unangemessen*" der Bedeutung des Merkmals nicht gerecht und ist schließlich mit dem in Art. 7 Abs. 1 UNKR beschriebenen Vereinfachungsgedanken der Konvention auch nicht zu vereinbaren.

Ebenso wenig ist eine Übersetzung mit „*unvernünftig*" geeignet, weil darunter eine „Torheit [entweder als] eine vorübergehende Äußerung des Affekts [oder als] eine dauernde Eigenschaft" zu verstehen ist.[31] Die Anwendung einer solchen Definition ist aber abwegig. Diese vereinzelt vertretenen Übersetzungsvorschläge[32] sind nach ihrem eigenen Verständnis in der deutschen Sprache zu kompliziert, um wirklich überzeugen zu können.

Unter dem bereits bestehenden Maßstab der „*Unzumutbarkeit*" ist dagegen die „Eigenschaft einer Leistung [zu verstehen], die dem Schuldner billigerweise nicht abverlangt werden kann"[33], weil das Verlangte „lästig, schwierig oder unmöglich ist"[34]. Diese Definition stellt einen praktikablen Maßstab auf, anhand dessen sich die tatsächliche Beeinträchtigung des Käufers nachvollziehbar bestimmen läßt und mit der sachgerechte Lösungen erzielt werden können. Ein Abweichen von der üblichen Übersetzung ist daher nicht erforderlich, und das diesbezüglich vertretene Argument, ein Abweichen von der bestehenden Übersetzung sei erforderlich, um das Recht zur Nacherfüllung nicht erst bei völlig unerträglichen, sondern bereits bei gravierenden und nicht bloß geringfügigen Beeinträchtigungen des Käufers verneinen zu können, vermag nicht durchzugreifen. Nach der derzeit bestehenden Begrifflichkeit bedeutet die „Zumutbarkeit" einer Maßnahme, daß gravierende Beeinträchtigungen bereits ausgeschlossen sind, weil diese für den Käufer „schwierig" sind.

Der Begriff der „*Unzumutbarkeit*" hat einen weiteren Vorteil gegenüber anderen Übersetzungsvorschlägen. Er ist exakter definiert, denn es ist nicht nur eine Regelung für schwere und unmögliche Beeinträchtigungen des Käufers enthalten, sondern auch eine für einfachste Beeinträchtigungen, also dem Käufer lästige Nacherfüllungsmaßnahmen. Darunter können solche Maßnahmen verstanden werden, die der Verkäufer ohne ausreichenden Grund oder

---

29 Grimm, Band 11, Abtlg. III, S. 132f., 107f.
30 Wahrig, Band 6, S. 381; Grimm, Band 11, Abtlg. III, S. 107f.
31 Grimm, Band 11, Abtlg. III, S. 2075; Wahrig, Band 6, S. 438.
32 unangemessen und unvernünftig.
33 Wahrig, Band 6, S. 443, 869.
34 Grimm, Band 16, S. 544, 3. b).

mit einem unverhältnismäßig großen Aufwand vorzunehmen beabsichtigt. Darunter fallen auch die Fälle, in denen der Verkäufer angesichts einer nur minimalen Kaufpreisminderung durch den Käufer dennoch nachträglich erfüllen möchte. Solche nachträglichen Erfüllungsversuche kann der Käufer als lästig und daher als unzumutbar zurückweisen.

Der Begriff der „*Unzumutbarkeit*" stellt schließlich auch eine Hilfe zum besseren Verständnis des Umfangs des Nacherfüllungsrechts dar. Nach seinem Wortgehalt stellt das „*Zumutbare*" im Gegensatz zu dem „*Unzumutbaren*" „zugleich etwas [dar], was ertragen bzw. erduldet werden muß"[35]. Auf diesen Aspekt wird später bei der Frage noch zurückzukommen sein, ob der Käufer verpflichtet ist, eine zumutbare nachträgliche Mängelbeseitigung auch anzunehmen, sie zu unterstützen bzw. zu dulden.[36]

Insgesamt ist daher auch in Zukunft auf den Maßstab der „*Unzumutbarkeit*" abzustellen als „eine Leistung, die dem Schuldner billigerweise nicht abverlangt werden kann".[37] Dies verspricht eine sachgerechte Handhabung. Eine nachträgliche Erfüllung nach Art. 48 UNKR ist somit unzumutbar, wenn sie von dem Käufer billigerweise nicht verlangt werden kann, weil sie bei objektiver Betrachtung lästig[38], schwierig[39] oder unmöglich[40] ist.

2. Die einzelnen Kriterien der Zumutbarkeit

Selbst wenn nun aber der Maßstab der Unzumutbarkeit näher definiert ist, wird es dadurch nicht einfacher, den Inhalt der einzelnen Zumutbarkeitskriterien zu bestimmen.
Den aufgestellten Kriterien der tatsächlichen, zeitlichen und finanziellen Beeinträchtigung[41] ist das Merkmal der Unzumutbarkeit hinzugefügt worden. Daraus ergibt sich zunächst einmal, daß diese drei Kriterien aus der objektiven Sicht eines Dritten und insofern anhand der Vorgaben aus Art. 7 UNKR auszulegen sind.[42] Unbeachtlich sind daher die persönlichen Interessen und Motive der beteiligten Parteien sowie ihre tatsächlichen Einschätzungen oder Versprechungen. Es muß daher ausschließlich von Bedeutung sein, ob bei objek-

---

35 Grimm, Band 16, S. 545, 3. c).
36 Näher dazu unten: Kapitel 2, A I.
37 Wahrig, Band 6, S. 443, 869.
38 Zu verstehen im Sinne einer einfachsten Beeinträchtigung.
39 Zu verstehen im Sinne einer gravierenden Beeinträchtigung.
40 Zu verstehen im Sinne einer völlig unerträglichen Beeinträchtigung.
41 Der Gesetzeswortlaut ist anders formuliert: Es dürfen keine unzumutbare Verzögerung und dem Käufer weder unzumutbare Unannehmlichkeiten noch Ungewißheit über die Erstattung der Auslagen verursacht werden.
42 Ebenso: Kuleschowa/Komarow, Art. 48 Anm. 3; Herber/Czerwenka, Art. 48 Rn. 3; Bianca/Bonell/Will, Art. 48 Bem. 2.1.1.1.2.; Staudinger/Magnus, Art. 48 Rn. 14; Gutknecht, S. 68.

tiver Bewertung des vorliegenden Sachverhalts die Durchführung der Nacherfüllungsmaßnahme einer vernünftigen dritten Person in vergleichbarer Lage zumutbar ist oder nicht.
Der Käufer, der eine Nacherfüllungsmaßnahme zurückweisen und den Vertrag aufheben möchte, trägt daher ein erhebliches Bewertungsrisiko. Er hat zu entscheiden, ob die Voraussetzung des Art. 49 UNKR für eine Vertragsaufhebung, also eine wesentliche Vertragsverletzung, bereits vorliegt oder ob ihm zwar nicht nach eigener, aber doch nach objektiver Bewertung des Sachverhalts eine Nacherfüllung nicht doch zumutbar ist. In diesem Fall hätte das zur Folge, daß keine wesentliche Vertragsverletzung anzunehmen wäre, und der Käufer zur Aufhebung des Vertrags nicht berechtigt ist.

a) Die unzumutbare Verzögerung

Die Zumutbarkeit der durch die nachträgliche Erfüllung entstehenden zeitlichen Verzögerung ist stets anhand des konkreten Einzelfalls zu bewerten.[43] Eine Nacherfüllungsmaßnahme ist insbesondere dann zeitlich unzumutbar, wenn die Sphäre des Käufers nachhaltig beeinträchtigt wird, z.B. weil die Lieferfrist als wesentliches Merkmal vereinbart wurde oder der Vertrag sogar als Fixgeschäft ausgestaltet ist. In letzterem Fall ergibt sich dann bereits aus der einfachen Fristüberschreitung eine Unzumutbarkeit der Nacherfüllung.[44]
Aus dem Anwendungsbereich des Art. 48 Abs. 1 UNKR folgt bereits, daß der vertragliche Lieferzeitraum überschritten sein muß. Weil dies stets der Fall ist, ist der bloße Umstand der einfachen zeitlichen Überschreitung des Lieferzeitraums noch kein ausreichender Grund, die Unzumutbarkeit der Nacherfüllung zu begründen. Es ist daher bei der Abwägung dieses Kriteriums zu berücksichtigen, daß der Anwendungsbereich des Art. 48 UNKR immer stärker eingeschränkt wird, je eher eine Fristüberschreitung als unzumutbar bewertet wird.

b) Unzumutbare Unannehmlichkeiten

Der Begriff der „Unannehmlichkeiten“ besitzt im Kontext der Konvention keinen besonderen Inhalt.[45] Somit ist auch für dieses Kriterium anhand der Besonderheiten des Einzelfalles festzustellen, ob die Nacherfüllungsmaßnahmen dem Käufer objektiv zumutbar sind. Beispiele einer unzumutbaren Unannehmlichkeit in tatsächlicher Hinsicht sind Unterbrechungen oder Behinderungen im

---

43 Honsell/Schnyder/Straub, Art. 48 Rn. 23; Gutknecht, S. 68; Bianca/Bonell/Will, Art. 48 Bem. 2.1.1.1.2.; Schlechtriem/Huber[3], Art. 48 Rn. 21.
44 Sekretariatskommentar S. 40, Art. 44 [48] Nr. 6.
45 Kuleschowa/Komarow, Art. 48 Anm. 3.

Betriebsablauf des Käufers durch Mitarbeiterfreistellungen oder Umbau- und Aufräumarbeiten.[46]

c) Die unzumutbare Ungewißheit über die Auslagenerstattung

Schließlich darf der Käufer bezüglich der Kosten, die mit der nachträglichen Mängelbeseitigung verbunden sind, nicht im Ungewissen bleiben. Zu den durch die tatsächliche Durchführung der Maßnahmen entstehenden Kosten, die der Verkäufer insgesamt zu übernehmen hat, zählen zunächst seine eigenen, beispielsweise für den Transport von Ersatzteilen oder für die Anreise seiner Techniker. Ebenso hat der Verkäufer aber auch alle diejenigen Kosten zu übernehmen und eventuell zu erstatten, die dem Käufer beispielsweise durch ein Zurücksenden der Ware oder durch eine Betriebsunterbrechung entstehen. Im Regelfall genügt die Zusicherung[47] des Verkäufers, alle diese Kosten zu erstatten, unabhängig von der Höhe des erstattungsfähigen Betrags. Allerdings kann es vom Käufer nicht verlangt werden, das Insolvenzrisiko des Verkäufers zu tragen. Selbst wenn es sich lediglich um eine vergleichsweise geringe Summe handelt, kann sich aus einer drohenden Insolvenz oder aufgrund erheblicher Zweifel an der Bereitschaft des Verkäufers zur Auslagenerstattung bereits die Unzumutbarkeit der Nacherfüllung ergeben. In einem solchen Fall wäre der Verkäufer gezwungen, eine geeignete Sicherung vorab anzudienen. Das verkennen aber die Vertreter der gegenteiligen Auffassung[48], wonach der Käufer einen Vorschuß oder eine Sicherheitsleistung nur bei Kosten von einigem Gewicht verlangen können soll. Da in Art. 48 UNKR keine Summe genannt ist, ab der ein Käufer Sicherheiten verlangen darf, ist folglich einer Bewertung der Höhe des zu ersetzenden Betrags zu widersprechen und dieser Aspekt bei der objektiven Beurteilung zu vernachlässigen.[49]

IV Der Vorbehalt des Aufhebungsrechts nach Art. 49 UNKR

Das Recht des Verkäufers, einen Mangel auch noch nach Ablauf der Lieferfrist beheben zu können, wird schließlich nur vorbehaltlich des Aufhebungsrechts nach Art. 49 UNKR gewährt. Danach ist der Käufer zur Vertragsaufhebung berechtigt, sofern sich entweder aus der fehlerhaften Lieferung (lit. a)) oder aus der Nichtlieferung trotz Nachfristsetzung (lit. b)) eine wesentliche Vertragsverletzung ergibt.

---

46 Honsell/Schnyder/Straub, Art. 48 Rn. 25; Gutknecht, S. 68.
47 Vgl. dazu: Gutknecht, S. 69.
48 Staudinger/Magnus, Art. 48 Rn. 16; Piltz, § 4 Rn. 70; Herber/Czerwenka, Art. 48 Rn. 3.
49 Ebenso: Kuleschowa/Komarow, Art. 48 Anm. 3.

1. Der Begriff der wesentlichen Vertragsverletzung im Rahmen des Vorbehalts des Art. 49 UNKR

Der Begriff der wesentlichen Vertragsverletzung ist in den allgemeinen Bestimmungen der Konvention, in Art. 25 UNKR, definiert. Ein Käufer ist zur Vertragsaufhebung berechtigt, wenn ihm im wesentlichen entgeht, was er nach dem Vertrag hätte erwarten können. Für das Nacherfüllungsrecht nach Art. 48 UNKR ist es fraglich, inwieweit die Möglichkeit einer nachträglichen Mängelbeseitigung bei der Beurteilung zu berücksichtigen ist, ob eine wesentliche Vertragsverletzung vorliegt.

a) Unerheblichkeit der Nacherfüllungsmöglichkeit

Dazu wird vertreten[50], daß eine solche Möglichkeit zur Nacherfüllung nicht zu berücksichtigen sei, sondern vielmehr allein auf den Lieferzustand der Ware abzustellen ist, wie er sich im Moment der Entdeckung der Vertragsverletzung ergibt. Diese Auffassung entspricht jedoch nicht dem auf der Wiener Konferenz gefundenen Ergebnis. Es wurde dort das Beispiel einer grundsätzlich funktionstüchtigen Maschine erörtert, die lediglich infolge eines leicht zu korrigierenden Anschlußfehlers im Zeitpunkt der Lieferung nicht in Betrieb genommen werden konnte und aus diesem Grund unbrauchbar war. Damals war es die übereinstimmende Auffassung der Delegierten, daß dieser Beispielsfall nicht zur Annahme einer wesentlichen Vertragsverletzung führen dürfe.[51] Dieser Fall wurde für unproblematisch gehalten mit der Konsequenz, daß die teilnehmenden Vertreter sehr wohl der Auffassung waren, daß die Möglichkeit zur Nacherfüllung zu berücksichtigen sei.
Das belegt auch die dokumentierte Diskussion zu Art. 25 UNKR. Es wurde der Vorschlag abgelehnt, in die Vorschrift einen Zusatz aufzunehmen, wonach alle Umstände des Sachverhalts, und zwar auch ein zumutbares Nacherfüllungsangebot, für die Bestimmung einer wesentlichen Vertragsverletzung zu berücksichtigen seien. Zur Begründung wurde angeführt, daß der Aspekt der Nacherfüllung bereits in Art. 48 UNKR enthalten sei.[52]

Gegen die genannte Auffassung, die Möglichkeit der nachträglichen Erfüllung zu vernachlässigen, spricht auch die Überlegung, daß der Anwendungsbereich von Art. 48 UNKR andernfalls weitgehend eingeschränkt würde. Dem Verkäufer stünde dann gerade in Fällen einer erheblichen Vertragsverletzung, also gerade dann, wenn die Möglichkeit zur nachträglichen Erfüllung am wich-

---

50 Holthausen, RIW 1990, 101 (104); Neumayer, RIW 1994, 99 (106); Welser, in: Doralt, S. 125; von Hoffmann, in: Schlechtriem, Fachtagung, S. 299; Enderlein/Maskow/Strohbach, Art. 38 Anm. 10; Soergel/Lüderitz Art. 48 Rn. 3; Staudinger/Magnus, Art. 48 Rn. 30; Lessiak, S. 145.

51 Sekretariatskommentar, S. 342; Honnold, Art. 48 Rn. 296; Gutknecht, S. 64.

52 Yearbook VIII (1977) S. 31.

tigsten wäre, kein effektives Nacherfüllungsrecht zur Verfügung.[53] Schließlich ist auch zu beachten, daß das UNKR auf Verträge unter Geschäftsleuten Anwendung findet. Da es sich gewöhnlich um große Warenmengen handelt, muß auch der Käufer in die Pflicht genommen werden und folglich eine Nacherfüllung dulden, um zu vermeiden, daß die teilweise erheblichen Warenwerte auf Grund einer allzu schnellen Vertragsaufhebung nachlässig und qualitätsmindernd behandelt werden.[54]

b) Berücksichtigung der Nacherfüllungsmöglichkeit

Teilweise wird auch die Auffassung vertreten, die Möglichkeit der nachträglichen Mängelbeseitigung sei grundsätzlich zu berücksichtigen. Allerdings unterscheiden sich die Vertreter dieser Auffassung im Ansatz ihrer dogmatischen Begründung.
Einerseits[55] wird vertreten, daß bei Annahme eines erheblichen Erfüllungsmangels zur Annahme seiner Wesentlichkeit auf einen Zeitfaktor abzustellen sei. Ein erheblicher Mangel könne sich dann zu einer wesentlichen Vertragsverletzung ausweiten, wenn der Mangel binnen einer Nachfrist nicht beseitigt sei.
Andererseits wird vertreten[56], daß das Recht zur Vertragsaufhebung bereits auf Grund des Erfüllungsmangels bestünde und lediglich das daraus resultierende Recht zur Vertragsaufhebung solange suspendiert sei, wie die Beseitigung möglich und ernsthaft angeboten ist.
Jeweils sei jedoch zu beachten, daß die Fristüberschreitung bei einem Fixgeschäft nicht geheilt werden kann. Dieser Auffassung liegt das Prinzip zu Grunde, daß nur ein erheblicher Mangel, der nachträglich nicht zumutbar beseitigt werden kann, Grundlage für eine wesentliche Vertragsverletzung sein kann. Ein unwesentlicher Fehler soll selbst bei einer Nachfristsetzung kein Aufhebungsrecht begründen. Weiterhin sei eine bloße Fristüberschreitung in aller Regel nicht geeignet, die Annahme einer wesentlichen Vertragsverletzung zu begründen. Nur bei Fix- oder vergleichbaren Geschäften, beispielsweise mit Saisonware, bei denen der Verkäufer die vereinbarte Frist nachhaltig überschreitet, kann die fehlerhafte Erfüllung nachträglich nicht mehr behoben werden.

Berücksichtigen die Vertreter dieser Auffassung im Ansatz zu Recht die Möglichkeit der Nacherfüllung, so ist dieser Auffassung dennoch zu widersprechen. Einerseits entspricht es nicht der Systematik des UNKR, daß sich ein

---

53 Honnold, Art. 48 Rn. 296.

54 Ebenso: Michida, S. 280f.

55 Enderlein/Maskow/Strohbach, Art. 25 Anm. 3.4; Herber/Czerwenka, Art. 48 Rn. 9; Honnold, Art. 25 Rn. 184; Piltz, § 5 Rn. 247; Yearbook VIII (1977), S. 45, Nr. 275; S. 31 Nr. 93.

56 Bianca/Bonell/Will, Art. 48 Anm. 2.1.1.1.1. und Anm. 3.2.2.; Bitter/Bitter, BB 1993, 2315 (2323).

erheblicher Mangel durch Nachfristsetzung zu einem wesentlichen Mangel ausweiten kann, der dann auch noch zur Aufhebung des Vertrags berechtigen soll. Auf die noch im EKG erforderliche Nachfristsetzung ist im Zuge der Verhandlungen für das UNKR gerade verzichtet worden.[57]
Andererseits entsteht durch die einstweilige Suspendierung des Aufhebungsrechts bei erklärter Nacherfüllungsbereitschaft das praktische Problem des Wettlaufs der Erklärungen. Zeigt der Käufer dem Verkäufer einen Erfüllungsmangel an, und hebt er gleichzeitig den Vertrag auf, kann der Verkäufer auf diese Mängelanzeige nicht mehr reagieren, da sich eine berechtigte Vertragsaufhebung durch ein Angebot zur Nacherfüllung nicht wieder rückgängig machen läßt.[58] Zufällige und somit unbillige Ergebnisse wären die Folge, so daß auch den Vertretern dieser Auffassung nicht gefolgt werden kann.

Abzulehnen ist jedoch eine teilweise in der Rechtsprechung vertretene Auffassung[59], wonach dem Käufer ein Vertragsaufhebungsrecht nur zustehen soll, wenn er dem Verkäufer zuvor die Möglichkeit zur Erfüllung des Vertrages eingeräumt hat. Es ist nicht vorgesehen, daß der Verkäufer in jedem Fall nachträglich erfüllen kann. Das würde dem Grundsatz widersprechen, wonach Art. 48 UNKR nach dem klaren Wortlaut nur „vorbehaltlich des Artikels 49“ UNKR gilt.

c) Die Auffassung von Karollus

Auf Grund dieser Kritikpunkte, insbesondere aber motiviert aus dem unklaren Verhältnis zwischen dem Erfüllungsanspruch des Käufers aus Art. 46 Abs. 2 UNKR und dem des Verkäufers aus Art. 48 Abs.1 UNKR, wird vereinzelt vertreten[60], der Begriff der wesentlichen Vertragsverletzung in der Konvention solle nicht einheitlich, sondern rechtsfolgenorientiert ausgelegt werden. Nach übereinstimmender Auffassung[61] wurde der Begriff der wesentlichen Vertragsverletzung in Art. 25 UNKR aber eindeutig in der Absicht „vor die Klammer“ gezogen, diesen Begriff einheitlich zu verstehen. Daher ist diese vereinzelt vertretene Auffassung konträr zu der Systematik der Konvention und somit ebenfalls abzulehnen.

---

57 In Abweichung vom früheren Einheitskaufrecht; vgl. Art. 44 Abs. 2 EKG; vgl. dazu: Staudinger/Magnus, Art. 49 Rn. 20; Rudolph, Art. 48 Rn. 8.
58 Ebenso: Karollus, ZIP 1993, 490 (495); Schlechtriem/Huber[3], Art. 46 Rn. 46.
59 LG Regensburg, 24.09.1998, ForInt 1998, 109f.; dazu: Magnus ZEuP 1999, 642, 661.
60 Karollus, ZIP 1993, 490, 496.
61 Schlechtriem/Schlechtriem[3], Art. 25 Rn. 20; Staudinger/Magnus, Art. 48 Rn. 29; Honsell/Schnyder/Straub, Art. 49 Rn. 21; Gutknecht, S. 64.

d) Eigene Stellungnahme

Erforderlich ist im Ergebnis ein effizientes Nacherfüllungsrecht, das „nicht nur auf dem Papier steht“[62]. Eine systemgerechte Lösung läßt sich aber nur durch Vereinigung der folgenden Anforderungen in einer Definition einer wesentlichen Vertragsverletzung erreichen:

(1) Es ist nicht erforderlich, daß die Wesentlichkeit der Vertragsverletzung im Zeitpunkt der Entdeckung des Mangels zu beurteilen ist. Neben dem objektiven Gewicht des Mangels ist auch eine mögliche Nacherfüllung durch den Verkäufer zu bewerten.

(2) Weiterhin ist zu berücksichtigen, daß es sich bei der Vertragsaufhebung um ein Gestaltungsrecht handelt; die Voraussetzungen der Zulässigkeit müssen daher bereits im Zeitpunkt seiner Ausübung feststehen.

(3) Schließlich ist der rechtspolitischen Entscheidung Rechnung zu tragen, daß die Nachfristsetzung anders als im EKG keine Voraussetzung mehr für eine wesentliche Vertragsverletzung sein soll. Der Käufer muß daher grundsätzlich die Möglichkeit haben, mit seiner ersten Mängelanzeige den Vertrag wirksam aufheben zu können, ohne die berechtigten Interessen des Verkäufers zu beeinträchtigen.

Eine Vereinigung dieser Anforderungen ist nur möglich, wenn man dem Käufer im Zeitpunkt seiner Entscheidung eine dynamische und hypothetische Gesamtschau aller tatsächlichen und auch zukünftigen Umstände aufbürdet.[63] Der Käufer hat zu bewerten, ob die Voraussetzungen für eine Vertragsaufhebung vorliegen, ob ihm durch den Mangel subjektiv im Wesentlichen entgeht, was er objektiv nach dem Vertrag erwartet hat.[64] Dabei hat er, wie sich aus den Dokumenten ergibt, eine nachträgliche Mängelbeseitigung durch den Verkäufer zu berücksichtigen. Allerdings stellt die Möglichkeit zur Nacherfüllung nicht das ausschließliche Kriterium dar, die Wesentlichkeit der Vertragsverletzung zu bestimmen. Sie hängt weder primär noch gar allein davon ab, ob der Verkäufer den Mangel – wie auch immer – beheben kann. Die Zumutbarkeit der Mängelbeseitigung ist aber ein wichtiger Gesichtspunkt.[65] Ist eine Nacherfüllung gemäß Art. 48 UNKR zumutbar, entfällt die Wesentlichkeit der Vertragsverletzung in der Regel. Zumutbar ist die Nacherfüllung dann, wenn auch ein unbeteiligter Dritter sie als zumutbar beurteilen würde. Die persönliche Einschätzung des Käufers bleibt dafür außer Ansatz. Da das Nacherfüllungsrecht dem Verkäufer im Regelfall zustehen soll[66], entfällt das Aufhebungsrecht

---

62 Schlechtriem/Huber³, Art. 48 Rn. 23.

63 Ebenso: Honsell/Schnyder/Straub, Art. 49 Rn. 23; und wohl auch Huber (Schlechtriem/Huber³, Art. 48 Rn. 24), wenn er erklärt, daß es auf die Reihenfolge der Erklärungen nicht ankommen soll.

64 Vgl. dazu: Reinhart, Art 25 Rn. 5f; Staudinger/Magnus, Art. 25 Rn. 9 (m.w.N.).

65 Staudinger/Magnus, Art. 48 Rn. 30.

66 Dazu sogleich unten.

des Käufers folglich, wenn das Interesse des Verkäufers an einer Nacherfüllung zumindest als gleichwertig zu beurteilen ist und keine abweichende Beurteilung der Sachlage geboten erscheint. Eine Vertragsaufhebung kommt dann nicht in Betracht. Überwiegt jedoch die Erheblichkeit des Mangels, weil eine nachträgliche Mängelbeseitigung nicht zumutbar ist, besteht das Aufhebungsrecht.

Auf die Reihenfolge der Erklärungen kommt es bei dieser Interpretation nicht mehr an. Hat der Käufer die zukünftige Entwicklung nicht angemessen beurteilt und liegen im Zeitpunkt der Aufhebungserklärung die Voraussetzungen nicht vor, dann wurde der Vertrag nicht wirksam aufgehoben. Ein nachträgliches Angebot des Verkäufers zur Mängelbeseitigung stünde dann wirksam im Raum, ohne daß der Käufer, der noch von einer wirksamen Aufhebung ausgeht, es akzeptieren würde. Hat der Käufer den Vertrag unmittelbar mit der Mängelanzeige und ex post objektiv berechtigterweise aufgehoben, weil er ein zu erwartendes nachträgliches Verkäuferangebot zur Mängelbeseitigung ausreichend berücksichtigt und abgewogen hat, liegt keine Beeinträchtigung der Verkäuferinteressen vor. Grundsätzlich bleibt jedoch für den Käufer die Möglichkeit erhalten, den Vertrag auch unmittelbar nach Entdecken des Mangels aufzuheben.

Nur selten allerdings wird der Käufer die zukünftige Entwicklung vorhersehen können, so daß die Prognose, insbesondere auch wegen der Internationalität der Geschäftsbeziehungen, in der Regel zweifelhaft sein wird. Der Käufer trägt dadurch das erhebliche Risiko, den Vertrag nur auf Grund einer vermeintlich wesentlichen Vertragsaufhebung aufzuheben, die sich ex post auf Grund eines zumutbaren Angebots einer Nacherfüllung nicht ergibt. Durch eine vorschnelle Vertragsaufhebung würde der Käufer aber das Nacherfüllungsrecht des Verkäufers vereiteln und dadurch seinerseits eine wesentliche Vertragsverletzung begehen. Dem kann er nur entgehen, wenn er zu seiner eigenen Sicherheit frühzeitig mit dem Verkäufer Kontakt aufnimmt und ihm eine rechtlich eigentlich nicht erforderliche Nachfrist setzt.[67] Diese Lösung, die Möglichkeit der Mängelbeseitigung zur Bestimmung der Wesentlichkeit in den Begriff der Vertragsverletzung hineinzulesen, berücksichtigt zudem den grundsätzlichen Vorrang des Aufhebungsrechts des Käufers für Fälle, in denen die Beeinträchtigung seiner Sphäre überwiegt. Damit widerspricht es auch nicht den auf der diplomatischen Konferenz erzielten Ergebnissen.[68]

---

67 Staudinger/Magnus, Art. 49 Rn. 20; Rudolph, Art. 48 Rn. 8.

68 Über den Vorrang des Aufhebungsrechts besteht auch international Einigkeit: Karollus, ZIP 1993, 490 (494); Aicher, S. 136f; Schlechtriem/Huber[3], Art. 48 Rn. 20 (m.w.N. in Fn. 35); Gutknecht, S. 65f.

2. Der Zweck des Vorbehalts des Art. 49 UNKR

Vermag ein nur unerheblicher Erfüllungsmangel ein Aufhebungsrecht nicht zu begründen, steht dem Käufer bei einem erheblichen Mangel dieses Recht auch erst dann zu, wenn er bei seiner Abwägung eine zu erwartende nachträgliche Mängelbeseitigung durch den Verkäufer ausreichend und nach objektiven Maßstäben berücksichtigt. Die aus dem Bedürfnis eines effektiven Nacherfüllungsrechts[69] notwendig folgende eingeschränkte Interpretation des Vertragsaufhebungsrechts nach Art. 49 UNKR hat zur Folge, daß das Aufhebungsrecht im Verhältnis zum Nacherfüllungsrecht regelmäßig nicht vorliegen wird, daß der Verkäufer dann aber regelmäßig nachträglich erfüllen kann. Zweck der Vorbehaltsregelung in Art. 49 UNKR ist es daher, dem Verkäufer im Regelfall ein Nacherfüllungsrecht zu gewährleisten, und zwar unter der auflösenden Bedingung[70] einer berechtigten Vertragsaufhebung für den Fall, daß sich trotz restriktiver Auslegung eine wesentliche Vertragsverletzung ergibt.[71]

B Die Verfahrensweise zur Durchführung des Nacherfüllungsrechts nach Artikel 48 Abs. 2-4 UNKR

Zur vereinfachten Durchführung der Nacherfüllung dient die in Art. 48 Abs. 2-4 UNKR normierte Verfahrensweise. Nach Absatz 2 kann der Verkäufer den Käufer einerseits auffordern mitzuteilen, ob er eine nachträgliche Mängelbeseitigung dulden wird, oder ihm andererseits nach Absatz 3 bereits eine konkrete Maßnahme antragen. Jeweils ist darin die Aufforderung an den Käufer enthalten, sich über seine Annahmebereitschaft zu erklären. Lehnt der Käufer die ihm angetragene Mängelbeseitigung ab, kann der Verkäufer nachträglich nicht mehr erfüllen, sofern die Maßnahme nicht bereits nach Art. 48 Abs. 1 UNKR als eine berechtigte Nacherfüllung zu werten ist.
Entspricht der Käufer dieser Aufforderung des Verkäufers aber nicht, sondern schweigt er vielmehr auf das Angebot des Verkäufers, wird seine Zustimmung zu dem Nacherfüllungsbegehren des Verkäufers fingiert. Der Verkäufer ist dann dazu berechtigt, den Mangel der Kaufsache nachträglich zu beseitigen. Gerade durch diese Festlegung, daß der Käufer eine Nacherfüllung auch nicht durch sein Schweigen verhindern kann, erleichtert die Vorschrift des Art. 48 Abs. 2-4 UNKR dem Verkäufer, seine Nacherfüllungsmaßnahmen mit dem Käufer abzustimmen.

---

69 Vgl. dazu gerade oben.

70 Übereinstimmend wird der Vorbehalt des Art. 49 UNKR in den Originalsprachen als eine Bedingung verstanden: *subject to* = depending on s.th. as a condition; *sous réserve de* = en mettant à part une éventualité; *pri uclowii cobljudenija ctatji 49* = unter der Bedingung der Beachtung des Art. 49.

71 Ebenso: Karollus, ZIP 1993, 490, 495.

Der rechtliche Charakter der Regelung in Art. 48 Abs. 2-4 UNKR ist allerdings umstritten. Überwiegend wird die Auffassung vertreten, daß es sich um ein zweites Nacherfüllungsrecht des Verkäufers handeln soll, das unabhängig von dem Nacherfüllungsrecht in Art. 48 Abs. 1 UNKR besteht. Der Verkäufer könnte nach dieser Auffassung nachträglich erfüllen, ohne an weitere Voraussetzungen gebunden zu sein.[72] Dagegen richten sich die Vertreter einer gegenteiligen Auffassung, die in der Regelung des Art. 48 Abs. 2-4 UNKR lediglich eine Durchführungsregelung sehen.[73]

Den Vertretern der überwiegenden Auffassung ist entgegenzuhalten, daß sie durch die Annahme eines zweiten Rechtsbehelfs, der dem Verkäufer unabhängig von den in Absatz 1 normierten Voraussetzungen zur Verfügung stehen soll, das Nacherfüllungsrecht des Verkäufers allzu sehr zu Lasten des Käufers ausweiten und dessen berechtigte Interessen nicht berücksichtigen: In der Regel erhält ein Verkäufer von seinem Käufer eine unbestimmte Mängelrüge[74], aus der die genaue Ursache des Mangels nicht ersichtlich ist. Da der Verkäufer jedoch aus der Ferne die Mängelursache meist nicht abschließend diagnostizieren kann, ist eine Anfrage[75] des Verkäufers nach Art. 48 Abs. 2-4 UNKR, auch wenn sie ohne einen konkreten Maßnahmevorschlag erfolgt, tauglich, den Käufer zur Erklärung auffordern zu können. Schweigt der Käufer darauf jedoch und wird deshalb seine Zustimmung fingiert, könnte der Verkäufer, den Vertretern dieser erstgenannten Auffassung zufolge, unabhängig von den Voraussetzungen des Absatz 1 den Erfüllungsmangel beseitigen.[76] Er könnte dann innerhalb der von ihm genannten Nacherfüllungsfrist unzählige Reparaturversuche vornehmen und so über den gesamten Nacherfüllungszeitraum den Betrieb des Käufers blockieren.[77] Nach den strengen Zumutbarkeitskriterien in Art. 48 Abs. 1 UNKR, die eine vertragsgemäße Pflichterfüllung nur nach ausgewogener Berücksichtigung der berechtigten Interessen beider Parteien ermöglichen, wäre dem Verkäufer ein solches Vorgehen in aller Regel aber nicht möglich.

Es sind vielmehr und entgegen dieser genannten Auffassung auch im Rahmen des Art. 48 Abs. 2-4 UNKR die berechtigten Interessen des Käufers zu schüt-

---

72 Staudinger/Magnus, Art. 48 Rn. 37; Enderlein/Masow/Strohbach, Art. 48 Anm. 10; Soergel/Lüderitz, Art. 48 Rn. 1; Honnold, Art. 48 Rn. 298; Schlechtriem/Huber[3], Art. 48 Rn. 30; Piltz, § 5 Rn. 199; Heilmann, S. 390; Karollus, S. 145. Will (Bianca/Bonell/Will, Art. 48 Anm. 2.2.) verneint aber ein Nacherfüllungsrecht, wenn eine nach Art. 48 Abs. 1 unzumutbare zeitliche Verzögerung eingetreten ist.

73 Honsell/Schnyder/Straub, Art. 48 Rn. 39; Herber/Czerwenka, Art. 48 Rn. 4; Gutknecht, S. 347; Reinhart Art. 48 Rn. 7.

74 Z.B.: „Die Maschine funktioniert nicht."

75 Allerdings zwingend unter Angabe einer Nacherfüllungsfrist: Nach Art. 48 Abs. 2 UNKR; z.B.: „Wird eine Mängelbeseitigung in der 43. Kalenderwoche angenommen werden?"; nach Art. 48 Abs. 3 UNKR; z.B.: „Der Fehler wird in der 43. Kalenderwoche repariert werden."

76 Bianca/Bonell/Will, Art. 48 Anm. 2.2.: „The buyer deserves protection only when he is cooperative and gives the seller a fair chance."

77 Gutknecht, S. 347ff.

zen, da ansonsten derjenige Käufer treuwidrig benachteiligt würde, der eine nachträgliche Erfüllung im angebotenen Zeitraum zulassen möchte, aber gerade wegen der Fiktionswirkung nach Art. 48 Abs. 2-4 UNKR auf eine Antwort an den Verkäufer verzichtet. Eine Pflicht zur Antwort kann Art. 48 Abs. 2-4 UNKR nämlich nicht entnommen werden. Gleiches gilt, wenn der Käufer lediglich kurz mit „Einverstanden" oder „Ja" antwortet. Es ließe sich nicht überzeugend begründen, wieso ein Käufer trotz seiner Kooperation schutzlos sein sollte, nur weil die nachträgliche Mängelbeseitigung des Verkäufers auf Art. 48 Abs. 2-4 UNKR statt auf dessen Absatz 1 beruhen soll.

Für diese überwiegend vertretene Auffassung gibt es auch keine Anhaltspunkte in den Materialien.[78] Denen ist vielmehr zu entnehmen, daß es sich bei Absatz 1 um die „general rule"[79] handelt, während Art. 48 Abs. 2-4 UNKR lediglich mit „notice by the seller"[80] bezeichnet wird, nicht aber ein zweites Nacherfüllungsrecht begründen soll. Vielmehr wird Art. 48 Abs. 2-4 UNKR mit dem *normalen Verhalten eines Verkäufers*[81] erklärt, der dem Käufer seine Nacherfüllungsbereitschaft anzeigt und dabei oft auch erfragt, ob dieser einer nachträglichen Mängelbeseitigung unter Hintenanstellen seiner eigenen Rechtsbehelfe zustimmt.

Die Annahme eines eigenständigen Rechts zur nachträglichen Mängelbeseitigung in Art. 48 Abs. 2-4 UNKR ist daher verfehlt, und die Annahme bloßer Durchführungsregeln ist vorzuziehen.

C Das Verhältnis von Artikel 48 UNKR zu Artikel 46 UNKR

Für den Käufer ist in Art. 46 UNKR ein Rechtsbehelf normiert, wonach der Käufer von dem Verkäufer Erfüllung aller Vertragspflichten (Absatz 1) verlangen kann, und zwar insbesondere Ersatzlieferung (Absatz 2) oder Nachbesserung[82] (Absatz 3). Dieser Anspruch auf Ersatzlieferung (Abs. 2) steht dem Käufer zu, wenn auf Grund des Fehlers der Ware eine wesentliche Vertragsverletzung anzunehmen ist. Der Wortlaut dieser Norm führt jedoch auf den ersten Blick zu Widersprüchen. Eine wesentliche Vertragsverletzung ist, wie soeben festgestellt, gerade dann nicht anzunehmen, wenn die zumutbare Möglichkeit zur Nacherfüllung durch Reparatur oder Nachlieferung besteht.

---

78 Ebenso: Honsell/Schnyder/Straub, Art. 48 Rn. 39.

79 Sekretariatskommentar, Überschrift zu Art. 44, Anm. 2 (Seite 40).

80 Sekretariatskommentar, Überschrift zu Art. 44, Anm. 13 (Seite 41).

81 Sekretariatskommentar, Art. 44 Anm. 13: „If the seller intends to cure the nonconformity he will normally so notify the buyer. He will also often inquire whether the buyer intends to exercise his remedies of avoiding the contract or declaring the price to be reduced or whether he wishes, or will accept, cure by the seller."

82 Unter dem Begriff der Nach*besserung* ist richtigerweise auch die nachträgliche Mängelbeseitigung in Form von Reparatur oder Neu- bzw. Nachlieferung zu verstehen: Mischke, BB 1997, 1494, 1497 (FN 30); Schlechtriem/Huber[3], Art. 46 Rn. 58, 66.

Für den Fall aber, daß der Käufer die Nachlieferung fehlerfreier Ware vom Verkäufer fordert, muß zunächst unterstellt werden, daß ihre Nachlieferung für den Käufer dann auch zumutbar ist und konsequenterweise dann die für das Nachlieferungsrecht des Käufers erforderliche Voraussetzung einer wesentlichen Vertragsverletzung entfällt. Es ergibt sich daher das „völlig widersinnige“[83] Ergebnis, daß der Käufer gerade deshalb kein Recht hat, eine Ersatzlieferung zu verlangen, weil die zumutbare Möglichkeit einer solchen besteht. Das Verhältnis zwischen dem Nachlieferungsrecht des Käufers und dem Nacherfüllungsrecht des Verkäufers ist folglich streitig.

I Bisher vertretene Auffassungen

Bisher ist hierzu von einigen Autoren vertreten worden, der Begriff der wesentlichen Vertragsverletzung sei innerhalb der Konvention nicht einheitlich, sondern unterschiedlich zu verstehen und je nach Artikel rechtsfolgenorientiert auszulegen.[84] Diesem Lösungsansatz von *Karollus* ist aber wie dargestellt nicht zu folgen.[85]

Von anderen Autoren[86] wird mit einem Umkehrschluß aus der Vorschrift des Art. 48 Abs. 2 S. 2 UNKR argumentiert. Danach ist der Käufer während der Zeit der vereinbarten Nacherfüllung nicht berechtigt, einen Rechtsbehelf auszuüben, der einer Vertragserfüllung durch den Verkäufer entgegenstehen würde. Wenn aber der Käufer während dieses Moratoriums keinen entgegenstehenden Rechtsbehelf wählen darf, soll das bedeuten, daß er zeitlich vorher, also bis zum Beginn des vom Verkäufer herbeizuführenden Moratoriums bestimmen kann, ob er Reparatur oder Neulieferung wählt.
Dem ist jedoch entgegenzuhalten[87], daß die Nacherfüllung vor dem Erfüllungsverlangen des Käufers Vorrang haben muß, weil dem Verkäufer nicht nur die tatsächliche Durchführung der Nacherfüllung obliegt, sondern er auch das Erfolgsrisiko trägt. Ein regelmäßiges Wahlrecht des Käufers würde dem nicht entsprechen. Es besteht zudem die Gefahr, daß bei Anwendung dieser Auffassung der Anwendungsbereich des Art. 48 UNKR zu stark eingeschränkt würde. Für den Fall nämlich, daß der Käufer seine erste Mängelnachricht an den Verkäufer zugleich mit einer Aufforderung zur Beseitigung des Mangels in einer bestimmten Art und Weise nach Art. 46 UNKR verbindet, verbliebe dem Verkäufer gar keine Reaktionszeit, ein Moratorium nach Art. 48 Abs. 2 S. 2 UNKR auszulösen. Da nach Art. 46 UNKR, und zwar regelmäßig in Anwendung von dessen Absatz 3, aber nur die ordnungsgemäße Erfüllung auf Ko-

83 Karollus, ZIP 1993, 490, 492.
84 Karollus, a.a.O., S. 495f.
85 Dazu bereits oben S. 20.; Karollus, a.a.O., 490ff.
86 Herber/Czerwenka Art. 48 Rd 11; Staudinger/Magnus Art. 48 Rn. 32.
87 Ebenso: Honsell/Schnyder/Straub, Art. 48 Rn. 58ff, die zur Klärung des Verhältnisses zwischen Art. 46 und Art. 48 jedoch auf den konkreten Fall abstellen wollen.

sten und Risiko des Verkäufers gesichert werden soll, ist einer Nacherfüllung nach Wahl des Verkäufers daher der Vorrang vor einer vom Käufer geforderten konkreten Erfüllungsart einzuräumen.

Es wird weiterhin die Auffassung[88] vertreten, daß im Rahmen des Art. 48 UNKR ein Vorrangverhältnis ausschließlich zu Gunsten von Art. 49 Abs. 1 a) UNKR normiert sei und nicht auch zu Gunsten von Art. 46 Abs. 2 UNKR. Daraus aber, daß eine Vertragsaufhebung nach Art. 49 UNKR eine wesentliche Vertragsverletzung voraussetzt, soll sich ergeben, daß das Wahlrecht des Verkäufers nach Art. 48 UNKR auch solange besteht, bis der Käufer den Vertrag durch Erklärung nach Art. 49 UNKR tatsächlich aufgehoben hat. Der Verkäufer soll daher auch noch dann eine Nacherfüllungsart wählen können, wenn zwar unter objektiver Betrachtung eine wesentliche Vertragsverletzung anzunehmen ist, der Käufer aber lediglich die Aufhebung des Vertrags nicht erklärt hat. Mangels Vorbehalts soll dieser dann seinerseits nach Art. 46 UNKR die Durchführung einer bestimmten Maßnahme nicht erzwingen können. Zur Begründung wird unter weiterem Hinweis auf den Wortlaut der Normierung angeführt, daß der Erfolg der Nacherfüllung allein entscheidend sei und daß ein Herbeiführen des Erfolgs Sache des Verkäufers sei.
Wenn aber ein Käufer selbst gegen den klaren Wortlaut von Art. 46 Abs. 2 UNKR bei Vorliegen einer wesentlichen Vertragsverletzung keine Neulieferung fordern können soll, birgt diese Auffassung die Gefahr, daß ein Anwendungsbereich für Art. 46 Abs. 2 UNKR nicht mehr verbleibt, da der Käufer danach mit seinem Neulieferungsanspruch bis zum Zeitpunkt der Vertragsaufhebung nicht durchdringen könnte und nach einer erfolgten Vertragsaufhebung kein Raum mehr für diesen Rechtsbehelf besteht. Zudem entspricht diese vereinzelt vertretene Auffassung nicht den Ergebnissen der Beratungen. Den Protokollen ist vielmehr zu entnehmen, daß ein Verkäufer sein Nacherfüllungsrecht nach Art. 48 Abs. 1 UNKR und damit auch sein Wahlrecht bereits mit Vorliegen der Voraussetzungen einer wesentlichen Vertragsverletzung verliert.[89] Das gilt insbesondere auch dann, wenn der Käufer den Vertrag noch nicht aufgehoben hat:

„The seller no longer has the right to remedy the failure to perform after the delay amounts to a fundamental breach even if the buyer has not as yet declared the contract avoided."[90]

Für eine solche Bedeutung der Aufhebungslage, also der Berechtigung zur Vertragsaufhebung bei Vorliegen der Voraussetzungen in Abgrenzung zur bereits erklärten Aufhebung[91], spricht weiterhin, daß der noch im New Yorker

---

88 Schlechtriem/Huber³, Art. 48 Rn. 9; Neumayer/Ming, Art. 48 Anm. 5; Honnold, Art. 48 Rn. 296; Enderlein/ Maskow/Strohbach, Art. 48 Bem. 1; Bianca/Bonell/Will, Art. 48 Anm. 3.1.2.; Karollus S. 138.
89 So auch: Staudinger/Magnus, Art. 48 Rn. 22.
90 Sekretariatskommentar S. 40, Art. 44 [48] Anm. 6 a.E.
91 Ebenso: Staudinger/Magnus, Art. 48 Rn. 22.

Entwurf enthaltene gegenteilige Wortlaut - *unless the buyer has declared the contract avoided*[92] - auf der Wiener Konferenz gerade in diesem Punkt geändert und gestrichen wurde.[93] Der Vorbehalt des Art. 48 UNKR ist daher nicht erst mit der tatsächlichen Ausübung des Gestaltungsrechts in Art. 49 UNKR, sondern bereits bei Vorliegen seiner Voraussetzungen erfüllt, so daß dem Verkäufer bei einer gegebenen wesentlichen Vertragsverletzung kein Wahlrecht mehr zustehen kann. Den Vertretern einer abweichenden Auffassung[94], die auf den Zugang der Aufhebungserklärung abstellen, ist daher nicht zu folgen.

Schließlich wird vereinzelt[95] in sachlicher und zeitlicher Hinsicht unterschieden. In der Sache sei dem Nacherfüllungsverlangen des Verkäufers grundsätzlich Vorrang vor dem Erfüllungsverlangen des Käufers einzuräumen, weil dem Verkäufer auch das Erfolgsrisiko einer nachträglichen Erfüllung übertragen ist. Hat der Käufer daher keine Nachfrist gesetzt, könne der Verkäufer innerhalb eines nach Art. 48 Abs.1 UNKR zu bestimmenden und daher zumutbaren Zeitrahmens den Fehler beheben. Hat der Käufer jedoch eine Nachfrist zur Nacherfüllung gesetzt, sei zu differenzieren.[96] Es wird vor dem zu Grunde liegenden Sachverhalt nicht ein Zeitpunkt, sondern naturgemäß immer ein gewisser Zeitrahmen bestimmbar sein, innerhalb dessen eine Nacherfüllung für den Käufer zumutbar ist. Bezieht sich die vom Verkäufer angegebene Nacherfüllungsfrist auf den Endtermin dieses Zeitrahmens, soll er nachträglich erfüllen können, obwohl der Käufer eine Nachfrist eventuell nur bis zum Anfangstermin dieses Zeitrahmens gesetzt hat. Der Norm des Art. 48 Abs. 2 UNKR soll daher eine Ausgleichsregelung zukommen, um die jeweils vorgeschlagenen Nacherfüllungszeiträume von Käufer und Verkäufer aufeinander abzustimmen.
Nach dieser Lösung bleibt es jedoch offen, ob Erklärungen, die sich auf nicht identische Zeiträume bzw. -punkte beziehen, nicht auch als eine Erklärung unter Ablehnung im übrigen auszulegen sind. Will nicht ein Käufer, der eine Nachfrist bis zum Beginn eines nach objektiven Gesichtspunkten bestimmten zumutbaren Zeitrahmens setzt, gleichzeitig zum Ausdruck bringen, daß er einer späteren Nacherfüllung widerspricht. Eine dann nachfolgende Erklärung des Verkäufers nach Abs. 2 würde in Kenntnis dessen abgegeben werden, daß der Käufer eine Nacherfüllung zu einem späteren Zeitpunkt ablehnt. Die Fiktionswirkung kann dann aber nicht mehr eintreten. Auch wenn der Verkäufer als erster eine Nacherfüllung anträgt, entfällt eine Fiktion nach Abs. 2, wenn der Käufer der Nacherfüllung unter Mitteilung einer kürzeren Frist zustimmt. Eine Ausgleichsregelung gerade des Art. 48 Abs. 2 UNKR ist daher zunächst nicht ersichtlich. Eine solche Ausgleichswirkung kann eigentlich nur

---

92 Sekretariatskommentar, S. 114, 352. Der automatische Wegfall des Vertrags war aber früher noch in Art. 26, 30 EKG vorgesehen.

93 Gutknecht, S. 67.

94 Schlechtriem/Huber[3], Art. 49, Rn. 29; Honnold, Rn. 302, Lohs/Nolting, ZvglRWiss 97 (1998) 4, 14.

95 Honsell/Schnyder/Straub, Art. 48 Rn. 58ff.

96 Honsell/Schnyder/Straub, Art. 48 Rn. 61.

Art. 48 Abs. 1 UNKR zukommen, dessen Zumutbarkeitsmaßstab wie ein „scharfes Schwert“ angesehen werden kann, allerdings nur in Fällen, in denen das Wahlrecht des Verkäufers mangels Vorliegen einer wesentlichen Vertragsverletzung noch nicht entfallen ist. Eine vom Käufer gesetzte und zu kurz bemessene Frist würde dann das Nacherfüllungsrecht nach Art. 48 Abs. 1 UNKR nicht vereiteln.

II Neuer Lösungsansatz

Es ergeben sich für das Verhältnis von Art. 46 Abs. 2 UNKR zu Art. 48 UNKR zwei Anwendungsbereiche für den Neulieferungsanspruch des Käufers. Im wesentlichen folgen diese sowohl aus der Überlegung, daß das Nacherfüllungsrecht des Verkäufers und die Wesentlichkeit der Vertragsverletzung getrennt voneinander zu betrachten sind[97], als auch daraus, daß im Rahmen des Art. 48 UNKR die Zumutbarkeitskriterien ausschließlich nach objektiven Maßstäben auszulegen sind[98], während die subjektive Bewertung des Käufers in die Abwägung der wesentlichen Vertragsverletzung im Rahmen der Art. 46 Abs. 2 und 49 UNKR mit einfließen.

Eine wesentliche Vertragsverletzung ist regelmäßig dann anzunehmen, wenn bei einem erheblichen Mangel die Möglichkeit einer objektiv zumutbaren Nacherfüllung nicht besteht.[99] In einem solchen Fall hat der Käufer das Recht, sich von dem Vertrag nach Art. 49 UNKR zu lösen, sofern er das möchte. Die ausschließlich objektive Bewertung des Zumutbarkeitskriteriums in Art. 48 Abs. 1 UNKR hat jedoch den Nachteil, daß die persönlichen Bedürfnisse des Käufers nicht berücksichtigt werden. Obwohl eine Nacherfüllung aus Sicht eines Dritten nicht zumutbar ist, kann der tatsächlich betroffene Käufer dennoch ein Interesse daran haben, an der Lieferungsverpflichtung des Verkäufers festzuhalten. Das könnte der Fall sein, wenn es sich um Ware handelt, die auf dem Weltmarkt schwierig zu beschaffen ist, oder es sich um eine solche handelt, deren Wert und deren Vermarktungsfähigkeit auch vom Ursprungszeugnis des Herstellers abhängt. Aufgrund des Fehlers der Ware, der nicht zumutbar nachträglich beseitigt werden kann, ergibt sich der Verlust des Nacherfüllungsrechts des Verkäufers. Da dem Käufer dann regelmäßig persönlich entgeht, was er unter dem Vertrag erwarten konnte, ist er zur Vertragsaufhebung berechtigt (Art. 49 UNKR). Während der originäre Lieferanspruch des Käufers aus Art. 30 UNKR jedoch infolge der Anlieferung der fehlerhaften Ware erloschen ist, kann der Käufer nun nach Art. 46 Abs. 2 UNKR Neulieferung fehlerfreier Ware verlangen, weil er in seiner persönlichen Situation auf diese Ware angewiesen ist. Sein Neulieferungsverlangen führt dann aber nicht dazu, daß

---

97 Honsell/Schnyder/Straub, Art. 48 Rn. 33; Staudinger/Magnus, Art 48 Rn. 30.

98 Vgl. dazu oben: Kapitel 1, A III 2.

99 Ebenso: OLG Koblenz (1997), http://cisgw3.law.pace.edu/cases/ 970131g1.html.

aus einer objektiv nicht zumutbaren Nacherfüllung plötzlich doch eine objektiv zumutbare wird mit der Konsequenz, daß das Neulieferungsrecht des Käufers entfällt.[100] Die Neulieferung der Ware bleibt vielmehr nach objektiven Maßstäben weiterhin unzumutbar. Nur das besondere persönliche Interesse des Käufers führt dazu, daß er Belastungen auf sich nimmt, die ein Dritter nicht mehr getragen hätte und vom Verkäufer Neulieferung verlangt, deren Anlieferung eventuell erst sehr viel später erfolgen kann. Unbenommen bleibt dem Käufer jedoch, Schadensersatzansprüche gegen den Verkäufer geltend zu machen.

Das Verhältnis zwischen den Artikeln 46, 48 und 49 UNKR ist daher folgendermaßen auszulegen: Fehlt nach einer objektiven Betrachtung die Möglichkeit einer zumutbaren Mängelbeseitigung, wird nach der Dogmatik der Konvention das weitere Vorgehen in Bezug auf den Vertrag von der Initiative und Entscheidung des Käufers abhängig gemacht. Er kann den Vertrag entweder aufheben oder trotzdem noch Neulieferung[101] verlangen[102], wenn er aus persönlichen Gründen noch mit dem Verkäufer zusammenarbeiten will oder muß.

Es ergibt sich noch ein weiterer Anwendungsbereich für die Norm des Art. 46 Abs. 2 UNKR. Dem Käufer muß auch in solchen Fällen ein Neulieferungsanspruch zustehen, in denen in seiner Person ein erheblicher Grund vorliegt, ausnahmsweise von der Doktrin des regelmäßigen Wahlrechts des Verkäufers abzuweichen und dem Verkäufer die Möglichkeit einer objektiv zumutbaren Reparatur der Ware zu versagen. Dabei sind aber wegen des regelmäßigen Vorrangs des Nacherfüllungsrechts des Verkäufers erhebliche Anforderungen zu stellen. Solche Fallkonstellationen können vorliegen, wenn der Käufer das Vertrauen in die gelieferte Kaufsache infolge des Fehlers verloren hat. Insbesondere bei technisch hochwertigen Waren, beispielsweise Autos oder aufwendigen Maschinen, kann ein Käufer erwarten, daß die ihm verkaufte Ware auf neuestem Stand ist und die Fabrik nur in einem Zustand verläßt, der wesentliche Fehler ausschließt. Solche Erwartungshaltungen des Käufers können um so ausgeprägter sein, je aufwendiger für ein Produkt geworben wird und deshalb die Bereitschaft beim Kunden entstehen lassen, eine Reparatur nur noch hinsichtlich einfacher Mängel zuzulassen. Umfangreiche Reparaturen an der Kaufsache und insbesondere an erheblichen Komponenten könnten das Vertrauen des Käufers in die Zuverlässigkeit einer dann als repariert markierten Ware nicht wieder begründen, obwohl die Reparatur als solche bei objektiver Betrachtung zumutbar wäre, da sie den Käufer nur geringfügig tatsächlich und zeitlich belastet. Obwohl der Fehler der Ware daher eigentlich durch eine unverzügliche und fachgerechte Reparatur beseitigt werden könn-

---

100 Insofern ist es nicht zu unterstützen, wenn man sich mit der Argumentation von *Karollus*, wonach auf Grund eines Neulieferungsverlangens des Käufers auch auf eine objektive Zumutbarkeit dieser Nacherfüllungsmaßnahme zu schließen ist, der Möglichkeit verschließt, die Bewertung des Zumutbarkeitskriteriums nach objektiven und subjektiven Kriterien getrennt voneinander vorzunehmen.

101 Als minus ist in der Neulieferung natürlich auch eine Reparatur enthalten.

102 Petrikic, S. 97f.

te, bestünde in solchen Fällen des Vertrauensverlustes das Recht des Käufers, eine Neulieferung zu fordern, da ihm entgeht, was er unter dem Vertrag erwarten konnte.

Die hier vertretene Auffassung basiert auf dem US-amerikanischen Prinzip des „shaken faith".[103] Dieses Rechtsinstitut berücksichtigt die Kenntnis des Käufers von dem Fehler der Kaufsache und die Kenntnis des Käufers von der Tatsache einer durchgeführten Reparatur.[104] Es hat rechtlich zur Folge, daß selbst eine nach allen Regeln fachmännischen Könnens ausgeführte Reparatur keine zumutbare Mängelbeseitigung darstellt, wenn sie nicht gleichzeitig geeignet ist, das Vertrauen des Käufers in die Zuverlässigkeit der Kaufsache wieder zu begründen.

1. Das Prinzip des shaken-faith im US-amerikanischen UCC

Dieses Rechtsinstitut wurde erstmals in New Jersey in dem Fall *Zabriskie Chevrolet v. Smith*[105] entwickelt. Darin ging es um den Kauf eines neuen Autos, das dem Beklagten als neuestes und perfekt funktionierendes Modell angepriesen wurde. Nachdem der Käufer eine Anzahlung geleistet hatte, nahm die Frau des Beklagten den Wagen am nächsten Tag beim Verkäufer in Empfang. Auf ihrer ca. 4 km langen Heimfahrt setzte der Motor des Wagens nach etwa 1000 m erstmals aus, als der Wagen an einer Ampel zum Stehen kam. Ein zweites Mal setzte der Motor nach weiteren wenigen Metern aus und ab dann bei jedem weiteren Halt des Wagens. Die Heimfahrt konnte schließlich nur mit einer Geschwindigkeit von ca. 15 km/h vollendet werden. Zu Hause angekommen ließ der Käufer umgehend den für die Kaufpreiszahlung hingegebenen Scheck sperren und wies den Wagen zurück. Ein Techniker, der den Wagen am nächsten Morgen in der Werkstatt untersuchte, erstellte eine Fehlerliste mit 70 Positionen. Insbesondere war das Getriebe des neuen Wagens defekt, das daraufhin komplett ausgetauscht wurde. Der Käufer wollte jedoch den reparierten Wagen nicht annehmen.
Auf den Einwand des Verkäufers, ihm stünde ein Nacherfüllungsrecht nach sec. 2-508 UCC zu, bemerkte das Gericht folgendes:

„The inquiry is as to what is intended by 'cure', as used in the Code. This statute makes no attempt to define or specify what a cure shall consist of. It would appear, then, that each case must be controlled by its own facts. [...] It was not

---

103 Vgl. dazu: Sebert, 84 N.W.U.L.Rev. (1990), 395f.

104 Lawrence, U.C.C.L.J. 1988, 138, 168; Sebert, N.W.U.L.Rev., Bd. 84 (1990), 394f.

105 Zabriskie Chevrolet, Inc. v. Alfred J. Smith (Superior Court of New Jersey, 1968), 240 A2d 195ff.

the intention of the Legislature that the right to 'cure' is a limitless one to be controlled only by the will of the seller."[106]

Es wurde somit festgestellt, daß es für die Frage der Nacherfüllung nicht ausschließlich auf die Sicht des Verkäufers ankommen könne. Die Reparatur des Wagens wurde als nicht ausreichend bewertet. Es handelte sich im Ergebnis um einen in seinen funktionell wesentlichen Teilen reparierten Wagen. Diese Tatsache sei aber nicht mit den Vorgaben aus dem Vertrag in Einklang zu bringen. Geliefert worden sei nicht mehr die verkaufte, sondern eine reparierte und nach Auffassung des Gerichts daher andere Ware. Die Mitglieder des Gerichts gelangten zu folgender Auffassung:

„For a majority of people the purchase of a new car is a major investment, rationalized by the peace of mind that flows from its dependability and safety. Once their faith is shaken, the vehicle loses not only its real value in their eyes, but becomes an instrument whose integrity is substantially impaired and whose operation is fraught with apprehension. The attempted cure in the present case was ineffective."[107]

Obwohl die von dem Verkäufer durchgeführte Reparatur also fachlich nicht zu beanstanden war und ihre tatsächliche Durchführung den Käufer zeitlich auch nicht mehr als allgemein zumutbar belastete, konnte der Käufer glaubhaft machen, daß der Wagen für ihn gerade infolge der Reparatur einen Makel aufwies. Dies berechtigte ihn im Ergebnis dazu, den Wagen zurückzuweisen, da ihm ein weiterer Gebrauch unzumutbar war.

Im Zabriskie-Fall ist ausschließlich auf die subjektiven Empfindungen des tatsächlich betroffenen Käufers abgestellt worden.[108] Der dortigen Bewertung widerspricht *Lawrence*[109] jedoch mit dem Argument, daß der Wagen ein komplett neues Getriebe erhalten habe und das alte Getriebe des Wagens nicht lediglich repariert wurde. Der Käufer habe daher kein „Flickwerk" erhalten. Es müsse nach seiner Auffassung der Tatsache Rechnung getragen werden, daß es

---

106 Zabriskie Chevrolet v. Smith, a.a.O., 205: „Es ist die Frage, welche Bedeutung des Begriffs ‚Nacherfüllung' sich aus dem UCC ergibt. Weder ist dieser Begriff im Gesetz definiert, noch ist statuiert, was eine Nacherfüllung ausmacht. Daraus sei zu schließen, daß jeder Einzelfall von seinen konkreten Gegebenheiten abhängt. [...] Es war nicht der Wille des Gesetzgebers, daß das Nacherfüllungsrecht ein unbegrenztes Recht sei, dessen Reichweite ausschließlich vom Willen des Verkäufers abhängen solle." (Übersetzung des Verfassers).

107 Zabriskie Chevrolet v. Smith, a.a.O., 205: „Für die Mehrzahl der Menschen bedeutet der Kauf eines neuen Wagens eine enorme Investition, die von der Vorstellung über seine Zuverlässigkeit und Sicherheit geprägt ist. Ist ihr Vertrauen erst einmal enttäuscht, verliert der Wagen in ihren Augen nicht nur seinen realen Wert, sondern wird zu einem Gegenstand, dessen Integrität wesentlich vermindert und mit Besorgnis beladen ist. Der Nacherfüllungsversuch war im konkreten Fall nicht erfolgreich." (Übersetzung des Verfassers).

108 Dafür auch White & Summers[4], § 8-4, S. 457 f.

109 Lawrence, U.C.C.L.J. 1988, 138, 168f.

sich bei einem Getriebe nur um einen Baustein von vielen isolierbaren handelt, aus denen ein Auto besteht. Die *shaken-faith doctrine* sei nach seiner Auffassung zwar grundsätzlich eine „appropriate consideration“[110], richtigerweise seien aber die Maßstäbe eines vernünftigen Dritten anzuwenden.

Diese Überlegung wurde in dem Fall *Ford v. Mayes*[111] aufgegriffen. Die Entscheidung aus dem Zabriskie-Fall wurde zwar bestätigt, das Gericht nahm im Unterschied dazu aber eine Wertung anhand objektiver Maßstäbe vor. Es ging um den Kauf eines Lkw, der bereits kurz nach seiner Übergabe wegen einiger kleiner Mängel mehrfach repariert werden mußte. Zusätzlich stellten sich nach ca. fünf Wochen noch Geräusche und Vibrationen ein. Nach wenigstens sieben erfolglosen Reparaturversuchen, bei denen verschiedene Teile an dem Fahrzeug ausgetauscht oder repariert worden waren, befand ein Spezialist, daß der Rahmen verzogen sei. Der Hersteller erwiderte auf den Widerruf der Billigung des Lkw durch die Käufer, daß nach den zugrundeliegenden Allgemeinen Geschäftsbedingungen ein solcher Widerruf wirksam ausgeschlossen worden sei und der Käufer ausschließlich Reparatur der Ware verlangen könne. Das Gericht vertrat dazu jedoch folgende Auffassung[112]:

„Ford's limitation of the buyer's remedy to repair or replacement of defective parts was valid unless the exclusive remedy of repair or replacement of defective parts failed of its essential purpose, and the disclaimer of liability was valid unless 'unconscionable'.“[113]

Der Ausschluß in den AGB war danach grundsätzlich zwar möglich, es mußte jedoch aus Billigkeitsgründen und angesichts dieses schweren Mangels an dem LKW eine Korrektur vorgenommen werden, und zwar insbesondere auch deshalb, weil die Reparaturbemühungen offensichtlich gescheitert waren. Die zu diesem Zweck bemühte Theorie des shaken-faith fungierte in diesem Fall also wie ein Korrektiv, um offensichtlich zufällige und nicht gewollte Ergebnisse zu vermeiden. Dabei wurde in diesem Fall nicht auf die Betrachtungen des tatsächlichen Käufers, sondern auf die eines objektiven Betrachters abgestellt, da die Mitglieder des Gerichts ihre Wertung anhand eines unbestimmten Rechtsbegriffs vornahmen.

Auch in dem Fall Bayne v. Nall Motors[114] wurde eine solche objektive Bewertung des zugrundeliegenden Sachverhalts vorgenommen. Fehlendes

---

110 Lawrence, ebenda, S. 168.

111 Ford Motor Co. v. Mayes (Court of Appeals of Kentucky, 1978), 575 S.W.2d 480ff.

112 a.a.O., 484.

113 „Das Beschränken der Rechtsbehelfe des Käufers auf Reparatur oder Austausch der fehlerhaften Teile durch Ford war solange rechtmäßig, bis diese exklusiven Rechtsbehelfe ihrem Zweck nach fehlgeschlagen waren, und das Ablehnen der Verantwortung war solange möglich, bis ein solches Verhalten als ‚gewissenlos‘ zu bewerten war.“ (Übersetzung des Verfassers).

114 Bayne v. Nall Motors, Inc. (Iowa District Court, 1973) 12 UCC Reporting Service, 1137.

Schmiermittel führte hier dazu, daß sich das Getriebe eines neuen Pkw verkantete, woraufhin die Achse bei dem fahrenden Wagen plötzlich blockierte. Nach der Reparatur wurde der Wagen zwar mehreren Testfahrten unterzogen, dabei wurden aber ausschließlich die reparierten Teile des Wagens überprüft. Die Testfahrten erstreckten sich unstreitig nicht auch darauf, ob noch andere Teile des Wagens in Mitleidenschaft gezogen worden waren. Es erfolgte lediglich eine Sicht- und Hörprüfung. Nach Auffassung des Gerichts bestand aber eine große Wahrscheinlichkeit, daß der Wagen noch stärker beschädigt war und daß diese weiteren Schädigungen bei den Testfahrten nicht erkannt worden seien. Bereits diese Befürchtung wurde als ein erheblicher Mangel des Wagens bewertet, der dazu führte, daß der Käufer ermächtigt gewesen war, den Vertrag aufzuheben, da er das Vertrauen in die Ware verloren hatte.

Einer Bewertung des zugrundeliegenden Sachverhalts ausschließlich anhand objektiver Kriterien sollte nicht vorgenommen werden. Die Frage, ob ein Käufer das Vertrauen in die konkrete Kaufsache verloren hat, kann nicht allein danach beurteilt werden, wie ein unbeteiligter objektiver Dritter empfindet. Das ergibt sich auch aus dem Fall Champion Ford Sales v. Levine[115], in dem es darum ging, daß der Käufer die Billigung eines neuen Wagens widerrief, da er nach einer Reparatur nicht einen neuen Originalmotor, sondern den fachmännisch reparierten Erstmotor erhalten hatte. Der Käufer konnte glaubhaft machen, daß er dadurch das Vertrauen in die Kaufsache verloren hatte, da es nach Auffassung des Gerichts auch auf die Empfindungen des tatsächlich betroffenen Käufers und nicht auf die eines Dritten ankam:

„Whether revocation of acceptance is justified is to be determined by judging the impairment of value to the particular buyer involved, not an average buyer."[116]

Der Widerruf durch den Käufer war daher auch in diesem Fall berechtigt.

Eine objektive Bewertung der Umstände ist aber auch mit dem Gesetzeswortlaut von sec. 2-608 (1) UCC[117] nicht zu vereinbaren. Diesem ist zu entnehmen, daß ein Käufer seine Billigungserklärung widerrufen kann, wenn es *ihm ge-*

---

115 Champion Ford Sales, Inc. v. Levine (Court of Special Appeals of Maryland, 1981) 433 A.2d, 1218.

116 a.a.O., 1226.

117 sec. 2-608: Revocation of Acceptance in Whole or in Part.
(1) The buyer may revoke his acceptance of a lot or commercial unit whose non-conformity substantially impairs its value to him if he has accepted it (a) on the reasonable assumption that its non-conformity would be cured and it has not been seasonably cured; or (b) without discovery of such non-conformity if his acceptance was reasonably induced either by the difficulty of discovery before acceptance or by the seller's assurances.

genüber zu einer wesentlichen Beeinträchtigung im Wert gekommen ist.[118] Im offiziellen Kommentar[119] heißt es dazu:

„The question is whether the non-conformity is such as will in fact cause a substantial impairment of value to the buyer though the seller had no advance knowledge as to the buyer's particular circumstances".[120]

Abzustellen ist danach auf die Situation des tatsächlich betroffenen Käufers. Die Gefahr, daß ein Käufer aus nachträglicher Reue über den Vertragsschluß überspitzte Anforderungen formuliert, liegt auf der Hand. Um daraus folgende zufällige Ergebnisse und Wertungswidersprüche zu vermeiden, hat sich in jüngeren Entscheidungen herausgebildet, daß bei der Bewertung des zugrundeliegenden Sachverhalts sowohl subjektive als auch objektive Elemente anzuwenden sind.

So ging es in dem Fall Fortin v. Ox-Bow Marina[121] um den Kauf eines Motorboots, das bis zum Zeitpunkt des Vertragsschlusses noch nach den speziellen Wünschen der Käufer hergerichtet werden sollte. Der Verkäufer hielt jedoch nicht nur diesen vereinbarten Zeitrahmen nicht ein, er hat in der nachfolgenden Zeit zudem in einer nachlässigen Art und Weise die umfangreichen Mängel (u.a. Ausfall von Motor, Küchentrakt, Wasserpumpen und Toilette) nur vereinzelt beheben können. Das Boot war während der ersten Wassersportsaison praktisch nicht zu verwenden, so daß die Käufer schließlich die Billigung der Kaufsache nach sec. 2-608 UCC widerriefen und eine Rückabwicklung des Vertrags sowie Schadensersatz forderten. Das Gericht vertrat die Auffassung, daß für die Annahme, die Käufer haben das Vertrauen in die Kaufsache verloren, der zugrundeliegende Sachverhalt „in light of the 'totality of the circumstances' of each particular case"[122] zu erforschen sei. Dazu seien zu berücksichtigen: „the number of deficiencies and type of nonconformity and the time and inconvenience spent in downtime and attempts at repair."[123]

Indem das Gericht auch die Unannehmlichkeiten berücksichtigte, die sich aus der Unbenutzbarkeit infolge der Reparaturversuche ergaben, wurden daher auch die subjektiven tatsächlichen Bewertungen des Käufers berücksichtigt.

---

118 Ebenso: White & Summers[4], § 8-4, S. 457 f.

119 Anderson, UCC, sec. 2-608:1, 2.

120 „Die Frage ist, ob die Abweichung derart ist, daß sie eine wesentliche Beeinträchtigung im Wert für den Käufer bedeutet, obwohl der Verkäufer keine frühzeitige Kenntnis von den speziellen Bedürfnissen des Käufers hat." (Übersetzung des Verfassers).

121 Robert J. Fortin et al. v. Ox-Bow Marina, Inc. (Supreme Judicial Court of Massachusetts, 1990), 557 N.E.2d 1157ff.

122 a.a.O., 1162: „unter Berücksichtigung sämtlicher Umstände in einem speziellen Einzelfall" (Übersetzung des Verfassers).

123 a.a.O., 1162: „die Mängel ihrer Anzahl und Art nach sowie die Zeit und die Unannehmlichkeiten, die sich aus der Unbenutzbarkeit und aus den Reparaturversuchen ergaben." (Übersetzung des Verfassers).

In dem Fall *Aubrey's v. Tandy*[124] ging es um den Kauf eines Computersystems, das speziellen Anforderungen des gewerblichen Käufers entsprechen sollte. Da der Verkäufer, wie sich herausstellte, selber aber nicht den geforderten Standard anbieten konnte, verkaufte er nach Rücksprache mit dem Käufer im April 1983 ein Computersystem, das sich aus Bauteilen und Programmteilen verschiedener Anbieter zusammensetzte. Kurz nach erfolgter Installation beim Käufer mußte dieser aber feststellen, daß das System den vereinbarten Anforderungen nicht genügte, und die anfallende Datenmenge nur teilweise verarbeitet werden konnte. Seitens des Verkäufers wurden daraufhin diverse Versuche unternommen, die Fehler zu beheben, doch verliefen diese nicht nur erfolglos, der Verkäufer stellte zudem auch seine Bemühungen einseitig und ohne den Käufer darüber zu informieren später ein. Ohne daß der Verkäufer dies später beweisen konnte, vertrat er die Auffassung, daß dem Käufer bekannt war, daß er für die fehlerverursachenden Komponenten, die tatsächlich nicht aus seinem Haus stammten, auch keine Haftung übernommen hatte. Nach Auffassung des Gerichts war der Käufer jedoch berechtigt, seine Billigungserklärung zu widerrufen, da er das Vertrauen in die gelieferte Sache verloren hatte. Obgleich das Computersystem nicht völlig funktionslos war, führte aber die Tatsache, daß es sich im Ergebnis um eine einzige Anlage aus integrierten Bausteinen handelte, zu der Annahme, daß der Wert der Computeranlage - betrachtet als Ganzes - wesentlich vermindert war:

„Whether a nonconformity in goods substantially impairs their value is determined objectively with reference to the buyer's particular circumstances, rather than his or her unarticulated subjective desires."[125]

Mit der praktischen Schwierigkeit, einen Fehler zugleich sowohl aus subjektiver als auch aus objektiver Sicht zu bewerten, setzte man sich schließlich in dem Fall *North River Homes v. Bosarge*[126] auseinander. Es ging um den Kauf eines Reisemobils, das sich als ein „Montagswagen" entpuppte, da die Käufer einen Fehler nach dem anderen entdeckten.[127] Ob das Vertrauen der Käufer enttäuscht sei, „is determined by reference to the particular needs of the consumer, even though the seller may have no advance knowledge of those needs and even though those needs may change after acceptance".[128] Zu be-

---

124 Aubrey's R.V. Center, Inc. v. Tandy Corporation (Court of Appeals of Washington, 1987), 731 P.2d 1124ff.

125 „Ob der Fehler einer Kaufsache ihren Wert wesentlich mindert, bestimmt sich nach einer objektiven Betrachtung unter Berücksichtigung der besonderen Umstände des Käufers und nicht unter Berücksichtigung seiner unausgesprochenen subjektiven Wünsche." (Übersetzung des Verfassers).

126 North River Homes, Inc. v. Elmer L. Bosarge (Supreme Court of Mississippi, 1992), 594 So.2d 1153.

127 Z.B. war die Heiz- und Kühlautomatik derart falsch eingestellt, daß sich beim „Kühlen" Eiszapfen bildeten. Die Spüle war nicht ordnungsgemäß versiegelt. „And that was it from one end of it to the other": a.a.O., 1155f.

128 „... bestimmt sich nach den Ansprüchen des tatsächlichen Käufers selbst wenn der Verkäufer diese vor Vertragsschluß nicht kannte oder diese sich nachträglich geändert haben." (Übersetzung des Verfassers): a.a.O., 1162f.

achten ist hier, daß sich die persönlichen Bedürfnisse auch noch nachträglich ändern können. Insgesamt sollte die Entscheidung von subjektiven und objektiven Elementen getragen sein.

„The subjective component [...] involves consideration of the 'unique circumstances' of the consumer. The objective component involves consideration of whether the defect would substantially impair the value of the good to a reasonable person whose unique circumstances are similar to the consumer's".[129]

Es wurde allerdings keine Aussage darüber getroffen, ob subjektive und objektive Elemente kumulativ vorliegen müssen, um einen Fehler als einen wesentlichen Fehler zu qualifizieren. Unter weiterer Berücksichtigung der obigen Entscheidung *Ford Motor Co. v. Mayes*, in der ausschließlich nach objektiven Gesichtspunkten entschieden wurde, sowie der Entscheidung *Zabriskie Chevrolet v. Alfred Smith*, in der ausschließlich subjektive Komponenten berücksichtigt wurden, ist aber davon auszugehen, daß ein wesentlicher Fehler vorliegt, sobald bereits nach einer objektiven Betrachtung die Wesentlichkeit des Fehlers festzustellen ist. Nur für den Fall, daß sich bei einer objektiven Betrachtung diese Annahme noch nicht rechtfertigen läßt, kann die weitere Berücksichtigung der persönlichen Interessen des Käufers gleichwohl zur Annahme eines wesentlichen Fehlers führen. Auch in diesem Fall wäre der Käufer dann zur Zurückweisung der Kaufsache berechtigt.

Bei Anwendung der shaken-faith doctrine ergibt es sich mithin, daß sich die Erheblichkeit eines Fehlers nicht ausschließlich nach seinem objektiven Gewicht bestimmt. Auch ein verhältnismäßig geringfügiger Fehler, der bei Anwendung objektiver Maßstäbe noch nicht auffällig ist, kann unter weiterer Betrachtung der persönlichen Anforderungen des Käufers geeignet sein, das Vertrauen in die Kaufsache entfallen zu lassen. Dem liegt die Überlegung zu Grunde, „that there comes a time when enough is enough",[130] und daß der Käufer dann berechtigt ist, die Billigung der Kaufsache nach sec. 2-608 UCC zu widerrufen.

---

129 „Die subjektive Komponente berücksichtigt die spezielle Interessenslage des tatsächlichen Käufers. Die objektive hingegen berücksichtigt, ob auch das Vertrauen eines objektiven Dritten, dessen Interessenslage mit der des tatsächlichen Käufers vergleichbar ist, enttäuscht ist." (Übersetzung des Verfassers): a.a.O., 1162f.

130 Norman L. Rester v. Tommy Morrow (Supreme Court of Mississippi, 1986), 491 So.2d 204, dem folgender Sachverhalt zu Grunde liegt: Der Käufer Rester kaufte im April 1981 einen neuen Pkw zur privaten und beruflichen Nutzung. Mechaniker des Verkäufers konnten bis September 1981 Mängel an seinem Wagen (Zündung, Benzinleitungen) nicht reparieren und zeigten daran schließlich auch kein Interesse mehr.

2. Die Anwendung des Prinzips des shaken-faith im UNKR

Übernimmt man bei vergleichbaren Fällen im Bereich des UNKR den Grundgedanken des Prinzips des „shaken-faith“, ist dieser bei der Bewertung einer wesentlichen Vertragsverletzung zu berücksichtigen. Regelmäßig ist eine Nacherfüllungsmaßnahme auch für den tatsächlichen Käufer zumutbar, wenn ihre Durchführung unter Anwendung des Zumutbarkeitsmaßstabs nach Art. 48 Abs. 1 UNKR einem Dritten gegenüber objektiv zumutbar ist. Der Käufer muß die Durchführung der Maßnahme dann dulden bzw. ermöglichen, und der Verkäufer kann auf diese Weise Gewährleistungsansprüche des Käufers abwenden.

Bietet der Verkäufer die nachträgliche Mängelbeseitigung nicht selber an, kann sie der Käufer nach Art. 46 Abs. 3 UNKR einfordern. Aus dem regelmäßigen Vorrang des Nacherfüllungsrechts nach Art. 48 UNKR folgt jedoch, daß dem Verkäufer gleichwohl das Wahlrecht über die tatsächlich vorzunehmende Maßnahme zustehen muß.

Ist die Reparatur der Kaufsache aber nur aus objektiver Sicht zumutbar, und kann ein Käufer berechtigterweise vortragen, daß sie auf Grund der Besonderheit seiner persönlichen Lage nicht geeignet ist, sein Vertrauen in die Kaufsache wieder herzustellen, er vielmehr Neulieferung der Ware verlangt, stellt sich der Fehler der Ware bereits im Zeitpunkt seiner Entdeckung als ein Mangel dar. Betrachtet im Lichte einer späteren „untauglichen Reparatur“ liegt eine wesentliche Vertragsverletzung vor. Dem Käufer würde bei einer Reparatur der Ware subjektiv das entgehen, was er objektiv nach dem Vertrag erwarten konnte, und aus Sicht des Käufers läge dann eine wesentliche Vertragsverletzung vor.
Steht dem Verkäufer daher normalerweise das Wahlrecht zur Bestimmung der geeigneten Nacherfüllungsmaßnahme zu, wird in einem solchen Fall, in dem nach Durchführung einer der möglichen Maßnahmen eine wesentliche Vertragsverletzung anzunehmen wäre, das Wahlrecht des Verkäufers automatisch auf eine Fehlerbeseitigung durch die jeweils andere Maßnahme, also regelmäßig durch Neulieferung begrenzt. Im Ergebnis kann daher der Käufer nach Art. 46 Abs. 2 UNKR Neulieferung fordern, während dem Verkäufer nach Art. 48 Abs. 1 UNKR das inhaltsgleiche Recht zusteht, neue Ware anzudienen.

Fraglich ist schließlich das Verhältnis zwischen dem Ersatzlieferungsanspruch des Käufers nach Art. 46 Abs. 2 UNKR und seinem Vertragsaufhebungsrecht nach Art. 49 UNKR. In beiden Normen ist als Tatbestandsvoraussetzung eine „wesentliche Vertragsverletzung“ normiert. Für den Fall, daß der Käufer nach der hier vertretenen Auffassung das Wahlrecht des Verkäufers ausnahmsweise auf Neulieferung begrenzen kann, weil durch die Reparatur eine wesentliche Vertragsverletzung anzunehmen wäre, ist fraglich, ob der Käufer dann auch berechtigt ist, den Vertrag nach Art. 49 UNKR aufzuheben.

Der Neulieferungsanspruch des Käufers und sein Recht zur Vertragsaufhebung sind allerdings in sich verschiedene Rechtsinstitute, die vor ihrem jeweils eigenen Regelungsinhalt zu verstehen sind. Die tatbestandliche Voraussetzung einer „wesentlichen Vertragsverletzung" darf allerdings nicht unterschiedlich interpretiert werden.[131]

In Art. 46 UNKR stellen dessen Absätze 2 und 3 ein Stufenverhältnis dar, das sich noch klarer ergeben würde, wenn die Reihenfolge beider Absätze vertauscht werden würde. Liest man daher zunächst Absatz 3, ergibt es sich, daß der Käufer bei Vorliegen eines Fehlers der Ware ein Recht auf Fehlerbeseitigung hat. Er kann den Verkäufer dazu zwar auffordern, muß ihm aber die Wahl der Nacherfüllungsmaßnahme überlassen. In Betracht kommen regelmäßig die Reparatur oder eine Neulieferung der Ware.
Der Anwendungsbereich von Absatz 2, der nach der hier vertretenen Auffassung besser als dritter Absatz normiert worden wäre, ist dann eröffnet, wenn die Reparatur der Ware dem konkreten Käufer nicht zugemutet werden kann. Da die weiterhin mögliche Art einer nachträglichen Mängelbeseitigung durch Neulieferung der Ware aber in Absatz 2 der Norm als Rechtsfolge statuiert ist, muß diese Möglichkeit der Fehlerbeseitigung bei der Bewertung der Wesentlichkeit der Vertragsverletzung außer Betracht bleiben. Die Prüfung in Art. 46 Abs. 2 UNKR ist daher nur gekürzt. Sie beschränkt sich ausschließlich darauf, ob die tatsächlich gelieferte Ware zumutbar repariert werden kann. Ist das nicht der Fall, ist bezüglich der tatsächlich gelieferten Ware und angesichts ihres nicht zumutbar zu behebenden Mangels eine wesentliche Vertragsverletzung anzunehmen. Der Käufer kann dann Neulieferung verlangen.

Anders verhält es sich im Anwendungsbereich des Art. 49 Abs. 1 lit. a) UNKR. Um ein Aufhebungsrecht des Käufers zu begründen, muß sich die Erfüllung der Lieferverpflichtung durch den Verkäufer insgesamt als eine wesentliche Vertragsverletzung darstellen. Es ist daher und im Unterschied zu Art. 46 Absatz 2 UNKR umfassend die Möglichkeit einer zumutbaren nachträglichen Mängelbeseitigung zu prüfen. Sie kann sowohl in Form einer Reparatur als auch in Form einer Neulieferung bestehen, denn hier ist die Rechtsfolge, die Vertragsaufhebung, nicht mit ihrer Voraussetzung identisch, so daß der Effekt einer logischen Kürzung der Prüfungsschritte nicht eintritt. Besteht auch nur eine Möglichkeit, dem Käufer vertragsgemäße Ware zumutbar zu verschaffen und somit der Lieferverpflichtung im Ergebnis nachzukommen, darf der Käufer den Vertrag nicht aufheben. Er ist dazu erst dann berechtigt, wenn eine zumutbare Fehlerbeseitigung weder durch Reparatur noch durch Neulieferung erfolgen kann.

---

131 Staudinger/Magnus, Art. 48 Rn. 29; Bitter/Bitter, BB 1993, 2322; Gutknecht, S. 64; a.A. Karollus ZIP 1993, 494ff.

In Fällen, in denen die Anwendung der Theorie des „shaken-faith" in Betracht kommt, hat der Käufer daher nur dann ein Recht zur Vertragsaufhebung, wenn der Fehler vom Verkäufer nicht durch Neulieferung behoben wird. Ansonsten kann der Käufer entweder Neulieferung verlangen bzw. hat der Verkäufer das Recht, neue Ware anzudienen.

Fälle dieser Art, in denen der „Makel der Reparatur" geeignet ist, das Vertrauen des Käufers in die Sache zu vereiteln, erfordern also eine maßnahmespezifische Betrachtung. Die Anwendung des Gedankens vom „shaken-faith" im UNKR eröffnet ein letztes Korrektiv, um sachgerechte Entscheidungen zu treffen und persönliche Härten für den Käufer zu vermeiden.

D Zusammenfassung von Kapitel 1

1.
Der Verkäufer ist nach Art. 48 Abs. 1 UNKR berechtigt, die sich aus einem Erfüllungsmangel ergebenden Gewährleistungsansprüche des Käufers durch eine nachträgliche Mängelbeseitigung abzuwehren, sofern die dazu erforderlichen Maßnahmen dem Käufer objektiv zumutbar sind. Das ist dann der Fall, wenn sie in ihrer Durchführung dem Käufer weder lästig, schwierig noch unmöglich sind. Als Maßnahmen einer Nacherfüllung kommen Reparatur der Kaufsache, Nachlieferung fehlender Teile einer unvollständigen Lieferung oder komplette Neulieferung vertragsgemäßer Ware in Betracht. Ist eine nachträgliche Erfüllung für den Käufer zumutbar, erlangt der Verkäufer das Wahlrecht, die konkrete Art der Mängelbeseitigung zu bestimmen. Seine Entscheidung hängt insbesondere nicht von der Zustimmung des Käufers ab[132]. Der Käufer hat nach Art. 46 Abs. 3 UNKR das Recht, vom Verkäufer nachträgliche Erfüllung des Vertrags zu verlangen. Ein Wahlrecht über die vorzunehmende Art der Mängelbeseitigung steht ihm aber nicht zu.

2.
Die Frage nach der Zumutbarkeit einer nachträglichen Mängelbeseitigung bestimmt sich im Rahmen des Art. 48 Abs. 1 UNKR ausschließlich nach objektiven Gesichtspunkten. Die persönlichen Erwartungen des Käufers sind im Rahmen des Merkmals der wesentlichen Vertragsverletzung in Art. 49 Abs. 1 UNKR und Art. 46 Abs. 2 UNKR zu berücksichtigen.

---

132 Vgl. dazu unten: Kapitel 2, C III 4. a.E.

3.
Infolge des grundsätzlichen Vorrangs des Nacherfüllungsrechts vor dem Erfüllungsverlangen bzw. Vertragsaufhebungsrecht des Käufers ist bei Vorliegen eines nicht unerheblichen Fehlers zunächst die Frage der Zumutbarkeit seiner nachträglichen Beseitigung nach Art. 48 Abs. 1 UNKR zu klären. Damit hängt die Bestimmung, ob eine wesentliche Vertragsverletzung vorliegt, eng zusammen. Diese liegt vor, wenn dem Käufer im Wesentlichen entgeht, was er nach den vertraglichen Vereinbarungen erwarten konnte. Dazu hat der Käufer eine Interessensabwägung vorzunehmen. Er muß den Sachverhalt nicht nur statisch im Zeitpunkt des Entdeckens des Fehlers betrachten, sondern muß vielmehr dynamisch abwägen und vorausschauend auch die Möglichkeit einer zukünftigen nachträglichen Erfüllung berücksichtigen. Auf Grund des Vorrangs des Nacherfüllungsrechts ist bei dieser Abwägung eine sich nach Art. 48 Abs. 1 UNKR ergebende zumutbare Nacherfüllungsmaßnahme vom Käufer ausreichend zu gewichten.

4.
Liegt es so, daß nur in einer Nachlieferung fehlender Teile bzw. nur in einer Reparatur der gelieferten Ware keine objektiv zumutbare Art einer nachträglichen Mängelbeseitigung gesehen werden kann, eine Neulieferung der Ware dem Käufer aber gleichwohl objektiv zumutbar ist, stellt die bereits gelieferte Ware nach Anwendung der dynamischen, d.h. die Möglichkeit einer zukünftigen Mängelbeseitigung berücksichtigenden Abwägung eine wesentliche Vertragsverletzung dar. Würde eine Reparatur durchgeführt werden, entginge dem Käufer, was er nach dem Vertrag erwarten konnte. Eine wesentliche Vertragsverletzung, die sich aus der isolierten Betrachtung der gelieferten Ware ergibt, hat zur Folge, daß sich einerseits das Nacherfüllungsrecht des Verkäufers nach Art. 48 Abs. 1 UNKR auf die allein zumutbare Neulieferung der Ware reduziert, und nunmehr andererseits der Käufer einen Rechtsbehelf nach Art. 46 Abs. 2 UNKR erlangt, wonach er unter Ausschluß einer Reparatur nun Neulieferung der Ware selber fordern kann.

5.
Für den Fall, daß keine Möglichkeit einer zumutbaren nachträglichen Erfüllung nach Art. 48 Abs. 1 UNKR besteht, ist auch in Bezug auf die gelieferte Ware eine wesentliche Vertragsverletzung anzunehmen. Es kommt jedoch hinzu, daß der Verkäufer nunmehr seine Lieferverpflichtung nicht mehr nacherfüllen kann, und zwar auch nicht mehr durch eine nachträgliche Neulieferung der Ware. Auf diese Situation stellt der Rechtsbehelf des Käufers nach Art. 49 Abs. 1 lit. a) UNKR ab, und der Käufer erlangt in dem Fall, in dem die nachträgliche Mängelbeseitigung nach objektiven Gesichtspunkten (Art. 48 Abs. 1 UNKR) nicht möglich ist, das Recht zur Vertragsaufhebung. Auf eine Aufhe-

bungserklärung des Käufers kommt es dabei nicht an. Vielmehr liegt bereits mit Entdecken des Fehlers eine Aufhebungslage vor, in deren Folge das zustimmungsunabhängige Nacherfüllungsrecht des Verkäufers nach Art. 48 Abs. 1 UNKR entfällt. Eine nachträgliche Mängelbeseitigung ist auf Initiative des Verkäufers dann nur noch über Art. 48 Abs. 2-4 UNKR zu erreichen.

Es liegt jedoch auch in Bezug auf die tatsächlich gelieferte Ware eine wesentliche Vertragsverletzung vor. Für den Fall also, daß der Käufer den Vertrag nicht aufheben möchte, sondern aus persönlichen Gründen (z.B. Monopolstellung des Verkäufers) trotz des Leistungsdefizits auf die Lieferung der Ware angewiesen ist, kann er auch weiterhin Erfüllung verlangen (Art. 46 Abs. 2 UNKR). Dieser Anspruch besteht allerdings nur dann, wenn eine Nacherfüllung zwar grundsätzlich möglich ist, sie jedoch aus zeitlichen oder tatsächlichen Umständen objektiv unzumutbar ist. Ein solches, aus persönlichen Gründen motiviertes Erfüllungsverlangen des Käufers führt aber nicht dazu, daß die Wertung als objektive Unzumutbarkeit im Rahmen des Art. 48 Abs. 1 UNKR entfällt.

6.
Der Rechtsbehelf des Käufers nach Art. 46 Abs. 2 UNKR ist auch dann anwendbar, wenn eine Reparatur der Kaufsache bei objektiver Betrachtung geeignet ist, den vertragsgemäßen Zustand herzustellen und eine Reparatur daher nach Art. 48 Abs. 1 UNKR auch vom Verkäufer durchgeführt werden könnte. Ergibt sich jedoch, daß eine Reparatur das persönliche Vertrauen des Käufers in die Zuverlässigkeit der Ware nicht wieder begründen kann, und dem Käufer dann subjektiv entgehen würde, was er objektiv nach dem Vertrag erwarten konnte, so daß sich trotz Möglichkeit der Reparatur eine wesentliche Vertragsverletzung ergibt, kann der Käufer das Wahlrecht des Verkäufers nach Art. 48 Abs. 1 UNKR gleichwohl einschränken und in Anwendung des Art. 46 Abs. 2 UNKR Neulieferung der Ware verlangen. Eine zur Vertragsaufhebung berechtigende wesentliche Vertragsverletzung nach Art. 49 Abs. 1 UNKR liegt dann nicht vor, weil die Erfüllung der Lieferverpflichtung insgesamt noch möglich ist.

Kapitel 2

Die Pflicht des Käufers zur Duldung der nachträglichen Mängelbeseitigung

Zur Durchführung der nachträglichen Erfüllung durch den Verkäufer ist nach Übergabe der Ware an den Käufer stets dessen Mithilfe erforderlich, und der Käufer muß dem Verkäufer wenigstens den Zugriff auf die Kaufsache ermöglichen. Da eine solche Pflicht zur Duldung aber nicht ausdrücklich normiert wurde, ist fraglich, in welchem Umfang sie den Käufer trifft.

Das grundsätzliche Bestehen einer solchen Duldungsverpflichtung des Käufers ist wahrscheinlich, denn berücksichtigt man, daß „jemand, der einen bestimmten Erfolg schuldet, verpflichtet ist, alles das zu tun, was notwendig ist, um diesen Erfolg herbeizuführen"[1], wird entsprechendes für den hier zu untersuchenden Fall gelten: Wenn ein Vertragspartner das Recht hat, etwas zu tun, wird der andere verpflichtet sein, die Durchsetzung dieses Rechts zu ermöglichen. Magnus vertritt hierzu die Auffassung, der Konvention lasse sich die Pflicht jeder Vertragspartei entnehmen, daß sie der anderen die Erfüllung des Vertrages zu ermöglichen habe.[2] Der Umfang einer Duldungsverpflichtung ist schwer abzuschätzen. Nach der Normierung in Art. 50 S. 2 UNKR ist es Folge einer Duldungsverweigerung des Käufers, daß er zur Zahlung des vollen Kaufpreises verpflichtet ist. Es kommt daher in Betracht, daß eine eventuelle Duldungsverpflichtung des Käufers, wenn sie denn besteht, durch die Zahlung des vollen Kaufpreises begrenzt wird, und daß vom Käufer eine darüber hinausgehende Kooperation nicht erwartet werden kann. Es ist jedoch auch vertreten worden[3], daß ein Käufer die Duldung der Nacherfüllung grundsätzlich durch Zahlung des vollen Kaufpreises ablehnen kann. Für den Fall aber, daß der Verkäufer ein besonderes Interesse an der Durchführung der Nacherfüllung geltend machen kann, soll der Käufer trotz Zahlung des vollen Kaufpreises zur Duldung verpflichtet sein. Es ist daher unter Berücksichtigung der Ziele, die der Gesetzgeber mit der Norm des Art. 48 UNKR verfolgte, zu unter-

---

1 Lüderitz, in: Schlechtriem [Hrsg.], Einheitliches Kaufrecht/Fachtagung, S. 179, 193f unter Bezugnahme auf die allgemeinen Kooperationspflichten im UNKR.

2 Staudinger/Magnus, Art. 7 Rn. 47; Magnus, RabelsZ 59 (1995), 469, 484 (Nr. 11).

3 Reinhart, Art. 48 Rn. 6.

suchen[4], ob eine solche „Duldungs*pflicht*" des Käufers nach Art. 48 UNKR eine echte Rechtspflicht darstellt, deren Verletzung Rechtsbehelfe des Verkäufers auslösen könnte, oder ob es sich bei dieser *„Pflicht"* lediglich um eine *„Pflicht"* zur Mitwirkung ohne eigentlichen Schuldcharakter[5] handelt.[6]

Im UNKR treffen jede Partei ausschließlich Rechtspflichten, und eine weitere Unterscheidung zwischen Rechtspflichten und Pflichten ohne eigentlichen Schuldcharakter, wie sie aus dem nationalen deutschen Recht bekannt sind, erfolgt in der Konvention nicht. Dennoch wird vereinzelt die Existenz von solchen Obliegenheiten auch für den Bereich des UNKR behauptet.[7] So soll es sich u.a. bei der Verpflichtung des Käufers zur Untersuchung der Ware nach Art. 38 UNKR um eine Obliegenheit handeln, die für den Berechtigten weder einen Erfüllungsanspruch noch bei ihrer Verletzung eine Schadensersatzforderung begründet.[8] Das folgt daraus, daß das Befolgen einer Obliegenheit allein Gebot des eigenen Interesses ist und der Belastete bei Nichtbeachtung der Obliegenheit einen Rechtsverlust oder einen rechtlichen Nachteil erleidet.[9] Im Fall des Art. 38 UNKR hätte ein Unterlassen der Untersuchung der Ware daher zur Folge, daß sich der Käufer nicht mehr auf die Vertragswidrigkeit der Kaufsache berufen könnte. Vergleicht man die Normierung des Art. 50 Abs. 2 UNKR mit diesem nationalen Verständnis einer Obliegenheit, kann man auf den ersten Blick Übereinstimmungen feststellen. Ein Käufer, der die Duldung verweigert, kann die ihm wegen des Fehlers ansonsten zustehende Minderungserklärung nicht mehr erfolgreich geltend machen. Er erleidet daher einen rechtlichen Nachteil. Er würde sich in aller Regel auch keinen Schadensersatzansprüchen des Verkäufers ausgesetzt sehen, da durch Zahlung des Kaufpreises regelmäßig ein Interessensausgleich zwischen den Parteien erfolgt, der weitere Ansprüche des Verkäufers mangels eines Schadens normalerweise ausschließt. Man könnte daher zu dem Ergebnis kommen, daß es

---

4 Eine objektive Auslegung, die auch die vom Gesetzgeber verfolgten Regelungsziele berücksichtigt, ist gegenüber einer subjektiven Auslegung, die sich ausschließlich am Wortlaut und an den Materialien orientiert, zu bevorzugen. Während eine subjektive inhaltlich zu erstarren und zu veralten droht, gewährleistet eine objektive, daß auch auf neue und unvorhergesehene Fallgestaltungen reagiert werden kann (Palandt/Heinrichs[60], Einleitung, Rn. 34; Diedrich, S. 61f.). Kropholler verweist dazu auf den EuGH, der als supranationales Gericht den um eine rechtsvergleichende Komponente erweiterten Auslegungskanon als methodische Grundlage seiner eigenen Auslegungspraxis verwendet (Kropholler, Europäisches Zivilprozeßrecht[3], S. 33 Rn. 31).

5 Solche Pflichten im eigenen Interesse sind im nationalen deutschen Recht als Obliegenheiten bekannt.

6 Zur Interpretation der einheitsrechtlichen Norm ist neben einer Auslegung anhand des traditionellen deutschen Auslegungskanons (dazu: Diederich, S. 59 f.; Savigny, S. 213f, 217, 296ff; Hübner/Constantinesco[3], S. 8; Ferid, S. 163; Kropholler, Internationales Privatrecht[3], S. 66; ders., Internationales Einheitsrecht, S. 262 f.) auch eine rechtsvergleichende Untersuchung vorzunehmen (anders: Happ, RIW 1997, 376ff, der die Anwendbarkeit völkerrechtlicher Auslegungsmethoden befürwortet).

7 Schlechtriem/Schwenzer[3], Art. 38 Rn. 5.

8 BGHZ 24, 378, 382; OLG Hamm (1969), VersR 70, 319, 320.

9 Palandt/Heinrichs[60], Einl. v. § 241, Rn. 16.

sich bei der Duldungsverpflichtung des Käufers auch nur um eine solche Pflicht ohne eigentlichen Schuldcharakter handelt, mit der Folge, daß es ausschließlich im eigenen Interesse des Käufers läge, eine nach Art. 48 UNKR berechtigte Nacherfüllung zu dulden, um nicht anderenfalls den Verlust des Minderungsrechts als rechtlichen Nachteil tragen zu müssen.

Nach näherer Betrachtung, insbesondere in Form einer teleologischen und rechtsvergleichenden Auslegung, kommt jedoch auch eine Rechtspflicht des Käufers zur Duldung in Betracht. In diesem Fall hätte das zur Folge, daß die Duldungsverweigerung des Käufers als Pflichtverstoß zu werten wäre und sich aus dieser Vertragsverletzung dann Rechtsbehelfe des Verkäufers ergeben könnten. Eine solche Pflicht könnte sich direkt aus Art. 48 Abs. 1 UNKR ergeben, die dann jedenfalls in Art. 62 UNKR als *sonstige Pflicht* des Käufers enthalten wäre. Das ergibt sich aus der Konzeption der Konvention: Während in Art. 53 UNKR die Verpflichtung zur Erfüllung der vertragstypischen Käuferpflichten normiert wird, ergibt sich aus Art. 62 UNKR die weitere Verpflichtung des Käufers, auch alle seine sonstigen Pflichten zu erfüllen. Der Umfang dieser *sonstigen Pflichten* nach Art. 62 UNKR ist nicht ausdrücklich normiert. Er ergibt sich jedoch durch Anwendung und Auslegung der Konvention[10] und umfaßt neben den vertraglich vereinbarten auch alle sich aus der Konvention ergebenden Pflichten des Käufers, soweit sie nicht speziell aufgeführt sind.[11] Einer vereinzelt vertretenen Auffassung[12], wonach die Zurückweisung einer berechtigten Nacherfüllung eine Verletzung der Abnahmepflicht nach Art. 53 UNKR bedeuten soll, ist aber zu widersprechen. Bei der Normierung der Annahmeverpflichtung handelt es sich um eine vertragscharakteristische Pflicht des Käufers.[13] Die Abnahme ist notwendiges Element für die Qualifizierung des Vertrags als Kaufvertrag und insofern generelle Anwendungsvoraussetzung für die Konvention.[14] Entsprechend soll die tatsächliche Übernahme der Ware durch den Käufer normiert werden.[15] Davon zu trennen ist aber ein späteres erneutes Zugreifen auf die Ware im Rahmen des Art. 48 Abs. 1 UNKR.

A Wörtliche Auslegung von Art. 48 Abs. 1 UNKR

Als Grundlage einer grammatikalischen Auslegung ist am Wortsinn der Vorschrift als dem „erstarrten Willen des Gesetzgebers"[16] anzusetzen. Der Wortsinn bestimmt sich anhand des allgemeinen Sprachgebrauchs, da vermutet

10 Wiegand, in: Bucher [Hrsg], Wiener Kaufrecht, 143, 145; Schlechtriem/Hager[3], Art. 62 Rn. 4.

11 Das ist in Art. 62 nur die Kaufpreiszahlungspflicht und die Pflicht zur Abnahme der Ware.

12 Schlechtriem/Huber[3], Art. 48 Rn. 25, 35.

13 Reinhart, Art. 53 Rn. 3; Staudinger/Magnus, Art. 53 Rn. 1-3.

14 Lüderitz, in: Schlechtriem, Fachtagung, S. 179, 188.

15 Staudinger/Magnus, Art. 53 Rn. 32.

16 Diedrich, S. 64.

werden kann, daß der Gesetzgeber den zu untersuchenden Wortlaut mit Bedacht gewählt hat, um so seine Regelungsabsicht am besten zum Ausdruck bringen zu können.[17] Gleichwohl kann eine Untersuchung auch anhand der deutschen Übersetzung der Konvention erfolgen. Die deutsche Fassung ist zwar nur ein unverbindliches Hilfsmittel[18], es ist jedoch davon auszugehen, daß der Inhalt der Konvention in den Originalsprachen zutreffend in die deutsche Sprache übersetzt worden ist. Bestehen daran aber Zweifel, muß auch auf den Wortlaut der Texte in den Vertragssprachen zurückgegriffen werden, um im Falle einer abweichenden Übersetzung korrigierend in den Auslegungsprozeß eingreifen zu können.[19] Zu beachten ist jedoch, daß sich bei Übereinkommen mit mehreren Originalen, bei denen allen Vertragssprachen die gleiche Verbindlichkeit zukommt, ein größerer Auslegungsspielraum ergibt als bei einem einzigen Text.[20]

I Die Auslegung der Konvention nach dem allgemeinen Sprachverständnis

Nach dem Wortlaut von Artikel 48 Abs. 1 UNKR als Übersetzung der Originalsprachen[21] *„kann der Verkäufer einen Mangel* in der Erfüllung seiner Pflichten auch nach dem Liefertermin [...] *beheben*". Aus dem allgemeinen Sprachverständnis folgt angesichts dieser Formulierung, daß der Verkäufer einen Mangel beheben kann. Für diese Entscheidung kommt es allein auf seinen Entschluß an und bedarf keiner Aufforderung bzw. Zustimmung des Käufers.[22] Hat sich ein Verkäufer aber entschlossen, einen bestehenden Mangel nachträglich und für den Käufer zumutbar zu beseitigen, ergibt sich, daß der Verkäufer dann auch berechtigt ist, die Maßnahmen durchzuführen und der Käufer an der tatsächlichen Durchführung mitwirken muß bzw. sie jedenfalls nicht vereiteln darf.

Die Annahme einer echten Rechtspflicht des Käufers zur Duldung einer berechtigten Nacherfüllung folgt auch daraus, daß nach den obigen Ergebnissen[23] dem Verkäufer das Recht zur Wahl der geeigneten Maßnahme zugesprochen worden ist.
Bestünde keine Duldungsverpflichtung des Käufers, könnte er ein nachträgliches Reparaturbegehren stets ablehnen und Neulieferung der Ware fordern. Dann wäre das Nacherfüllungsrecht aber nicht mehr zustimmungsfrei, so daß

---

17 Palandt/Heinrichs[60], Einleitung, Rn. 35; Larenz, Methodenlehre[6], S. 320.
18 Schlechtriem/Huber[3], Art. 7 Rn. 21f.
19 Canaris, JZ 1987, S. 543, 548; Dölle, RabelsZ 26 (1961), S. 4, 24, 27, 38.
20 Dölle, RabelsZ 26 (1961), S. 4, 38; Nicholas, 105 (1989) L.Q.R., S. 201, 206; Junker, RabelsZ 55 (1991) S. 674, 686ff.
21 (may remedy, peut réparer, moschet ystranit).
22 Vgl. oben: Kapitel 1, A: Der Käufer ist durch die zu erfüllenden weiteren Voraussetzungen von Art. 48 Abs. 1 UNKR ausreichend geschützt.
23 vgl. oben: Kapitel 1, A.

die Formulierung, daß der Verkäufer nacherfüllen *kann*, als Ausfluß einer Duldungsverpflichtung des Käufers zu verstehen ist.

Schließlich ist auch noch einmal[24] auf die Bedeutung des Wortes „zumutbar“ in Art. 48 Abs. 1 UNKR hinzuweisen, wonach eine zumutbare Maßnahme im Gegensatz zu einer unzumutbaren ertragen bzw. erduldet werden muß. Ist eine Nacherfüllungsmaßnahme für den Käufer als zumutbar zu bewerten, folgt daraus eine Duldungsverpflichtung des Käufers.

II Die Auslegung der Konvention nach dem Verständnis der Texte in den Originalsprachen

Teilweise gibt der deutsche Wortlaut von Art. 48 Abs.1 UNKR den Ausdrucksgehalt der maßgeblichen Texte verfälscht wieder. Nach der deutschen Übersetzung „kann der Verkäufer einen Mangel in der Erfüllung seiner Pflichten <u>auch</u> nach dem Liefertermin [...] beheben“. Nach dem maßgeblichen Wortlaut[25] in den verbindlichen Vertragssprachen wäre allerdings eine Übersetzung mit *selbst* oder *sogar* naheliegender[26]. Der Verkäufer könnte dann „einen Mangel in der Erfüllung seiner Pflichten *selbst (sogar)* nach dem Liefertermin beheben.“ Das Nacherfüllungsrecht würde bei dieser Übersetzung auch noch eine zusätzliche sprachliche Betonung erfahren.

Schließlich ergibt sich aus dem Verständnis der Norm und auch aus dem Wortlaut von Art. 50 Satz 2 UNKR[27], daß eine nachträgliche Mängelbeseitigung zur Erfüllung des Vertrags führt. Es kann jedoch keine Schuldigkeit des Käufers lediglich im eigenen Interesse sein, eine Vertragserfüllung anzunehmen. Aus der Natur der Sache folgt bereits, daß es sich vielmehr um eine echte Pflicht des Käufers handeln muß.

III Ergebnis der wörtlichen Auslegung

Aus dem allgemeinen Sprachgebrauch folgt daher, daß der Käufer im erforderlichen Umfang an der Durchführung statuierter Rechte mitwirken muß. Die Auslegung des Wortlauts ergibt, daß aus Art. 48 Abs. 1 UNKR eine Rechtspflicht des Käufers folgt. Er hat eine zumutbare nachträgliche Mängelbeseitigung nach Art. 48 Abs. 1 UNKR zu dulden.

---

24 Dazu vgl. oben: Kapitel 1, A, III.

25 engl.: *even* after the date, franz.: *même* après la date, russ.: *dasche* posle daty.

26 Klatt/Roy[20], S. 203 f. (unter *even*); Lange-Kowal/Weymuth[16], S. 303 (unter *même*); Leyn[10], S. 134 (unter *dasche*).

27 Art. 50 Satz 2 UNKR lautet: „...oder weigert sich der Käufer, **Erfüllung** durch den Verkäufer **nach [Artikel 48] anzunehmen**“.

B Systematische Auslegung

Im Rahmen einer systematischen Auslegung wäre aus der Stellung des Art. 48 Abs. 1 UNKR in der Konvention auf seine Bedeutung rückzuschließen.[28] In der Regel ist die Konvention zwar klar strukturiert. Dennoch ist eine Interpretation von Art. 48 UNKR anhand der Systematik der Konvention nicht möglich. Das Nacherfüllungsrecht des Verkäufers ist im dritten Abschnitt der Vorschriften über den Warenkauf normiert, in dem „Rechtsbehelfe des Käufers wegen [einer] Vertragsverletzung durch den Verkäufer" geregelt werden. Man könnte daher folgende Auffassung vertreten und das Nacherfüllungsrecht nach Art. 48 UNKR als einen Rechtsbehelf des Käufers verstehen. Ein solches abwegiges Verständnis könnte sich zusätzlich aus dem Wortlaut von Art. 45 Abs. 1 lit. a) UNKR ergeben, der lautet: „Erfüllt der Verkäufer eine seiner Pflichten nach dem Vertrag [...] nicht, so kann der Käufer (a) die in Art. 46 bis 52 vorgesehenen Rechte ausüben." Weil darin auch das Nacherfüllungsrecht gemäß Art. 48 UNKR enthalten ist, wäre es dann plötzlich der Käufer, der das Nacherfüllungsrecht ausüben könnte. Eine solches abwegiges Verständnis würde jedoch bereits in der übergeordneten Gliederungsebene, dem zweiten Kapitel, zu einem Widerspruch führen. Im zweiten Kapitel (Art. 30-52 UNKR) sind „Pflichten des Verkäufers" normiert. Insofern könnte dann aus der Tatsache, daß das zweite Kapitel das Nacherfüllungsrecht des Verkäufers umfaßt, geschlossen werden, daß es eine Pflicht des Verkäufers wäre, einen Mangel seiner Erfüllung nachträglich zu beseitigen. Das würde aber dem Wortlaut von Art. 48 UNKR widersprechen, dem keine derartige Pflicht des Verkäufers zu entnehmen ist.[29]

Auf Grund dieser Widersprüchlichkeit der Ergebnisse ist eine systematische Interpretation der Konvention in Bezug auf das Nacherfüllungsrecht nach Art. 48 UNKR nicht möglich und auch abwegig.[30] Vielmehr ist davon auszugehen, daß der Standort des Art. 48 UNKR im dritten Abschnitt nur zufällig gewählt wurde, weil dieser Abschnitt in einem weiten Sinne auch von „Vertragsverletzungen durch den Verkäufer" handelt. Festzustellen ist daher, daß hier eine der wenigen Durchbrechungen der klaren Systematik des UNKR vorliegt, in der die wechselseitigen Rechte und Pflichten ansonsten isoliert betrachtet werden und klar strukturiert sind. Da eine solche klare Systematik aber „nicht immer perfekt"[31] durchgeführt werden kann, finden sich im UNKR vereinzelt

---

28 Palandt/Heinrichs[60], Einleitung Rn. 36; Larenz, S. 324f; Kropholler, Internationales Einheitsrecht, S. 264, 271; Canaris JZ 1987, 543, 545; BGHZ 88, 157, 161.

29 Lohs/Nolting, ZVglRWiss 97 (1998) 4, 10.

30 *Diedrich* (S. 68ff, 70) weist darauf hin, daß einer systematischen Auslegung bei Einheitsrechten nur marginale Bedeutung beigemessen werden kann. Obgleich ein solches Übereinkommen jeweils ein einzigartiges und in sich selbst geschlossenes Rechtssystem bildet, stellen seine Regelungen grundsätzlich einen Kompromiß dar, der leicht zu einer von den Intentionen des Gesetzgebers abweichenden Auslegung führen kann.

31 Wiegand, in: Bucher, Wiener Kaufrecht, S. 143, 144.

sowohl Verweisungen auf andere Abschnitte der Konvention[32] als auch im Rahmen der Behandlung von Pflichten des Verkäufers Normierungen von solchen des Käufers. Gleichwohl entsprechen sich die Abhandlungen von Käufer- und Verkäuferpflichten in ihrer Gliederung ansonsten ebenso weitgehend wie Inhalt und Struktur der dort aufgenommenen Vorschriften, obgleich die Pflichten des Käufers „moins nombreuses et moins délicates“[33] sind.[34]

Allerdings ist es vor diesem Hintergrund auffällig, daß in der Konvention kein Nacherfüllungsrecht für den Käufer normiert ist. Der Käufer könnte ein Bedürfnis daran haben, einen Mangel in der Erfüllung seiner Pflichten, z.B. einen Fehler in einem Akkreditiv, nachträglich beseitigen zu können. Zur Vermeidung dieser Ungleichbehandlung wurde vorgeschlagen, daß eine Vertragsverletzung nur dann wesentlich sein sollte, „if, *under all circumstances, including a reasonable offer to cure,* it results in substantial detriment to the other party.“[35] Bei einer solchen Formulierung wäre notwendigerweise auch der Käufer durch ein Nacherfüllungsrecht vor einer allzu schnellen Vertragsaufhebung durch den Verkäufer geschützt.[36] Dieser Vorschlag wurde jedoch von der Mehrheit der Delegierten zurückgewiesen[37], so daß der Rechtsgedanke des Art. 48 UNKR entgegen der ausgleichenden Regelungspraxis des UNKR exklusiv für den Verkäufer gilt. Dann ist aber um so eher davon auszugehen, daß es sich um einen effektiven und mithin durchsetzungsfähigen Rechtsbehelf handelt. Dieser Hintergrund würde zusätzlich gegen die Annahme einer Mitwirkungsverpflichtung ohne eigentlichen Schuldcharakter sprechen.

Auf Grund der oben angedeuteten Widersprüche kommt im Ergebnis jedoch einer Auslegung der Konvention anhand ihrer Systematik und bezogen auf das Nacherfüllungsrecht nur geringe Bedeutung zu.

C Rechtsvergleichende Auslegung

Für eine rechtsvergleichende Auslegung besteht im Bereich des internationalen Einheitsrechts einerseits die Möglichkeit, einen Vergleich mit den Ergebnissen anzustellen, die in einem anderen Vertragsstaat bereits von Rechtsprechung und Lehre gezogen wurden. Andererseits besteht auch die Möglichkeit, das Übereinkommen, wie es hier nachfolgend unternommen wird, mit dem autonomen Recht eines anderen Vertragsstaates zu vergleichen.[38] Ein solcher

---

32 So z.B. im Rahmen des Schadensersatzrechts.

33 Tercier, Wiener Übereinkommen, S. 120: Die Pflichten des Käufers sind quantitativ geringer und in qualitativer Hinsicht einfacher und zugleich weniger vielfältig.

34 Wiegand, Pflichten des Käufers, S. 143 f; Posch, S. 143 ff.

35 Yearbook VIII (1977), S. 31 Nr. 93.

36 Honnold, in: Official Records, S. 4 Nr. 24.

37 Official Records, S. 4 Nr. 26-45, 47.

38 Zweigert/Kötz[3], Rechtsvergleichung, S. 5f., 22; Kropholler, Europäisches Zivilprozeßrecht[6], Rn. 37.

Vergleich mit nationalem Recht kann für die Auslegung der Konvention allerdings nur eine eingeschränkte Berücksichtigung finden, da vereinheitlichte Rechtsordnungen gerade unabhängig von nationalen Ordnungen und den Begriffen eines einzigen Staates geschaffen wurden.[39] Den Ergebnissen einer solchen Auslegung kommt jedoch eine Indizwirkung zu, da internationales Einheitsrecht letztlich als Kompromiß aus den verschiedenen nationalen Rechtsordnungen hervorgegangen ist und folglich ein international übereinstimmender Begriffshintergrund existiert.[40] Zusätzlich soll daher auch ein Vergleich mit den UNIDROIT-Prinzipien[41] und den Europäischen Prinzipien der Lando-Kommission[42] erfolgen.

I Das Nacherfüllungsrecht des Verkäufers nach UCC

Das Nacherfüllungsrecht des Verkäufers wurde mit der Vorschrift des sec. 2-508 UCC erstmals in der amerikanischen Kaufrechtsgeschichte ausdrücklich normiert. Obgleich es keine Entsprechung im Uniform Sales Act, dem Vorgänger des UCC, besitzt, ist dieser Rechtsgedanke einer nachträglichen Mängelbeseitigung durch den Verkäufer nicht neu. Den Verkäufern wurde ein Nacherfüllungsrecht in der Vergangenheit häufig als eine gewichtige Beschränkung des umfangreichen Zurückweisungsrechts der Käufer, die eine Kaufsache selbst bei einer nur geringfügigen Abweichung von der Sollbeschaffenheit zurückweisen können, gewährt.[43] Daher stellt die Normierung in sec. 2-508 UCC nur die Festschreibung einer jahrelangen Übung dar.[44] Sec. 2-508 UCC ist in zwei Absätze unterteilt, für deren Anwendung entscheidend ist, ob die von den Parteien vereinbarte Lieferfrist bereits abgelaufen ist (Abs. 2) oder noch nicht (Abs. 1). Bei einer vorzeitigen Lieferung der Kaufsache ist das Recht des Verkäufers, bis zum ursprünglichen Lieferzeitpunkt nachträglich erfüllen zu können, weitgehend anerkannt und, wie im UNKR, nicht umstritten.[45] Das Nacherfüllungsrecht findet seine Grenzen nur in solchen Fällen, in denen ein Verkäufer versucht, die Kosten der Nacherfüllung dem Käufer zu belasten.[46]

---

39 Bayer, RabelsZ 20 (1955) S. 603, 627: Die im internationalen Einheitsrecht verwendeten Begriffe stellen insofern Sammelbegriffe dar, so daß sich schrittweise ein neuer internationaler Begriffsapparat herausbildet.

40 Vgl. dazu Kropholler, Internationales Einheitsrecht, S. 279; Schlechtriem, Unification, in: Schlechtriem [Hrsg.], International Congress of Comparativ Law, S. 121, 141.

41 Vgl. dazu unten: Kapitel 2, C III 1.

42 Vgl. dazu unten: Kapitel 2, C III 4.

43 White & Summers[4], § 8-5.

44 White & Summers[4], a.a.O.

45 Gutknecht, Anm. IV 2.2.; Al-Rushoud, Lloyd's Maritime and Commercial L.Q. 1999, 456, 457.

46 Al-Rushoud, Lloyd's Maritime and Commercial L.Q. 1999, 456, 457.

Umstritten ist das Nacherfüllungsrecht des Verkäufers nach Überschreiten der Lieferfrist. Es steht dem Verkäufer nach sec. 2-508 (2) UCC nicht automatisch mit Lieferung einer fehlerhaften Kaufsache zu, sondern entsteht erst, wenn der Käufer den Fehler rügt und die Ware nach sec. 2-601 UCC zurückweist (rejection). Erst dann kommt eine nachträgliche Mängelbeseitigung in Betracht.[47] Insofern unterscheidet sich das Nacherfüllungsrecht nach UCC ganz wesentlich von dem Nacherfüllungsrecht nach Art. 48 UNKR, in dem eine solche Zurückweisung der Kaufsache nicht vorausgesetzt wird. Trotz dieses wesentlichen Unterschieds sollen die dem Nacherfüllungsrecht nach UCC zugrundeliegenden Prinzipien rechtsvergleichend herausgearbeitet und dadurch zur Beurteilung der Frage beigetragen werden, ob dem Nacherfüllungsrecht des Verkäufers nach UCC eine echte Duldungsverpflichtung entspricht, sobald das Nacherfüllungsrecht nach den Regeln des UCC entstanden ist.

Der Anwendungsbereich des Nacherfüllungsrechts des Verkäufers ergibt sich aus dem Spannungsverhältnis zwischen sec. 2-508 UCC[48], die das Nacherfüllungsrecht des Verkäufers behandelt, und sec. 2-601 UCC[49], die das Zurückweisungsrecht des Käufers statuiert. Nach der in sec. 2-601 UCC festgeschriebenen „perfect tender rule“[50] kann der Käufer eine Kaufsache zurückweisen, wenn sie nicht dem vertraglich vereinbarten Sollzustand entspricht, und zwar selbst dann, wenn es sich nur um einen unwesentlichen Fehler handelt.[51] Der Verkäufer müßte dem Käufer in einem solchen Fall den bereits bezahlten Kaufpreis zurückerstatten und die Kaufsache wieder übernehmen. Um diese einschneidende Rechtsfolge nach Möglichkeit zu vermeiden und zu einer sinnvollen Durchführung des Vertrages zu gelangen, wird das Aufhebungsrecht des Käufers durch das Nacherfüllungsrecht des Verkäufers begrenzt.

---

47 Hammond, Idaho LawRev. 27 (1990/91), 559, 561.

48 U.C.C. sec. 2-508: „Cure by seller of improper tender or delivery; replacement.
(1) Where any tender or delivery by the seller is rejected because non-conforming and the time for performance has not yet expired, the seller may seasonably notify the buyer of his intention to cure and may then within the contract time make a conforming delivery.
(2) Where the buyer rejects a non-conforming tender which the seller had reasonable grounds to believe would be acceptable with or without money allowance the seller may if he seasonably notifies the buyer have a further reasonable time to substitute a conforming tender.“

49 U.C.C. sec. 2-601: „Buyer's rights on improper delivery
Subject to the provisions of this Article on breach in instalment contracts (sec. 2-612) and unless otherwise agreed under the sections on contractual limitations of remedy (sec. 2-718 and 2-719), if the goods or the tender of delivery fail in any respect to conform to the contract, the buyer may (a) reject the whole, (b) accept the whole or (c) accept any commercial unit or units and reject the rest.“

50 Dazu auch: Lawrence, 21 U.C.C.L.J. (1988), S. 167f, ders., in: 35 Kan.L.Rev. (1987), S. 569.

51 White & Summers[4], § 8-3 b.

1. Vertrauen des Verkäufers auf die Erfüllungstauglichkeit bei „rejection"

Dem Verkäufer steht nach Zurückweisung der Kaufsache ein Nacherfüllungsrecht nur zu, wenn er *vernünftigerweise* davon ausgehen konnte, daß die von ihm gelieferte Ware dem Vertrag entspricht. Wann ein Verkäufer *vernünftigerweise* von der Erfüllungstauglichkeit seiner Ware ausgehen kann, ist nicht normiert und abhängig von der Betrachtung eines jeden Einzelfalls.[52] Ein Verkäufer kann auf die Erfüllungstauglichkeit vertrauen, wenn er (1) auch dann darauf vertraut hätte, sofern er von der Existenz des Fehlers gewußt oder (2) der Verkäufer anhand bestimmter Anknüpfungspunkte billigerweise von der Erfüllungstauglichkeit hätte ausgehen können.[53]

In dem Fall T.W. Oil v. Consolidated Edison Co.[54] ging es beispielsweise um den Kauf von Rohöl, das einen Schwefelgehalt von 0.5% aufweisen sollte. Proben ergaben jedoch, daß tatsächlich Rohöl mit einem Schwefelgehalt von 0.92% angeliefert worden war. Unverzüglich aufgenommene Preisverhandlungen der Parteien waren erfolglos. Der Verkäufer bot mit dem Hinweis, daß der Käufer ständig verschiedene Arten von Rohöl verarbeite, die einen Schwefelgehalt von bis zu 1.0% aufwiesen, nur einen geringen Preisnachlaß an, den der Käufer vor dem Hintergrund, daß der Rohölpreis in der Zeit zwischen Vertragsabschluß und Anlieferung der Ware bereits um 25% gefallen war, ablehnte und lediglich den aktuellen Preis zu zahlen bereit war. Aus diesem Grund lehnte der Käufer auch eine Nachlieferung vertragsgemäßen Rohöls binnen einer Woche ab, wodurch er jedoch das Nacherfüllungsrecht des Verkäufers nach sec. 2-508 (2) UCC vereitelte. Der Verkäufer konnte auf die Erfüllungstauglichkeit der zunächst angelieferten Ware nicht nur angesichts des damaligen arabischen Ölembargos vertrauen, sondern auch, weil es im Zeitpunkt des Vertragsschluß bekannt war, daß der Käufer auch Rohöl mit einem Schwefelgehalt von bis zu 1% verarbeitete.[55] Der Käufer konnte nach Auffassung des Gerichts daher vernünftigerweise von der Erfüllungstauglichkeit seiner Ware ausgehen.[56]

Das Vertrauen des Verkäufers in die Erfüllungstauglichkeit seiner Ware ist auch in dem Fall begründet, daß mit Abweichungen der Ist- von der Sollbeschaffenheit, beispielsweise bei Naturprodukten, zu rechnen ist. So ging es in dem Fall Continental Forest Products v. White Lumber Sales[57] um die sukzessive Lieferung von Sperrholz, bei dem die erste Lieferung statt vertraglich er-

---

52 White & Summers[4], § 8-5.

53 White & Summers[4], § 8-5 (S. 466ff, 469-471).

54 T.W. Oil, Inc. (formerly known as Joc Oil USA, Inc.) v. Consolidated Edison Company of New York (Court of Appeals of New York, 1982), 443 N.E.2d 932ff.

55 T.W. Oil, Inc. (formerly known as Joc Oil USA, Inc.) v. Consolidated Edison Company of New York, a.a.O., 938.

56 T.W. Oil, Inc. v. Consolidated Edison Company of New York, a.a.O., 939; Al-Rushoud, Lloyd's Maritime and Commercial L.Q. 1999, 456, 457.

57 Continental Forest Products, Inc. v. White Lumber Sales, Inc. (Supreme Court of Oregon, 1970) 474 P.2d 1.

laubter 5% tatsächlich 9% Abweichung in Bezug auf die Gütemerkmale aufwies. Ein Aufhebungsrecht des Käufers bezüglich des gesamten Vertrags wurde abgelehnt, da es sich in Bezug auf den gesamten Vertrag nur um einen geringen Fehler handelte, der lediglich dazu berechtigte, die erste fehlerhafte Lieferung nicht zu bezahlen.

In der Entscheidung Wilson v. Scampoli[58] ging es um den Verkauf eines neuen Farbfernsehgerätes, bei dessen Anlieferung und Installation festgestellt wurde, daß das Bild einen roten Schimmer aufwies. Ein vier Tage später erschienener Techniker des Verkäufers konnte nach einer Stunde vor Ort den Fehler nicht finden und wollte das Gerät zu weiteren Tests mit in die Werkstatt nehmen. Das untersagte der Käufer jedoch mit dem Hinweis, daß er ein neues und kein repariertes Gerät wolle. Die erstinstanzliche Stattgabe der auf Rückerstattung des Kaufpreises gerichteten Klage wurde in der Berufungsinstanz abgewiesen, da vom Käufer im Ergebnis nicht verlangt worden wäre, eine Art „Flickwerk"[59] anzunehmen. Es handelte sich bei den erforderlichen Arbeiten lediglich um kleinere Reparaturen in Form von Einstellungsarbeiten und daher um Maßnahmen, die regelmäßig bei fehlerhaften Waren durchgeführt würden. Da es für einen Käufer aber regelmäßig zumutbar ist, daß ein Fernseher für eine kurze Zeit zur Reparatur mitgenommen wird, konnte der Verkäufer, der selber nicht Hersteller sondern lediglich Zwischenhändler war, auch darauf vertrauen, „that, if defective in some way, he would have the right to substitute a conforming tender"[60]. Ein Zwischenhändler, der nicht jeden Karton der bereits verpackten Ware öffnen kann, um den Inhalt auf Fehler zu überprüfen, kann daher von der Erfüllungstauglichkeit seiner Ware ausgehen.[61]

Ein möglicher Vertrauenstatbestand des Verkäufers entfällt auch nicht automatisch bei Kenntnis des Verkäufers von der Fehlerhaftigkeit der übersandten Ware. In dem Fall *Bartus v. Riccardi*[62] hatte der Verkäufer wissentlich ein neueres und besseres Modell eines Hörgerätes geliefert in der Annahme, daß der Käufer damit einverstanden sei, zumal er diese Lieferung zu dem Preis für das ältere Modell ausführte. Der Käufer bestand jedoch auf dem älteren Modell. Da er nach wie vor ein Hörgerät benötigte, wurde dem Verkäufer das Recht zur Fehlerbeseitigung durch umgehende Übersendung des älteren und im Vertrag vereinbarten Modells zugesprochen.

Vergleichbar verhielt es sich in dem Fall *Appleton State Bank v. Lee*[63]. Der Verkäufer war Zwischenhändler einer Saatmaschine und lieferte versehentlich eine Maschine der Marke „Modenaire", die der vertraglich vereinbarten Marke

---

58 Wilson v. Scampoli (Distric of Columbia Court of Appeals, 1967), 228 A.2d 848.

59 Diese Argumentation wird später in dem bereits oben angesprochenen Fall *Zabriskie Chevrolet v. Alfred Smith* verwandt, der zur Begründung des Instituts des „shaken faith" führte; vgl. oben S. 36.

60 Wilson v. Scampoli (District of Columbia Court of Appeals, 1967), 228 A.2d 848, 849.

61 Travialo, 53 UCinLRev. (1984) 947f; Hillman, 47 UCoIoLRev. (1976), 554, 588.

62 Frank Bartus v. Frank Riccardi (City Court of Utica, 1967), 284 N.Y.S.2d 222ff.

63 Appleton State Bank v. Lee (Supreme Court of Wisconsin, 1967), 148 N.W.2d 1.

„New Home" zum Verwechseln ähnlich sah, und die auch qualitativ mit dieser identisch war. Der Verkäufer holte die gelieferte Maschine nach entsprechender Aufforderung beim Käufer zwar wieder ab, dieser verweigerte dann jedoch die Annahme der bestellten Ware. Da die gelieferte Ware funktional identisch mit der vertraglich geforderten Maschine war, wurde dem Verkäufer ein Nacherfüllungsrecht zugesprochen, zumal auch seitens des Käufers nicht vorgetragen wurde, daß es sich bei dem Vertrag eventuell um ein Fixgeschäft gehandelt hätte.

Schließlich wird noch vertreten, daß ein Verkäufer dann von der Erfüllungstauglichkeit seiner Ware ausgehen kann, wenn eine eventuelle nachträgliche Mängelbeseitigung für den Käufer weder Unannehmlichkeiten, Risiken oder Verluste bedeuten würde.[64]

2. Rechtzeitige Benachrichtigung über die Absicht zur Nacherfüllung

Weiterhin muß der Verkäufer seine Nacherfüllungsabsicht dem Käufer *rechtzeitig* anzeigen. Wann seine Anzeige noch als *rechtzeitig* bewertet werden kann, ist ebenfalls streitig. Es kann dem oben geschilderten Fall Bartus v. Riccardi, in dem der Käufer auch weiterhin auf die Lieferung eines Hörgerätes angewiesen war, entnommen werden, daß darauf abzustellen ist, ob der Käufer bereits anderweitige Dispositionen getroffen hat.[65] Jedoch wird einer solchen Auffassung mit dem Argument widersprochen, daß es bei einer solchen Auslegung zu einem „Wettlauf" zwischen Käufer und Verkäufer kommen würde. Es sei vielmehr darauf abzustellen, daß der Käufer nicht im Ungewissen über die Nacherfüllungsabsicht des Verkäufers bleibt.[66]
Hat ein Verkäufer jedoch auf die Erfüllungstauglichkeit seiner Ware redlicherweise vertraut und seine Nacherfüllungsbereitschaft rechtzeitig angekündigt, dann hat er bei einer Zurückweisung der Kaufsache durch den Käufer ein Recht zur nachträglichen Mängelbeseitigung.

3. Duldungspflicht des Käufers

Ob den Käufer angesichts einer berechtigten Nacherfüllung im Bereich des UCC eine Rechtspflicht trifft oder ob sich der Verkäufer lediglich zur Abwehr von Gewährleistungsrechten auf sein Nacherfüllungsrecht berufen kann, ist nicht normiert. In den Entscheidungsgründen wird dazu in aller Regel auch gar

---

64 Hawkland, MinnLRev. 46 (1962), 697, 724.

65 Vgl.: Frank Bartus v. Frank Riccardi (City Court of Utica, 1967), 284 N.Y.S.2d 222, 225.

66 Lawrence, UCC L.J. 21 (1988), S. 152, 154; Williams, Ark L.Rev. 28 (1974), S. 304.

nicht ausdrücklich Stellung genommen, sondern lediglich die Frage erörtert, ob die Duldungsverweigerung des Käufers berechtigt war.

In der Entscheidung *Stephenson v. Frazier*[67] war ein Reisemobil geliefert worden, bei dem bereits kurz nach der Bereitstellung diverse Mängel festgestellt wurden. Trotz eines Briefes des Verkäufers, er sei *bereit, willens und fähig*, die Mängel zu beseitigen, wies der Käufer die Kaufsache zurück und erklärte die Aufhebung des Vertrages. Nach Auffassung des Gerichts war in diesem Brief jedoch eine klare und ausdrückliche Mitteilung darüber zu sehen, alle Fehler zu beseitigen. Die Aufhebung des Vertrags durch den Käufer vereitelte danach das Nacherfüllungsrecht des Verkäufers und wurde folglich als unberechtigt angesehen.

Ebenso verhielt es sich in der Entscheidung *Gigandet v. Third National Bank*[68], bei der ebenfalls Mängel an einem Reisemobil Streitgegenstand waren. Der beklagte Käufer, der das Reisemobil wissentlich mit Fehlern übernommen hatte und es auch für wenigstens drei Monate bewohnte, verweigerte einem Vertreter der klagenden Bank die Möglichkeit, die von ihm geltend gemachten Fehler zu inspizieren und - wie vom Verkäufer versprochen - kostenlos reparieren zu lassen. Die Vertragsaufhebung des Käufers war nach Auffassung des Gerichts nicht berechtigt, da ein Verkäufer das Recht auf eine vernünftige Gelegenheit zur Fehlerbeseitigung habe.

In dem Fall *Leitchfield Development Corp. v. Clark*[69] bezog sich das Gericht auf diese beiden gerade genannten Entscheidungen, da es ebenso um diverse kleinere Mängel an einem Reisemobil ging, die jedoch im Verhältnis zu dem Kaufpreis des Mobils nur als gering einzustufen waren, und deren Beseitigung der Verkäufer unverzüglich nach Bekanntgabe zusagte. Das Gericht kam bezüglich des Verhältnisses zwischen sec. 2-508 UCC und sec. 2-601 UCC zu folgender Auffassung: „[It] seems to indicate that the seller's right to cure takes precedence over an absolute right to reject a nonconforming tender or delivery".[70]

Ein solches Vorrangverhältnis des Nacherfüllungs- vor dem Aufhebungsrecht des Käufers wurde auch in der Entscheidung *Uchitel v. Tripler*[71] angenommen, in der es um die Lieferung von Kleidungsstücken ging, deren Stoff von

---

67 Stephenson v. Frazier (Court of Appeals of Indiana, 1980), 399 N.E.2d 794.

68 Eugene Gigandet v. Third National Bank of Nashville,Tennessee (Supreme Court of Alabama, 1976), 333 So.2d 557.

69 Leitchfield Development Corp. v. Clark (Court of Appeals of Kentucky, 1988), 757 S.W.2d 207.

70 Leitchfield Development Corp. v. Clark, a.a.O., 211.

71 Uchitel v. F.R. Tripler & Co. (New York Supreme Court, 1980), 30 UCC Rep.Serv. 933; ebenso: T.W.Oil Inc. v. Consolidated Edison Company of New York, Inc. (Court of Appeals of New York, 1982), 443 N.E.2d 932, dem zu Grunde lag, daß der Käufer von Rohöl dem Verkäufer die Neulieferung in Form von vertragsmäßig schwefelhaltigem Rohöl verweigerte.

schlechter Qualität war und die auch fehlerhaft geschneidert waren. Der Käufer wies die Ware zurück und verlangte unter Berufung auf ein Garantieversprechen des Verkäufers eine Rückzahlung des Kaufpreises, ohne dem Verkäufer eine Reparatur des Fehlers zu erlauben. Das Gericht war der Auffassung, that „the seemingly harsh 'perfect tender' rule is tempered by sec. 2-508 UCC, which provides an exeption to the requirement of an immediate perfect tender".[72]

Zu der Frage aber, ob sich aus der Berechtigung zur Nacherfüllung als Ausnahme von der „perfect tender rule" auch eine Duldungsverpflichtung des Käufers ergibt, sind in den Begründungen der Gerichte nur zögernde Hinweise zu finden. In der Entscheidung *Chaplin v. Bessire*[73] war über die Installation eines Kühlraumes zu entscheiden, für dessen fachgerechtes Aufstellen der Käufer, ein Eisfabrikant, in seinem Hof ein Fundament gießen ließ. Nach Errichtung zeigte sich an dem regnerischen Novembertag jedoch, daß Wasser in den Kühlraum tropfte. Zusätzlich zu den nachträglichen Herstellungsarbeiten des Verkäufers sollte auf Anraten des Verkäufers daher vom Käufer noch ein Dach über dem Kühlraum angebracht werden, was auch geschah. Im darauffolgenden Sommer bildete sich an der Decke des Kühlraums Eis, was nach Inspektion durch den Verkäufer darauf zurückzuführen war, daß das Dach zu dicht über dem Kühlraum angebracht worden war. Daraufhin wurden zwar Entlüftungslöcher angebracht, aber gut ein Jahr später kam es in dem Kühlaggregat zu einem Kurzschluß, in dessen Folge alle eingelagerten Eisvorräte verdarben. Der Käufer trat danach, ohne eine weitere Reaktion des Verkäufers abzuwarten, vom Vertrag zurück. Das Gericht war jedoch der Ansicht, daß, sofern fehlerhafte Ware geliefert wird oder ein Fehler später entsteht, „the buyer has a least a moral right, if not a legal duty, to give the seller a fair opportunity to correct the defective condition."[74]

Die Aufhebung des Vertrags, ohne dem Verkäufer eine Möglichkeit zur nachträglichen Erfüllung zu geben, war daher rechtswidrig. Nach einer solchen Entscheidung ist eine Duldungsverpflichtung aber in Betracht zu ziehen.

In der bereits oben dargestellten Entscheidung Joc Oil v. Consolidated Edison[75], in der es um die Lieferung von Rohöl ging, war ebenfalls die Frage nach einer Duldungsverpflichtung zu klären, und das Gericht untersuchte im Rahmen seiner Entscheidungsgründe den Inhalt des Nacherfüllungsrechts anhand der nachfolgend geschilderten Fälle. So ging es in der Entscheidung Marine Mart, Inc. v. Pearce[76] um den Kauf eines Motorboots, das während des Trans-

---

72 Uchitel v. F.R. Tripler & Co., a.a.O., 939.

73 Chaplin v. Bessire & Company, Inc. (Court of Appeals of Kentucky, 1962), 361 S.W.2d 293.

74 Chaplin v. Bessire & Company, Inc., a.a.O., 297.

75 Joc Oil USA, Inc. v. Consolidated Edison Co. of New York, Inc. (New York Supreme Court, 1980), 30 UCC Rep.Serv. 426.

76 Marine Mart, Inc. v. L. D. Pearce (Supreme Court of Arkansas, 1972), 480 S.W.2d 133.

ports zum Käufer erheblich beschädigt wurde und auch noch diverse andere Fehler aufwies, was daraus resultierte, daß mit Zustimmung des Käufers ein anderes als das besichtigte Boot aus dem Lager geliefert wurde, das nach Anpreisung des Verkäufers mit dem besichtigten identisch sein sollte. Eine Mängelbeseitigung schlug in der Folgezeit fehl, und der Verkäufer reagierte später auf die Mahnschreiben des Käufers nicht mehr, verteidigte sich aber gegen die Klage auf Rückzahlung des Kaufpreises mit der Behauptung, daß ihm seitens des Käufers keine ausreichende Möglichkeit zur Mängelbeseitigung eingeräumt worden sei. Das Gericht stellte darauf fest, daß die in sec. 2-508 UCC normierte „further reasonable time" zur Durchführung einer Nacherfüllung zum Vorteil des Käufers auszulegen sei, der Käufer daher zu einem längeren Abwarten angesichts der unterlassenen Reaktion auf seine Einschreiben nicht verpflichtet war und verwarf daher die Berufung des Verkäufers.

In dem Fall Conte v. Dwan Lincoln-Mercury[77] ging es um den Kauf eines Autos, dessen viele Fehler auch nach vierzehn Monaten permanenter Reparaturen nicht beseitigt werden konnten. Die daraufhin erklärte Vertragsaufhebung durch den Käufer war angesichts der ständigen Bemühungen zeitlich nicht verfristet, und auf sein Nacherfüllungsrecht konnte sich der Verkäufer nicht mehr berufen: „Under the [UCC], the dealer did have the right to attempt to cure any defects in the automobile; but this opportunity does not last for an indefinite period of time."[78]

In dem Fall Hayes v. Hettinga[79] vermochte es der Verkäufer nicht, Gußformen nach den Bestellerwünschen und innerhalb der vereinbarten Zeit zu fertigen. Da er den Käufer weder über seine Bereitschaft zur Nacherfüllung informierte, noch eine solche rechtzeitig oder überhaupt vornahm, war auf die berechtigte Vertragsaufhebung des Käufers diesem der bereits bezahlte Kaufpreis zurückzuerstatten. Ähnlich verhielt es sich in dem Fall Transcontinental Refrigeration Company v. Figgins[80], in dem es dem Verkäufer einer fehlerhaften Kühlanlage über zwei Monate nicht gelang, den Fehler durch Reparatur zu beseitigen, obgleich auch der Käufer nach den Anweisungen des Verkäufers umfangreich bemüht war, an der richtigen Einstellung der Anlage mitzuwirken. Der Fehler hätte allein durch Lieferung einer neuen Kühlanlage behoben werden können, was der Verkäufer aber ablehnte, so daß die nachfolgende Vertragsaufhebung des Käufers berechtigt war.

---

77 Conte v. Dwan Lincoln-Mercury, Inc. (Supreme Court of Connecticut, 1976), 374 A.2d 144.

78 Conte v. Dwan Lincoln-Mercury, Inc., a.a.O., 149.

79 James Hayes v. Saibolt Hettinga (Supreme Court of Iowa, 1975), 228 N.W.2d 181.

80 Transcontinental Refrigeration Company v. Figgins (Supreme Court of Montana, 1978), 585 P.2d 1301.

In dem Fall Reece v. Yeager Ford Sales[81] ging es um den Kauf eines neuen Autos. Der Käufer zeigte bestehende Fehler des Wagens beim Verkäufer zwar an, er verweigerte aber die ihm vom Verkäufer angebotene Beseitigung der kleinen und typischerweise bei neuen Wagen auftretenden Mängel, deren Beseitigung damals ca. 35 - 80 US$ gekostet hätte. Er verlangte statt dessen die Lieferung eines neuen Wagens. „It appears from the facts [...], that the purchaser of the automobile involved here was not entitled to rescind the contract of sale, and the offer to repair the defects should have been accepted by the purchaser."[82]

Ebenso verhielt es sich schließlich in dem Fall Beco v. Minnechaug Golf Course, Inc.[83], in dem es um die Lieferung von Einrichtungsgegenständen für ein Restaurant ging. Nachdem der Verkäufer Kenntnis von der Fehlerhaftigkeit seiner Ware erlangt hatte, sagte er eine umgehende Mängelbeseitigung zu, die der Käufer jedoch mit Hinweis auf ein angebliches Fixgeschäft ablehnte und - insoweit erfolglos - Schadensersatz von dem Verkäufer verlangte. Der Verkäufer konnte daher den vollen Kaufpreis verlangen.

Vor dem Hintergrund dieser gerade geschilderten Fälle kam das Gericht in *Joc Oil v. Consolidated* schließlich zu folgender Auffassung:

„Cases [...] appear to recognize or permit a seller's statutory right to cure a non-conforming tender within a reasonable time (implicitly, if not explicitly acknowledging sec. 2-508 (2)) without regard to whether or not the seller had knowledge of the defect in the tender prior to delivery".[84] „... reason, logic and public policy justify extending the protective scope of [sec. 2-508 UCC] to those sellers who reasonably believe their tender of delivery conforms to their contract, but are subsequently confronted with a surprise buyer's rejection based on nonconformity."[85] „Under such circumstances Joc Oil had the right to

---

81 Reece v. Yeager Ford Sales, Inc. (Supreme Court of Appeals of West Virginia, 1971) 184 S.E.2d 722.

82 Reece v. Yeager Ford Sales, Inc., a.a.O., 726.

83 Beco, Inc. v. Minnechaug Golf Course, Inc. (Circuit Court of Connecticut, Appellate Division, 1968) 256 A.2d 522.

84 Joc Oil USA, Inc. v. Consolidated Edison Co. of New York, Inc. (New York Supreme Court, 1980), 30 UCC Rep.Serv. 426, 437: „Diese Fälle scheinen ein sich aus dem Gesetz ergebendes Recht des Verkäufers anzuerkennen bzw. es ihm zu erlauben, einen Mangel der gelieferten Ware nachträglich zu beseitigen (stillschweigend, soweit nicht sec. 2-508 (2) UCC ausdrücklich genannt wird) in einer angemessenen Zeit und unabhängig davon, ob der Verkäufer Kenntnis von dem Fehler hatte oder nicht." (Übersetzung des Verfassers)

85 Joc Oil USA, Inc. v. Consolidated Edison Co. of New York, Inc., a.a.O., 437: „Die Vernunft sowie rechtspolitische Gründe rechtfertigen es, den sich aus sec. 2-508 UCC ergebenden Schutz auch auf solche Verkäufer auszudehnen, die billigerweise glaubten, daß ihre Lieferung vertragsgemäß sei, die dann aber mit einer überraschenden Vertragsaufhebung wegen fehlerhafter Lieferung konfrontiert werden." (Übersetzung des Verfassers)

and did make a reasonable and timely offer to cure ... and the rejection thereof by Con Ed was improper."[86]

Dieser Entscheidung ist nach ihrer fallbezogenen Begründung daher zu entnehmen, daß man im Rahmen des UCC von einem echten Recht zur Nacherfüllung sprechen muß. Das Recht des Verkäufers erfordert aber auch eine Pflicht des Käufers zur Duldung, so daß im Ergebnis der Käufer verpflichtet ist, die Durchführung einer berechtigten Nacherfüllung zu dulden.[87]

In der Entscheidung *Carnes v. Richards*[88] schließlich lieferte der Verkäufer Gegenstände für die Badezimmereinrichtung der Firma „Reliable". In Ermangelung zum Versand geeigneter kleiner Kartons der kurzfristig bestellten Ware, verpackte der Verkäufer die Einrichtungsgegenstände, die ihrerseits keine Firmenbezeichnung trugen, jeweils in kleine Kartons der Firma „Leigh", die ebenfalls Badezimmereinrichtungsgegenstände herstellte, und verpackte mehrere kleine Kartons in große Versandkartons, die die Firmenbezeichnung der bestellten Ware „Reliable" trugen. Dem Käufer war es nicht möglich, die Herkunft der ihm übersandten Ware als Ware der Firma „Reliable" festzustellen. Statt jedoch, wie sofort vom Verkäufer auf Rückfrage angeboten, eine schriftliche Bestätigung des Herstellers abzuwarten, daß es sich bei den Einrichtungsgegenständen tatsächlich um die bestellten Produkte der Firma „Reliable" handeln würde, obwohl sie sich in Kartons einer anderen Firma befänden, verweigerte der Käufer die Annahme und sandte die Ware an den Verkäufer zurück. Es wurde zwar in dem Umstand, daß sich die Ware in Kartons einer anderen Firma befand, ein Fehler gesehen. Indem der Käufer die Ware jedoch unverzüglich zurücksandte, nahm er dem Verkäufer pflichtwidrig die Gelegenheit, eine angekündigte und vom Gericht als ausreichend befundene Nacherfüllung ausführen zu können, und mußte daher dem Verkäufer Schadensersatz in Höhe der Differenz zwischen Marktpreis und Vertragspreis zahlen, und zwar nach Maßgabe von sec. 2-708 (1) UCC.[89]

Sec. 2-708 UCC behandelt dabei nicht den Fall, daß ein Käufer eine berechtigte Nacherfüllung nicht annimmt, sondern bestimmt die Berechnungsmethode für einen Schadensersatzanspruch, wenn der Käufer unberechtigt eine

---

86 Joc Oil USA, Inc. v. Consolidated Edison Co. of New York, Inc., a.a.O., 437: „Bei diesem Sachverhalt hatte Joc Oil das Recht, ein angemessenes und rechtzeitiges Angebot zur Nacherfüllung zu unterbreiten, was sie auch tat, und die Reaktion darauf von Con Ed war unangemessen." (Übersetzung des Verfassers)

87 Ebenso: Gutknecht, S. 86.

88 Carnes Construction Co. v. Richards & Conover Steel & Supply Co. (Oklahoma Court of Appeals, 1972), 10 UCC Rep.Serv. 797.

89 sec. 2-708 (1): „Seller's damages for non acceptance or repudiation
Subject to subsection (2) and to the provisions of this Article with respect to proof of market price (Section 2-723), the measure of damages for non-acceptance or repudiation by the buyer is the difference between the market price at the time and place for tender and the unpaid contract price together with any incidental damages provided in this Article (sec. 2-710), but less expenses saved in consequence of the buyer's breach."

vertragsgemäße Ware nicht annimmt. Insbesondere ergibt sich auch unter Berücksichtigung dieser Entscheidung daher eine Pflicht des Käufers, die Durchführung einer berechtigten Nacherfüllung zu dulden.

Diese Auffassung stimmt mit der von Lawrence überein, der das Nacherfüllungsrecht in Abgrenzung zur Schadensminderungspflicht des Käufers betrachtet. Beide Rechtsinstitute sind nach seiner Auffassung zwar ähnlich, funktionieren aber unterschiedlich. Während es dem Käufer im Rahmen seiner Schadensminderungspflicht verwehrt ist, Ersatz für Schäden zu erlangen, deren Entstehen er hätte vermeiden können, führt dieses Institut nach Auffassung von Lawrence jedoch nicht dazu, daß der Käufer dann auch Ansprüchen des Verkäufers ausgesetzt ist. Im Rahmen des Nacherfüllungsrechts sei das aber anders. Danach ist der Verkäufer berechtigt, die entstandenen Mängel jedenfalls so weit nachträglich zu beseitigen, daß nicht mehr von einer erheblichen Vertragsverletzung gesprochen werden könne. Der Käufer muß diese Nacherfüllung auch dulden: „The injured party, who interferes with the free exercise of that right breaches the implied promise of nonprevention. This breach can make the injured party liable for total breach of contract, ...“[90] Duldet er sie rechtswidrig[91] nicht, könnte dies Grund für eine Vertragsverletzung seitens des Käufers sein, obgleich eine erste Vertragsverletzung von dem Verkäufer ausging.

Nach Auffassung von *Hammond* folgt die berechtigte Annahme einer Duldungsverpflichtung des Käufers bereits aus der bloßen Tatsache, daß ein Nacherfüllungsrecht allein für den Verkäufer statuiert worden ist. Es ergibt sich, und insoweit bezieht sich Hammond ebenfalls auf die zuvor genannten Entscheidungen, nicht nur, daß das Nacherfüllungsrecht dem Zurückweisungsrecht des Käufers vorgeht. Es folgt zudem daraus, daß das Recht zur Nacherfüllung gerade nicht als ein Rechtsbehelf des Käufers, sondern als ein solches des Verkäufers normiert worden ist, daß den Käufer dann auch eine Pflicht zur Annahme einer berechtigten Nacherfüllung trifft. „Therefore, a right to exercise an effective cure given to the seller creates a buyer's duty to accept a proffered, effective cure.“[92]

Schließlich soll diese Duldungsverpflichtung auch daraus folgen, daß ansonsten kein Bedürfnis bestanden hätte, eine Nacherfüllungsvorschrift in den UCC aufzunehmen, wenn sich nicht daraus auch automatisch eine gegengerichtete Duldungsverpflichtung des Käufers ergeben würde: „A statutory right given to one party automatically gives rise to a concomitant duty to the related party.“[93]

---

90 Lawrence, 70 Minn.L.R. (1986), 713, 729

91 „If the aggrieved party wrongfully refuses to permit further performance by the breaching party, ...“: Lawrence, 70 Minn.L.R. (1986), 713, 729.

92 Hammond, Idaho L.Rev. 27 (1990/91), 559 (562); bestätigend: Larence, 70 Minn. L. Rev. (1986), S. 729f.

93 Hammond, Idaho L.Rev. 27 (1990/91), 559 (562).

Das Bestehen einer Duldungsverpflichtung des Käufers nimmt schließlich auch *Foss* an unter Betrachtung des Effekts einer Billigungserklärung des Käufer bzgl. der Ware nach sec. 2-608 UCC („acceptance"). Grundsätzlich könne die Billigung der Ware durch den Käufer als der Zeitpunkt angesehen werden, ab dem der Käufer weitere Störungen durch Nacherfüllungsversuche des Verkäufers nicht mehr hinnehmen müßte. Eine solche Begrenzung des Nacherfüllungsrechts würde einen zusätzlichen Anreiz für den Verkäufer schaffen, prompt zu Gunsten des Käufers zu reagieren, um nicht mit seinem Rechtsbehelf ausgeschlossen zu sein. Zur Vermeidung zufälliger Ergebnisse vertritt Foss jedoch die Auffassung, daß es nicht darauf ankommen könne, ob der Käufer die gelieferte Ware zufälligerweise bereits gebilligt habe oder noch nicht. Teilweise stehen auch tatsächliche Gründe der Bestimmung entgegen, ob ein Verhalten des Käufers bereits als Billigung auszulegen ist oder noch nicht. Schließlich würde die Annahme, eine Billigung könne das Nacherfüllungsrecht vereiteln, auch gegen ein wesentliches Prinzip des Nacherfüllungsrechts verstoßen, wonach durch eine späte Mängelbeseitigung eine wirtschaftliche Schädigung der Parteien vermieden werden soll. „Especially where burdensome consequential damages would be caused by denying the seller a right to cure, avoiding such damages is a strong reason for permitting a right of cure after acceptance."[94] Im Bereich des UCC ergibt sich daher, daß ein Käufer verpflichtet ist, eine berechtigte Nacherfüllung durch den Käufer auch zu dulden.

4. Folgen einer Duldungsverweigerung

Verweigert der Käufer die Annahme bzw. Duldung einer berechtigten Nacherfüllung und weist er daher zwangsläufig[95] die mängelbehaftete Kaufsache zurück, gilt die Vertragsverletzung des Verkäufers als aufgehoben, und der Käufer wird mit allen seinen Rechtsbehelfen ausgeschlossen.[96] Gleichzeitig wird er entweder (1) nach sec. 2-709 UCC bezüglich des vertraglichen Kaufpreises zahlungspflichtig[97], oder schuldet dem Verkäufer Schadensersatz entweder (2) nach sec. 2-708 (1) UCC in Höhe der Differenz zwischen dem

94 Foss, 16. Southern Illinois Univ.L.J. (1991), 1, 13.

95 Die Zurückweisung ist eine konstitutive Voraussetzung für das Nacherfüllungsrecht im UCC.

96 Traynor v. Walters (United States District Court, M.D. Pennsylvania, 1972), 342 F.Supp. 455, 461: „... the 600 trees, the buyer refused to accept are, therefore, treated as conforming deliveries"; Reece v. Yeager Ford Sales, Inc. (Supreme Court of Appeals of West Virginia, 23. November 1971), 184 S.E.2d 722, 727; Hammond, 27 Idaho L.Rev. (1990/91), 559, 565; White & Summers[4], sec. 8-6.

97 Ritz-Craft Corp. v. Stanford Management Group, 80 F.Supp. 1312 (United States District Court, Pennsylvania, 1992): Obwohl der Verkäufer Nacherfüllung anbot, ließ der Käufer die erforderlichen Maßnahmen von einer fremden Firma durchführen. Der Käufer war nicht berechtigt, die Kosten für die Fremdfirma von dem vertraglichen Kaufpreis abzuziehen.

Marktwert der ursprünglich gelieferten und zurückgewiesenen vertragswidrigen Ware und dem vertraglichen Kaufpreis[98], oder (3) nach sec. 2-706 UCC[99] die Differenz zwischen dem Wert der pflichtwidrig nicht angenommenen, aber berechtigt angebotenen Ersatzware und dem vertraglichen Kaufpreis zu ersetzen.[100]

II Das Recht zur Nacherfüllung nach dem Sale of Goods Act

Ein Nacherfüllungsrecht des Verkäufers ist im Bereich des englischen nationalen Rechts bislang nicht normiert.[101] Bereits auf der Haager Konferenz von 1951 wurde von englischer Seite das ganze Nachbesserungsrecht verworfen[102], und auch die „English Law Commission" kam zu dem Ergebnis, „that there should be no legislative provision for cure", um Unsicherheiten im Rechtssystem zu vermeiden.[103]

1. Das Nacherfüllungsrecht vor Ablauf der Lieferfrist

Seit der Entscheidung Borrowman Philipps v. Free & Hollis[104] ist aber anerkannt[105], daß dem Verkäufer vor Ablauf der vertraglichen Frist ein Nacherfüllungsrecht zusteht. In dieser Entscheidung ging es um eine Lieferung von Mais, die dem Käufer von Bord des Schiffes *Charles Platt* in vertragsgemäßer Qualität angeboten wurde. Der Käufer weigerte sich jedoch zu Recht, diesen abzunehmen, da Handelsdokumente nicht wie vereinbart gleichzeitig überge-

---

98 White § Summers[4], UCC, sec. 8-6.

99 sec. 2-706 UCC: „Seller's resale including contract for resale
(1) Under the conditions stand in section 2-703 on seller's remedies, the seller may resell the goods concerned or the undelivered balance thereof. Where the resale is made in good faith and in commercially reasonable manner the seller may recover the difference between the resale price and the contract price and the contract price together with any incidental damages allowed under the provisions of this article (sec. 2-710), but less expenses saved in consequence of the buyer's breach."

100 T.W.Oil, Inc. v. Consolidated Edison Co. (Court of Appeals New York, 1982) 443 N.E.2d 932, 933: Das Gericht erkannte hier nur ausnahmsweise und mangels Widerspruchs des verklagten Käufers zu der durch den Verkäufer vorgeschlagenen Berechnungsmethode auf die Differenz zwischen dem Weiterverkaufswert der ursprünglich gelieferten fehlerhaften Ware und dem vertraglichen Kaufpreis als den zu ersetzenden Schaden, obgleich diese Berechnungsmethode den entstandenen Schaden unberechtigt vergrößerte, da vertragsgemäße Ware angeboten und unberechtigt zurückgewiesen wurde.

101 Al-Rushoud, Lloyd's Maritime and Commercial L.Q. 1999, 456, 459.

102 Rabel II, S. 373.

103 Bridge, Festschrift Lando, S. 83, 92.

104 Borrowman Philipps & Co. v. Free & Hollis, (1878) 4 Queen's Bench Division 500 ff.

105 Al-Rushoud, Lloyd's Maritime and Commercial L.Q. 1999, 456, 460; Apps, Ll. Maritime and Commercial L.Q. 1994, 525, 529.

ben werden konnten. Daraufhin bot der Verkäufer innerhalb der vertraglich vereinbarten Lieferzeit dem Käufer eine andere ebenso vertragsgemäße Ladung Mais an, die sich allerdings auf einem anderen Schiff, der *Maria D*, befand, für die aber Handelsdokumente vorlagen. Der Käufer wies jedoch auch dieses Angebot zurück, und zwar nunmehr mit Hinweis auf die vorangegangene Entscheidung des Schiedsgerichts. Da die erste Lieferung nicht vertragsgemäß war, müsse er nun auch keine Ersatzlieferung akzeptieren, da die Auswahlentscheidung des Verkäufers bei einer Gattungsschuld unwiderruflich sei und der Verkäufer daher eine zweite Lieferung rechtlich nicht wirksam andienen könne.[106] Diese Rechtsauffassung des Käufers hatte jedoch keinen Bestand, da nach Ansicht des Berufungsgerichts dieser Grundsatz nur gelten könne, wenn aus einer Gattung ausgewählt worden wäre, die insgesamt vertragsgemäß war. Die zuerst angebotene Lieferung war vom Schiedsgericht aber als eine fehlerhafte Lieferung bewertet worden, so daß der Verkäufer die zweite Lieferung daher nicht aus der identischen Gattung ausgewählt habe. Die ursprüngliche vertragswidrige Lieferung stand daher einer zweiten vertragsgemäßen Lieferung nicht entgegen, und der Käufer war somit verpflichtet gewesen, die zweite Ladung zu übernehmen.[107]

2. Die Reichweite des Nacherfüllungsrechts

Die Reichweite des Nacherfüllungsrechts ist im wesentlichen das Ergebnis einer billigen Abwägung eines jeden Einzelfalls unter Berücksichtigung der diesem Rechtsinstitut zugrundeliegenden Prinzipien.[108] *Ziegel*[109] benennt diesbezüglich drei Prinzipien, die sich aus dem common law ergeben. Danach sei (a) ein Käufer nur dann berechtigt, eine fehlerhafte Ware zurückzusenden, wenn sich der Mangel der Ware als ein wesentlicher Vertragsbruch darstellt. In diesem Fall sei der Käufer nicht verpflichtet, (b) dem Verkäufer eine Möglichkeit zur Mängelbeseitigung zu gewähren. Schließlich sei auch (c) die Pflicht des Käufers zur Schadensminderung zu beachten. Daraus folgert *Ziegel*, daß der Käufer einer fehlerhaften Ware im Bereich des common law verpflichtet sei, eine nachträgliche Mängelbeseitigung durch den Verkäufer zu akzeptieren, sofern entweder kein wesentlicher Vertragsbruch vorliegt oder sofern der Käufer sich entschlossen hätte, die fehlerhafte Ware zu einem geminderten Kaufpreis zu behalten. Liegen diese Voraussetzungen vor, stünde dem Verkäufer ein Nacherfüllungsrecht zu, so daß der Käufer nach autonomen englischen Recht dann verpflichtet sei, eine Mängelbeseitung zu dulden.

---

106 Borrowman Philipps & Co. v. Free & Hollis, a.a.O., 501.
107 Borrowman Philipps & Co. v. Free & Hollis, a.a.O., 504, 506.
108 Apps, Ll. Maritime and Commercial L.Q. 1994, 525ff.
109 Ziegel, Jacob S., Report to the Uniform Law Conference of Canada on Convention on Contracts for the International Sale of Goods, http://www.cisg.law.pace.edu/cisg/text/ziegel48html.

Aus den wenigen Entscheidungen, in denen ein Nacherfüllungsrecht angesprochen wird, ist für diese Auffassung jedoch kein Anhaltspunkt zu finden. In der Entscheidung S.I.A.T. di dal Ferro v. Tradax Overseas[110], in der es um gelieferte fehlerhafte Handelsdokumente ging, wurde zu der Frage der Reichweite des Nacherfüllungsrechts befunden: „... the law, in the absence of a contractual term to the contrary, allows a seller who has presented defective documents to represent, tendering correct documents, so long as he does so before the last permissible date provided by the terms of the contract, or, in the absence of contractual terms, the date of presentation provided by the term which in those circumstances is implied by law."[111]

Es ist also zunächst nach der Parteivereinbarung zu beurteilen, ob der Verkäufer nach autonomen englischen Recht einen Mangel nachträglich beheben kann. Ist ein Erfüllungszeitraum zwischen den Parteien vereinbart worden, ist dieser der Entscheidung über das Nacherfüllungsrecht zu Grunde zu legen. Bis zum Ablauf des Lieferzeitraums ist der Verkäufer dann berechtigt, fehlerhafte Ware bzw. Dokumente durch fehlerfreie zu ersetzen.
Ist ein Erfüllungszeitraum von den Parteien nicht benannt worden, ist die Nacherfüllungsmöglichkeit anhand der Gesetzeslage zu bestimmen. Nach den sich ergebenden Prinzipien entfällt das Nacherfüllungsrecht jedenfalls dann, wenn dem Käufer im wesentlichen entgeht, was er von dem Vertrag erwarten konnte, und ihm daher ein Recht zur Vertragsaufhebung zusteht.[112]

Vor Ablauf des vertraglich vereinbarten Lieferzeitraums wird dem Verkäufer ein Recht zur Nacherfüllung regelmäßig zugesprochen, sofern es sich nicht um ein Fixgeschäft handelt. In dem Fall Agricultores Federados Argentinos v. Ampro[113] hatte es der Käufer in einem f.o.b.-Vertrag übernommen, ein Schiff zum Abtransport der gekauften Ware zu benennen. Das benannte Schiff verspätete sich dann aber um einen Tag, und da der Verkäufer infolge einer veränderten Marktlage auf dem vertraglichen Verladezeitpunkt bestand, war der Käufer gezwungen, ein anderes pünktliches Schiff nachträglich zu benennen. Dem widersprach zwar der Verkäufer, er blieb im Ergebnis aber erfolglos. Unter der damals gegebenen Vorraussetzung, daß das nachbenannte Schiff den Vertrag zeitlich und auch hinsichtlich seiner Ladekapazität erfüllen würde, formulierte Richter Widgery: „As I understand it, the general law applying in such a contract merely is that the buyers shall provide a vessel which is capable of loading within the stipulated time, and if [...] the buyers inform the sellers that they propose to provide vessel A, I can see no reason in principle why they should not change their minds and provide vessel B at a later stage

110 S.I.A.T. di dal Ferro v. Tradax Overseas, (1980) 1 Lloyd's Rep. 53 ff.
111 S.I.A.T. di dal Ferro v. Tradax Overseas, a.a.O., 63.
112 Apps, Ll. Maritime and Commercial L.Q. 1994, 525, 534f.
113 Agricultores Federados Argentinos Sociedad CL v. Ampro S.A. Commerciale, Industrielle et Financiere, (1965) 2 Lloyd's List Law Reports (Q.B.) 157 ff.

[...]."[114] Bis zum Eintritt des Verladezeitpunkts war der Verkäufer daher berechtigt, ein anderes Schiff zu benennen.

Ist ein Erfüllungszeitraum mit Fixcharakter vereinbart worden, führt eine Überschreitung dieses Zeitraums automatisch und ohne Beachtung weiterer Umstände des Falls zu dem Verlust des Nacherfüllungsrechts zu Gunsten des Vertragsaufhebungsrechts des Käufers. So war es in der Entscheidung Bowes v. Shand[115], in der es um den Verkauf von 300 Tonnen Reis von Madras nach London ging. Der Reis sollte in dem Zeitraum „März und/oder April" aus dem Landesinneren in den Hafen von Madras gebracht werden. Das für den Transport nach London bereitgestellte Schiff wurde jedoch bereits in der Zeit vom 24.-28. Februar 1874 beladen, und der Ladeschein datierte auch vom 28. Februar 1874. Obgleich dem Käufer aus dieser vorzeitigen Beladung kein Schaden entstanden war, wurde entschieden, daß der Vertrag nicht erfüllt worden sei. Ein Beweis für die Handelsüblichkeit einer vorzeitigen Beladung sei nicht erbracht worden, so daß der Käufer den Vertrag berechtigterweise aufheben konnte. Allein die Überschreitung der Lieferfrist führt also nicht dazu, daß für den Käufer ein Aufhebungsrecht entsteht, sondern nur dann, wenn sich den vertraglichen Vereinbarungen ein Fixcharakter entnehmen läßt.[116]

In Verträgen, in denen eine c.i.f.-Klausel vereinbart ist, ist oft auch enthalten, daß der Verkäufer an den Käufer eine Versendungsnachricht zu erbringen hat.[117] Sofern der Käufer diese Nachricht akzeptiert, ist der Verkäufer verpflichtet, seine Leistung dementsprechend auch durchzuführen. Weist der Käufer die erste Nachricht zurück, ist der Verkäufer berechtigt, eine zweite Nachricht zu versenden. Zur Begründung verweist *Bridge* auf den bereits oben zitierten Fall Borrowman Philipps v. Free & Hollis[118]. Gleiches soll unter Hinweis auf die Entscheidung S.I.A.T. di dal Ferro v. Tradax Overseas[119] in Bezug auf Frachtpapiere gelten. Der Verkäufer kann neue Frachtpapiere andienen, wenn der Käufer die ursprünglichen Papiere zurückgewiesen hat. Hat der Käufer die ihm angebotenen Dokumente allerdings akzeptiert, kann er sie später nicht zurückweisen, sondern muß sie annehmen. Der Käufer kann auch nicht die Lieferung einer größeren Menge zurückweisen, wenn die Menge sich bereits aus den Frachtpapieren ergab und der Käufer ihrer Lieferung nicht widersprochen hat. Nur hinsichtlich der Qualität der Ware verbleibt dem Käufer auch noch nach Annahme des Angebots ein kurzer Zeitraum zur Prüfung. Ei-

---

114 Agricultores Federados Argentinos Sociedad CL v. Ampro S.A. Commerciale, Industrielle et Financiere, a.a.O., 167.

115 Bowes v. Shand, (1877) 2 App. Cas. 455ff.

116 Benjamin, § 8-025; Apps, Ll. Maritime and Commercial L.Q. 1994, 525, 537.

117 Bridge, Festschrift Lando, S. 83, 95.

118 Borrowman Philipps & Co. v. Free & Hollis, (1878) 4 Queen's Bench Division, S. 500 ff.

119 Vgl. gerade oben; S.I.A.T. di dal Ferro v. Tradax Overseas, (1980) 1 Lloyd's Rep. 53 ff.

ne Überprüfung ist ihm erst möglich, wenn er selber auf die Ware zugreifen kann.[120]

Allerdings ergibt sich aus diesen Entscheidungen kein Hinweis darauf, daß der Verkäufer auch dann noch nachträglich erfüllen kann, wenn der Käufer die gelieferte fehlerhaft Ware angenommen hat. Dem Sales of Goods Act läßt sich nur das Prinzip entnehmen, daß der Verkäufer zu einer Nacherfüllung berechtigt ist, die zeitlich vor der Lieferung erfolgt, also bevor die Ware vom Käufer akzeptiert wird. Zwar sei es diesbezüglich denkbar, auf den Übergang des Eigentums abzustellen, und der könnte bei vereinbarter nachträglicher Bezahlung auch erst nach der Annahmeerklärung der Ware durch den Käufer liegen. Dem Verkäufer wäre dann noch die Möglichkeit einer Nacherfüllung einzuräumen. *Bridge* weist jedoch darauf hin, daß Gerichte in England nahezu immer auf den Zeitpunkt der Lieferung abstellen würden.[121]

Ein abweichendes Ergebnis ist der Entscheidung McDougall v. Aeromarine of Emsworth Ltd.[122] zu entnehmen, in der es um die Lieferung einer Motorjacht ging. Der Verkäufer hatte sein Bemühen vertraglich zugesichert, bis zu einem bestimmten Termin die Jacht zu liefern, ohne allerdings das Einhalten dieses Termins fest zusagen zu können. Daraus wurde gefolgert, daß es sich nicht um einen Fixcharakter handelte, der Verkäufer daher noch eine „reasonable time" nach Ablauf dieses Datums liefern konnte und erst dann dem Käufer ein Aufhebungsrecht zustehen würde. Diesem Fall liegt jedoch die Besonderheit zu Grunde, daß kein fester Zeitpunkt für die Andienung der fertiggestellten Jacht bestimmt werden konnte. Die Motorjacht wurde nach den Bestellerwünschen hergestellt[123], und insofern war von einem längeren Zeitraum der steten Andienung und Prüfung auszugehen, innerhalb dessen durch den Verkäufer noch weitere Anpassungen vorgenommen werden konnten.

Ähnlich verhielt es sich in der Entscheidung Universal Cargo Carriers Corp. v. Citati[124], in der nach erfolglosem Verstreichen des Erfüllungszeitpunkts noch der Ablauf eines weiteren Zeitraums für erforderlich gehalten wurde, bis der Käufer den Vertrag hätte aufheben können. Der Charterer hatte es in diesem Fall übernommen, bis zum 25. Juli 1951 die Beladung des Schiffs abzuschließen. Er konnte diesen Termin zwar nicht einhalten. Da diesem Termin - soweit aus dem Vertrag ersichtlich - aber nach Auffassung des Gerichts der Fixcharakter fehlte, entstand für den Käufer auch kein Vertragsaufhebungsrecht, wie von ihm jedoch sofort mit Ablauf des Datums geltend gemacht worden ist. Ein Aufhebungsrecht stünde ihm vielmehr erst dann zu, wenn ihm durch die verspätete Beladung des Schiffes im wesentlichen entgehen würde, was er auf Grund des Vertrags erwarten konnte. Das könne jedoch erst nach Ablauf ei-

---

120 Vgl. dazu: Bridge, Festschrift Lando, S. 83, 95.
121 Bridge, Festschrift Lando, S. 83, 94.
122 McDougall v. Aeromarine of Emsworth Ltd., (1958) 1 W.L.R. 1126.
123 McDougall v. Aeromarine of Emsworth Ltd., (1958) 1 W.L.R. 1126.
124 Universal Cargo Carriers Corp. v. Citati, (1957) 2 Q.B. 401.

nes weiteren, nachträglichen Zeitraums der Fall sein, wenn die Beladung bis dahin noch nicht durchgeführt worden wäre. Bis zum Ablauf eines etwas kürzeren Zeitraums sei dem Käufer die Überschreitung des Beladungstermins aber zumutbar, so daß der Verkäufer seinen Erfüllungsmangel nachträglich berechtigt hatte heilen können.

In diesem Fall eines bloß geringfügigen Überschreitens des Termins und auch in den Fällen einer verlängerten Phase der Abnahme und Prüfung bei nach Bestellerwünschen gefertigten Sachen wird dem Verkäufer im autonomen englischen Recht also eine den Umständen des Falls entsprechende „reasonable time" gewährt, einen Fehler beseitigen zu können. Der Käufer erlangt jedoch ein Recht zur Vertragsaufhebung, sobald ihm im wesentlichen entgeht, was er auf Grund des Vertrags erwarten konnte.[125] Das Nacherfüllungsrecht des Verkäufers entfällt dann[126], sofern nicht entweder ein Nacherfüllungsrecht im Vertrag vereinbart worden ist oder der Käufer auf sein Recht zur Vertragsaufhebung verzichtet.[127]

In der Entscheidung „The Kanchenjunga"[128] wurde einem Reeder ein Nacherfüllungsrecht zugesprochen. Der Entscheidung lag eine Schiffscharter zu Grunde, auf Grund derer die Kanchenjunga während des Iran-Irak Krieges zum Laden in den Hafen von Kharg Island im Persischen Golf beordert wurde. Das Schiff machte kurz darauf in dem Hafen fest, ohne daß eine Beladung erfolgte. Nach einem irakischen Luftangriff eine Woche später verließ das Schiff aber aus Sicherheitsgründen den Hafen wieder und wurde in internationalen Gewässer bereitgehalten. Die Aufforderungen, der Charterer solle nunmehr einen sicheren Hafen benennen, blieben erfolglos. Der Charterer wiederholte nur seine Aufforderung zur Rückkehr des Schiffes. Lord Goff verglich diese Situation mit einer Schlechtlieferung im Kaufrecht und sprach dem Reeder auf die Vertragsaufhebung durch den Charterer ein Nacherfüllungsrecht zu. Allerdings verwies er zur Begründung auf die oben vorgestellte Entscheidung Borrowman Philipps v. Free & Hollis. In jener Entscheidung ging es jedoch um eine Fehlerbeseitigung vor Ablauf des vertraglichen Erfüllungszeitraums.[129]

Im Ergebnis läßt sich daher nach Ablauf des Lieferzeitraums im autonomen englischen Recht ein Nacherfüllungsrecht des Verkäufers als ein eigenes Rechtsinstitut nicht begründen.[130] Denkbar und durch Fälle nachgewiesen ist lediglich die Ausdehnung des ursprünglich vereinbarten Lieferzeitraums aus Gründen der Billigkeit nach den Eigenarten des jeweiligen Sachverhalts. Eine

---

125 Kircher, S. 193.

126 Al-Rushoud, Lloyd's Maritime and Commercial L.Q. 1999, 456, 460.

127 Treitel, S. 725; Apps, Ll. Maritime and Commercial L.Q. 1994, 525, 538.

128 Motor Oil Hellas (Corinth) Refineries S.A. v. Shipping Corporation of India, (1990) 1 Lloyd's Law Reports (H.L.) 391ff.

129 Bridge, Festschrift Lando, S. 83, 96.

130 Treitel, S. 725; Bridge, Festschrift Lando, S. 83, 96; Al-Rushoud, Lloyd's Maritime and Commercial L.Q. 1999, 456, 460.

solche zusätzliche „reasonable time" ist jedoch einem Nacherfüllungsrecht nicht gleichzusetzen. Insbesondere ist den Entscheidungen nicht zu entnehmen, daß das Vertragsaufhebungsrecht des Käufers in seinem Umfang in irgendeiner Weise durch eine mögliche nachträgliche Fehlerbeseitigung des Verkäufers beeinflußt ist. Sobald dem Käufer im wesentlichen entgeht, was er von dem Vertrag erwarten durfte, entfällt jede Möglichkeit einer Nacherfüllung, ohne daß es bei der Feststellung der wesentlichen Vertragsverletzung auch nur auf die Möglichkeit einer Nacherfüllung ankäme. Aus dem autonomen englischen Recht ergibt sich daher kein Ansatz für die weitere Auslegung von Art. 48 UNKR.

3. Ein Nacherfüllungsrecht auch für den Käufer

Im autonomen englischen Recht führt aber der Umstand, daß das Rechtsinstitut der vorzeitigen Nacherfüllung mangels entsprechender Normierung ausschließlich auf Grundlage der diesem Rechtsinstitut zugrunde liegenden Prinzipien hergeleitet wird, dazu, daß nach dortigem Verständnis nicht nur dem Verkäufer, sondern auch dem Käufer ein solches Nacherfüllungsrecht zusteht. So hatte es der Käufer in der oben vorgestellten Entscheidung Agricultores Federados Argentinos v. Ampro übernommen, dem Verkäufer ein Schiff zur Übernahme der Ware zu benennen, und als das zunächst benannte Schiff nicht rechtzeitig den Zielhafen erreichen sollte, war der Käufer berechtigt, ein zweites Schiff zu benennen.

In der Entscheidung Furst v. Fischer[131], in der es um den Verkauf von Eisenrohren von England nach Italien ging, wäre der Käufer nach dem Vertrag verpflichtet gewesen, ein Akkreditiv in London zu eröffnen. Er eröffnete aber ein Akkreditiv in Genf, das allerdings in London zahlbar war. Hätte der Verkäufer nicht das in Genf eröffnete Akkreditiv als ein vertragsgemäßes behandelt, sondern auf einer strikten Vertragserfüllung bestanden, hätte der Käufer das Recht gehabt, bis zum Ablauf der Frist ein zweites Akkreditiv in London zu eröffnen.

Ein entsprechendes Ergebnis ist der Entscheidung Kronman v. Steinberger[132] zu entnehmen. Der Käufer hatte das vereinbarte Akkreditiv in US-Dollar statt wie vertraglich bedungen in britischen Pfund eröffnet. Der Verkäufer wollte daher den Vertrag angesichts nachträglich gestiegener Preise aufheben und die Ware anderweitig verkauften. Durch die noch rechtzeitige nachträgliche Erfüllung durch den Verkäufer, der ein Akkreditiv nunmehr in der vertraglich bedungenen Währung eröffnete, war der Verkäufer zur Vertragsaufhebung allerdings nicht berechtigt.

---

131 Enrico Furst & Co. v. W. E. Fischer Ltd., (1960) 2 Lloyd's List Law Reports (Q.B.), 340 ff.

132 Kronman & Co. v. Steinberger, (1922) 10 Lloyds List Law Reports (K.B.), 39f.

Zur Begründung des Nacherfüllungsrechts des Käufers wird auf die diesem Rechtsinstitut stets zugrunde liegenden Prinzipien verwiesen[133], und zwar insbesondere darauf, daß der Ausführung geschlossener Verträge der Vorzug vor ihrer Aufhebung zu geben sei. Insbesondere eine Vertragsaufhebung aus lediglich formellen Gründen, die zudem von der späten Erkenntnis motiviert sein kann, einen unvorteilhaften Vertrag eingegangen zu sein, soll verhindert werden. Das Recht zur Nacherfüllung gibt der Partei, der mit Sicht auf die spätere Vertragserfüllung bereits Kosten entstanden sind, die Chance, eine eigene wirtschaftliche Schädigung zu vermeiden. Da bei einer nachträglichen Erfüllung die andere Seite zudem das erhält, was vertraglich vereinbart wurde, werden auf diese Weise die Erwartungen beider Seiten erfüllt. Das Recht zur Nacherfüllung sei zugleich auch ein Mittel, auf legalem Wege einen gewissen Zwang auf die andere Vertragspartei auszuüben, daß diese nunmehr ihre vertraglichen Pflichten erfüllen möge, um Rechtsbehelfe des Käufers zu vermeiden.[134]

III Das Recht zur Nacherfüllung nach den UNIDROIT-Grundregeln und den Europäischen Prinzipien

Neben einer Betrachtung von nationalen Rechtsordnungen ist auch die Untersuchung von allgemeinen Rechtsregeln geeignet, zur Auslegung von Art. 48 Abs. 1 UNKR beizutragen. Dafür kommen zunächst die UNIDROIT-Prinzipien für internationale Handelsverträge in Betracht.

1. Geschichte und Wesen der UNIDROIT-Prinzipien

Seit 1971 wurde im Rahmen des Arbeitsprogramms des Instituts für die Vereinheitlichung des Privatrechts in Rom (UNIDROIT) an einer Vereinheitlichung des allgemeinen Vertragsrechts gearbeitet.[135] Die Ergebnisse der im Jahre 1980 eingesetzten Arbeitsgruppe, der Vertreter aller bedeutenden Rechtsordnungen unter Führung durch *Michael Joachim Bonell* angehören[136], wurden schließlich als „Grundregeln der internationalen Handelsverträge“[137] im Jahre 1994 in englischer und französischer Sprache vorgelegt. Es handelt sich um Regeln, nach denen allgemeine Fragen des Vertragsrechts und der Lei-

---

133 Apps, Ll. Maritime and Commercial L.Q., 1994, 525, 554.

134 Enrico Furst & Co. v. W. E. Fischer Ltd., (1960) 2 Lloyd's List Law Reports (Q.B.), 340 ff; Kronman & Co. v. Steinberger, (1922) 10 Lloyds List Law Reports (K.B.), 39f.

135 Basedow, Festschrift Drobnig, S. 20.

136 Basedow, Festschrift Drobnig, S. 20.

137 Eine deutsche Übersetzung der Prinzipien ohne Kommentar ist abgedruckt in: ZEuP 1997, 890ff.

stungsstörungen rechtlich behandelt werden sollen.[138] Sie sind am Text und an der Praxis des UN-Kaufrechts ausgerichtet.[139]

Die UNIDROIT-Prinzipien stellen nach dem in der Präambel[140] zum Ausdruck gebrachten Verständnis allgemeine Regeln für internationale Wirtschaftsverträge dar. Sie erinnern in der Art ihrer Darstellung an die Abfassung eines „Restatements" nach US-amerikanischem Recht. Dieser privaten Publikation des American Law Institute liegt das Ziel zugrunde, die Normen des gemeinamerikanischen Common Law in systematischer Form darzustellen, und zwar so, wie die amerikanischen Gerichte im allgemeinen bestimmte Streitigkeiten entscheiden würden.[141] Ein Restatement ist daher Sekundärliteratur, getragen von der Autorität der Verfasser.[142] Die UNIDROIT-Prinzipien, hinter denen in vergleichbarer Weise auch nur ihre „persuasive authority"[143] steht, sind ähnlich aufgebaut. Auf eine abstrakt formulierte Regel folgen kommentarartige Erläuterungen und auch teilweise erklärende Beispiele. Um den internationalen Charakter der Prinzipien zu unterstreichen, werden allerdings keine Hinweise auf nationale Rechtsordnungen gegeben, wie sie in Restatements im US-amerikanischen Recht zu finden sind. Hinweise auf nationale Rechtsordnungen sind vielmehr bewußt weggelassen worden.[144] Rechtstechnisch handelt es sich daher um eine Zusammenfassung und Ordnung des internationalen Vertragsrechts[145] als Beitrag zur nichtlegislatorischen Rechtsvereinheitlichung.[146] Dabei ist das Ziel verfolgt worden, ein ausgewogenes Regelwerk zu schaffen, das weltweit und ohne Rücksicht auf rechtliche Traditionen und wirtschaftliche oder politische Verhältnisse angewendet werden kann[147], ohne zugleich den Nachteilen ausgesetzt zu sein, die sich aus der traditionellen Vorgehensweise ergeben. Der Versuch einer Rechtsvereinheitlichung durch völkerrechtliche Verträge in einer Welt von über 200 Staaten hat sich als ein nur bedingt geeignetes Instrument erwiesen, denn angesichts dauernder Verhandlungs- und Konferenzprozeduren sowie innerstaatlicher Ratifikationsverfahren war nur

---

138 Magnus, Festschrift Drobnig, S. 75f.

139 Reinhart, in: Herausforderungen zum Jahrtausendbeginn, S. 298.

140 PREAMBLE
„*(Purpose of the Principles)*
These Principles set forth general rules for international commercial contracts. They shall be applied when the parties have agreed that their contract be governed by them. They may be applied when the parties have agreed that their contract be governed by „general principles of law", the „lex mercatoria" or the like. They may provide a solution to an issue raised when it proves impossible to establish the relevant rule of the applicable law. They may be used to interpret or supplement international uniform law instruments. They may serve as a model for national and international legislators."

141 Blumenwitz, S. 58.

142 Blumenwitz, S. 91.

143 Wichard, RabelsZ 60 (1996) 269, 271.

144 Bonell, http://www.unidroit.org/english/principles/pr-exper.html, III 1.

145 Berger, ZVglRWiss 94 (1995) 217, 219.

146 Wichard, RabelsZ 60 (1996) 269, 271.

147 Rosett, Unif.LawRev. 1997, 441, 449; Wichard, RabelsZ 60 (1996) 269, 271.

eine lückenhafte Rechtseinheit zu schaffen.[148] Prinzipien können zwar ähnlich wie Modellgesetze an veränderte Umstände schneller angepaßt werden und sind auch rascher verfügbar, weil sie die staatliche Souveränität nicht berühren. In Kauf zu nehmen sind allerdings Abstriche in der Verbindlichkeit[149], denn soweit nationales Recht anwendbar und zwingend ist, hat letzteres Vorrang vor den Prinzipien.

2. Anwendungsbereich der UNIDROIT-Prinzipien

Die UNIDROIT-Prinzipien bestehen aus 119 Artikeln, die auf sieben Kapitel verteilt sind. Neben einigen allgemeinen Vorschriften (Kapitel 1 mit zehn Artikeln) enthalten sie Bestimmungen über den Abschluß (Kapitel 2 mit 22 Artikeln), die Wirksamkeit (Kapitel 3 mit 20 Artikeln), die Auslegung (Kapitel 4 mit 8 Artikeln) und den Inhalt (Kapitel 5 mit 8 Artikeln) des Vertrages sowie über die Vertragserfüllung (Kapitel 6 mit 20 Artikeln) und die Rechtsfolgen der Nichterfüllung (Kapitel 7 mit vier Abschnitten und 31 Artikeln). Mit diesem Inhalt sind sie nach dem Wortlaut in der Präambel als „allgemeine Regeln für internationale Handelsverträge" anwendbar. Eine ausdrückliche Regelung des sachlichen und räumlichen Anwendungsbereiches ist zwar nicht formuliert, da es sich aber um *allgemeine Re*geln handeln soll, sind die Prinzipien nicht Verträgen einer bestimmten Vertragsart zugewiesen. Beispielsweise können auch internationale Transportverträge in den Anwendungsbereich der Prinzipien fallen.[150]

Es war ein weiterer Grundgedanke bei der Abfassung der Prinzipien, ihren Anwendungsbereich auf internationale Verträge zu beschränken.[151] Sind daher in Verträgen Beziehungen zu mehreren Rechtsordnungen festzustellen, sind die Prinzipien geeignet, etwaige Konflikte zwischen den anwendbaren Rechtsordnungen zu lösen. Das soll nicht nur dann gelten, wenn Einheitsrechte fehlen, sondern auch dann, wenn sich in Einheitsrechten Auslegungsprobleme oder Lücken ergeben.[152] Das hat den Vorteil, daß es auch für ein Gericht sehr viel einfacher ist, den Regelungsgehalt einer Norm zu bestimmen. Während es vergleichsweise einfach sein wird, den Inhalt einer Rechtsordnung, die aus der gleichen Rechtsfamilie stammt, zu bestimmen, ist der Regelungsgehalt einer entfernten Rechtsordnung, deren Normen zumeist auch nur in einer anderen Sprache vorliegen, schwieriger zu bestimmen.[153] Die Anwendung von Prinzipien steigert daher die Effektivität und Schnelligkeit von Streitschlichtungen in internationalen Handelsbeziehungen.

---

148 Basedow, Festschrift Drobnig, S. 19, 21.
149 UNIDROIT, A new approach, S. 1.
150 Basedow, Festschrift Drobnig, S. 22.
151 Bonell, http://www.unidroit.org/english/principles/pr-exper.html, III 2.; Hartkamp, Festschrift Drobnig, S. 45, 46.
152 Bonell, http://www.unidroit.org/english/principles/pr-exper.html, III 2.
153 Lando, Festschrift Drobnig, S. 361, 362f.

Schließlich liegt der Bestimmung des Anwendungsbereichs auch zugrunde, daß es den Vertragsparteien mittels der Prinzipien möglich sein soll, ihr Vertragsverhältnis von nationalen Rechtsordnungen zu lösen und es so weit wie möglich nach autonomen Grundsätzen auszubilden.[154] Auf eine Definition des Handelsvertrags hat die UNIDROIT-Arbeitsgruppe daher verzichtet.[155] Es soll nicht darauf ankommen, ob eine oder beide Vertragsparteien formell als Kaufleute anzusehen sind, oder ob der Vertrag der Sache nach einen Handelsvertrag darstellt. Zur Bestimmung der Anwendbarkeit der Prinzipien ist daher nicht nach ihrer Anwendbarkeit zu fragen, sondern vielmehr danach, ob ihre Anwendbarkeit nach dem vorliegenden Vertrag eventuell auszuschließen sei, wenn es sich also um einen Verbrauchervertrag handelt, weil wenigstens eine der Vertragsparteien nicht im Rahmen ihres Berufs oder eines Handelsgeschäfts auftrete.[156]

Darauf aufbauend wurden verschiedene Einsatzmöglichkeiten für die UNIDROIT-Prinzipien vorgeschlagen. So können sie als Vorbild für nationale Gesetzgeber dienen[157], und in dieser Funktion sind die Prinzipien auch bereits in Anspruch genommen worden. Das zeigt sich an dem neuen Kodex der Russischen Föderation, für dessen Abfassung die UNIDROIT-Prinzipien Vorbild waren.[158] In Betracht kommt auch ein Einsatz im Rahmen der Vertragsgestaltung bei internationalen Handelsgeschäften, denn es ist ein Vorteil der Prinzipien, daß ihre Sprache neutral ist und nicht einer speziellen nationalen Rechtsordnung entnommen wurde. Die enthaltenen Termini und ihr konkreter Regelungsgehalt sind somit weltweit sofort verständlich, und das um so mehr, als die Prinzipien mittlerweile in allen wichtigen Sprachen als (unverbindliche) Übersetzung vorliegen. Auf diese Weise werden Mißverständnisse zwischen den Parteien weitgehend vermieden.

Den Prinzipien kommt gleichfalls eine „pädagogische Wirkung"[159] zu. Es hat sich herausgestellt, daß die Prinzipien nicht nur Sprachbarrieren beseitigen können, sondern daß sie in der beratenden Tätigkeit auch geeignet sind, als Checkliste für den Ablauf und den Inhalt der Vertragsverhandlungen und auch als Modell für die spätere Abfassung der einzelnen Paragraphen des Vertrages zu dienen. Die Prinzipien sind ebenfalls anzuwenden, wenn sich die Par-

---

154 Boele-Woelki, Unif.LawRev. 1996, 652, 659f, führt als ein Beispiel den Bau des Tunnels unter dem Ärmelkanal. Die beteiligten Parteien legten diesem Projekt die Prinzipien zu Grunde, die sowohl in Frankreich als auch in England gelten (siehe dort: Fußn. 40).

155 Bonell, http://www.unidroit.org/english/principles/pr-exper.html, III 2; Basedow, Festschrift Drobnig, S. 22.

156 Bonell, http://www.unidroit.org/english/principles/pr-exper.html, III 2.

157 Zur Vorbildwirkung für die Reform des nationalen deutschen Schuldrechts: Bundesminister der Justiz, Abschlußbericht, S. 149, S. 165.

158 Komarov, Unif.LawRev. 1996, 247, 249; Kronke, Unif.LawRev. 2000, 13, 19.

159 Bonell, http://www.unidroit.org/english/principles/pr-exper.html, V 2.

teien verständigt haben, daß die UNIDROIT-Prinzipien[160] auf den Vertrag entweder ausschließlich oder jedenfalls ergänzend anwendbar sein sollen. In diesem Fall sollte jedoch beachtet werden, daß die Prinzipien keine komplette Rechtsordnung darstellen, sondern nur in ihrem Regelungsbereich ein stark entwickeltes Regelungssystem sind. Ergänzend sollte daher eine nationale Rechtsordnung mit vereinbart werden.[161] Denkbar ist es weiterhin, die Prinzipien heranzuziehen, wenn sich die maßgebende Regel des anwendbaren nationalen Rechts nicht ermitteln läßt.[162]

Schließlich stellt es auch eine in der Präambel formulierte Überlegung[163] dar, mit Hilfe der UNIDROIT-Prinzipien nationale Rechtsordnungen oder internationale Einheitsrechte auszulegen oder zu ergänzen. Das trifft insbesondere auf das Verhältnis der UNIDROIT-Prinzipien zum UNKR zu. Da sie nicht in einem Wettbewerb zueinander stehen, haben beide Werke ihre eigene „raison d'être".[164]

So ging es in einem Fall[165], der dem Schiedsgericht Berlin im Jahr 1990 zur Entscheidung vorlag, um den Kauf und die Lieferung einer Anlage aus einem Land des ehemaligen RGW in die ehemalige DDR. Infolge der zwischenzeitlich erfolgten Öffnung der Grenzen zur Bundesrepublik und damit der Öffnung der westlichen Märkte hatte die Lieferung der Maschine für die Firma in der ehemaligen DDR keinen wirtschaftlichen Sinn mehr. Sie verweigerte die Annahme und die Bezahlung. Das Schiedsgericht entschied auf der Grundlage des Wegfalls der Geschäftsgrundlage zu ihren Gunsten und stützte sich auch auf die UNIDROIT-Prinzipien.

In einer Entscheidung des International Court of Arbitration aus dem Jahr 1995[166] ging es um einen Auflösungsvertrag zwischen Parteien aus der Schweiz, Singapur sowie aus Belgien. Nach einmütiger Vertragsbeendigung entstand Streit darüber, zu welchem Wechselkurs das noch vorhandene Inventar zurückgekauft werden sollte. Das Schiedsgericht stützte seine Entscheidung zwar auch auf das anwendbare Recht der Schweiz, sah aber ein Bedürfnis für eine weitere Bestätigung seiner Entscheidung und verwies zusätzlich auf Art. 6.1.9(3) UNIDROIT-Prinzipien, wonach Zahlungen in der Wäh-

---

160 Der Anwendungsbereich ist eröffnet, wenn die Parteien entweder ausdrücklich die Anwendbarkeit der UNIDROIT-Prinzipien vereinbart haben oder die der „allgemeinen Rechtsgrundsätzen", der „lex mercatoria" oder dergleichen (Präambel, S.3).

161 Durch Unidroit (http://www.unidroit.org/english/principles/model.html) wird folgende Formulierung vorgeschlagen: „This contract shall be governed by the UNIDROIT Principles (1994) [except as to Articles ...], supplemented when necessary by the law of [jurisdiction X]".

162 Präambel der UNIDROIT-Prinzipien, S. 4.

163 Berger, 28 LawPol.Int.Bus. (1997), 943, 960f.

164 Bonell, International Restatement, S. 73.

165 Schiedsgericht Berlin, SG 126/90, in: Maskow, 40 A.J.Comp.L (1992) 657, 665.

166 ICC Schiedsspruch Nr. 8240, in: Berger, 28 LawPol.Int.Bus. (1997), 943, 982.

rung des Zahlungsortes nach dem dort zum Zeitpunkt der Fälligkeit anzuwendenden Umrechnungskurs zu bewirken sind.

Die UNIDROIT-Prinzipien sind auch zur Ergänzung und Auslegung des UNKR bereits herangezogen worden. Teilweise[167] wird zwar die Auffassung vertreten, daß die UNIDROIT-Prinzipien keine solchen allgemeinen Grundsätze darstellen, die nach Art. 7 UNKR „diesem Übereinkommen [dem UNKR] zu Grunde liegen“[168], und sie daher auch nicht für eine Auslegung herangezogen werden können. Dem ist aber entgegen zu halten, daß man nicht auf eine zeitliche Reihenfolge des Erscheinens abstellen sollte.[169] Bei den UNIDROIT-Prinzipien handelt es sich um eine Zusammenfassung derjenigen Rechtsgrundsätze, die bereits zu der Zeit, in der die Paragraphen des UNKR entworfen wurde, Gültigkeit besaßen. Sie liegen daher auch dem UNKR zu Grunde. Als allgemeiner Grundsatz sind sie gemäß Art. 7 Abs. 2 UNKR direkt nach der Auslegung der positiven Normen des UNKR und noch vor einer Untersuchung nationalen Rechts ergänzend heranzuziehen.[170]

Dem Internationalen Schiedsgericht der Internationalen Handelskammer in Wien[171] lagen zwei Streitigkeiten zur Entscheidung vor, in denen es um Lieferverträge über Stahl zwischen Parteien aus Österreich und Deutschland ging, und in denen dem deutschen Käufer Schadensersatzansprüche auf Grund von Mängeln in den jeweiligen Lieferungen zugesprochen wurden. Mit Hilfe des anwendbaren UNKR konnte jedoch die Höhe der Verzinsung nicht bestimmt werden, da insoweit im UNKR eine Lücke enthalten ist. Diese Regelungslücke war daher durch Auslegung oder Rückgriff auf andere Normen zu schließen.[172] Dem Grundsatz der vollen Schadenskompensation (Art. 74 UNKR) folgend wurde der österreichische Verkäufer zu Zinsen in Höhe von üblicherweise in Deutschland, also am Ort des Gläubigers, zu zahlenden Zinsen verurteilt. Dazu wurde auch auf Art. 7.4.9 (2) UNIDROIT-Prinzipien hingewiesen, wonach der durchschnittliche Zinssatz für die Zahlungswährung am Zahlungsort der geschuldete sei.

167 Drobnig, S. 223, 228, aber ohne Begründung.
168 Art. 7 Abs. 2 UNKR.
169 so auch: Basedow, UNIDROIT-Prinzipien, S. 19, 25.
170 Wichard, RabelsZ 60 (1996) 269, 297f.; Magnus, RabelsZ 59 (1995) 469, 492; Garro, Tulane L.Rev. 69 (1995) 1149, 1155; Basedow, UNIDROIT-Prinzipien, S. 19, 25; Bonell, RabelsZ 56 (1992) 274, 285.
171 Schiedssprüche SCH 4318 und SCH 4366 (1994), in: RIW 1995, 590f.
172 Basedow, Unif. Law Rev. 2000, 129, 134f.

3. Die Auslegung von Art. 7.1.4 UNIDROIT-Prinzipien[173]

Die Auslegung der einzelnen Artikel der UNIDROIT-Prinzipien erfolgt nicht nur anhand des Wortlauts der Bestimmung. Es sind auch der sich jeweils anschließende Kommentar und die darin teilweise enthaltenen Beispiele zu berücksichtigen. Der Kommentar bildet einen wesentlichen Teil des normierten Artikels.

In Art. 7.1.4 Abs. 1 UNIDROIT-Prinzipien sind die Voraussetzungen normiert, unter denen diejenige Vertragspartei, die ihre Pflichten fehlerhaft erfüllt hat, ihre Nichterfüllung durch Nacherfüllung heilen kann.[174] Er lautet in der unverbindlichen deutschen Übersetzung:

„(Nacherfüllung durch die nichterfüllende Partei)
(1) Die nichterfüllende Partei kann auf eigene Kosten jede Nichterfüllung durch Nacherfüllung heilen, sofern (a) sie unverzüglich die Nacherfüllung anzeigt und die vorgesehene Weise und den zeitlichen Ablauf mitteilt; (b) die Nacherfüllung nach den Umständen geeignet ist; (c) die benachteiligte Partei kein berechtigtes Interesse an der Zurückweisung der Nacherfüllung hat; und (d) die Nacherfüllung umgehend vorgenommen wird."

Anders als im UNKR ist in den Prinzipien nicht ausdrücklich von Käufer und Verkäufer die Rede. Es wird vielmehr auf die einzelne, nicht erfüllte Pflicht aus dem Vertrag abgestellt. Daher ist das Nacherfüllungsrecht nach den UNIDROIT-Prinzipien in seinem persönlichen Anwendungsbereich weiter gefaßt als das nach Art. 48 UNKR. Während dort nur dem Verkäufer ein Nacherfüllungsrecht zusteht, kommt im Anwendungsbereich der UNIDROIT-Prinzipien auch für den Käufer ein solcher Rechtsbehelf in Betracht. Vor dem Hintergrund, daß den UNIDROIT-Prinzipien neben anderen auch eine lückenfüllende Funktion zukommt, kann daher in Verträgen, in denen durch das anwendbare UNKR nur für den Verkäufer ein Nacherfüllungsrecht statuiert ist, auch für den Käufer ein Nacherfüllungsrecht anzunehmen sein. Sein Umfang würde sich dann aber ausschließlich nach den Voraussetzungen richten, die den UNIDROIT-Prinzipien zu entnehmen sind.

Das Recht der nichterfüllenden Partei auf Nacherfüllung wird, wie in Art. 7.1.4 Abs. 2 UNIDROIT-Prinzipien statuiert ist, durch eine Aufhebungserklärung der

---

173 Die UNIDROIT-Prinzipien sind im Internet verfügbar unter: http://www.unidroit.org/english/principles/princ.htm.

174 Article 7.1.4 UNIDROIT Principles: „Cure by non-performing party
(1) The non-performing party may, at its own expense, cure any non-performance, provided that (a) without undue delay, it gives notice indicating the proposed manner and timing of the cure; (b) cure is appropriate in the circumstances; (c) the aggrieved party has no legitimate interest in refusing cure; and (d) cure is effected promptly."

belasteten Partei nicht verhindert: Artikel 7.1.4 (2) lautet: „Das Recht auf Nacherfüllung wird durch eine Aufhebungserklärung nicht ausgeschlossen."[175]

Wird die Absicht zur Nacherfüllung wirksam angezeigt, dann ergibt sich zudem aus Art. 7.1.4 Abs. 3 UNIDROIT-Prinzipien, daß die benachteiligte Partei ihre Rechtsbehelfe, die mit der Erfüllung durch die nichterfüllende Partei unvereinbar sind, nicht ausüben kann, bis die Frist für die Nacherfüllung abgelaufen ist. Artikel 7.1.4 (3) lautet: „Bei wirksamer Anzeige der Nacherfüllung sind die Rechte der benachteiligten Partei, die mit der Erfüllung durch die nichterfüllende Partei unvereinbar sind, ausgesetzt, bis die Frist für die Nacherfüllung abgelaufen ist."[176]

Die benachteiligte Partei ist nach Absatz 4 aber berechtigt, ihre Erfüllung des Vertrages bis zur Durchführung der Nacherfüllung auszusetzen177 und behält nach Absatz 5 das Recht auf Schadensersatz178: Artikel 7.1.4 (4): „Die benachteiligte Partei kann die Erfüllung bis zur Nacherfüllung zurückhalten." Artikel 7.1.4 (5): „Ungeachtet der Nacherfüllung behält die benachteiligte Partei das Recht, Schadensersatz wegen Verzögerung und wegen jeden Schadens zu verlangen, der durch die Nacherfüllung verursacht oder abgewendet wird."

a) Die Nacherfüllung nach Art. 7.1.4 Abs. 1 UNIDROIT-Prinzipien

Diejenige Partei, die eine ihrer Vertragspflichten nicht oder nicht ausreichend erfüllt hat, ist berechtigt, jede Nichterfüllung nachträglich zu heilen. Dabei ist im Wortlaut der Bestimmung[179] klargestellt, daß eine Nacherfüllung nur in Betracht kommen kann, wenn sie auf Kosten der nacherfüllenden Partei erfolgt.
Für eine Nacherfüllung ist es nach lit. (a) erforderlich, daß die nichterfüllende Partei ihre Nacherfüllungsbereitschaft und ihren Nacherfüllungswillen unverzüglich anzeigt und dabei auch die vorgesehene Weise und den zeitlichen Ablauf der Maßnahme mitteilt.[180] Die Nacherfüllungsmaßnahme muß dann auch gemäß lit. (b) den Umständen nach geeignet sein und entsprechend lit.

---

175 Article 7.1.4 UNIDROIT Principles: „(2) The right to cure is not precluded by notice of termination."

176 Article 7.1.4 UNIDROIT Principles: „(3) Upon effective notice of cure, rights of the aggrieved party that are inconsistent with the non-performing party's performance are suspended until the time for cure has expired."

177 Article 7.1.4 UNIDROIT Principles: „(4) The aggrieved party may withhold performance pending cure."

178 Article 7.1.4 UNIDROIT Principles: „(5) Notwithstanding cure, the aggrieved party retains the right to claim damages for delay as well as for any harm caused or not prevented by the cure."

179 Article 7.1.4 (1): „The non-performing party may, at its own expense, cure any non-performance, ..."

180 Article 7.1.4 (1): „... provided that (a) without undue delay, it gives notice indicating the proposed manner and timing of the cure."

(d) umgehend vorgenommen werden.[181] Insoweit finden sich keine erheblichen Abweichungen zu dem Regelungsgehalt von Art. 48 UNKR.

Eine Unterscheidung in Bezug auf das UNKR findet sich aber in lit. (c). Dort ist normiert, daß die benachteiligte Partei kein berechtigtes Interesse an der Zurückweisung der Nacherfüllung haben darf: „... provided that (c) the aggrieved party has no legitimate interest in refusing cure". Diese Voraussetzung ist für die in dieser Arbeit untersuchte Frage, ob ein Käufer nach UNKR stets zur Duldung einer berechtigten Nacherfüllung verpflichtet ist oder in welchen Fällen er eine berechtigte Nacherfüllung verweigern kann, bedeutsam. In Art. 48 UNKR findet sich kein ausdrücklicher Hinweis darauf, daß der entgegenstehende Wille des Käufers bei der Beurteilung des Nacherfüllungsrechts des Verkäufers heranzuziehen wäre. Jedoch wird auch in Art. 48 UNKR die Position des Käufers zu berücksichtigen sein, und zwar mangels eines eigenen Tatbestandmerkmals in der Auslegung des Merkmals der Verhältnismäßigkeit der Nacherfüllung. Eine gegenteilige Normierung ist im US-amerikanischen UCC zu finden. Dort ist dem Verkäufer eine Nacherfüllung nur möglich, wenn der Käufer die Ware zuvor zurückgewiesen hat. In Art. 7.1.4 UNIDROIT-Prinzipien wird also ein Mittelweg eingeschlagen. Es ist einerseits eine Regelung vorhanden, so daß klargestellt ist, daß es auch auf den Willen der belasteten Partei ankommen soll, und es ist andererseits aber nicht erforderlich, daß die belastete Partei den Vertragsgegenstand zuvor zurückweist. Die UNIDROIT-Prinzipien können daher eine Auslegungshilfe für diese Frage sein.

Aus Erläuterung Nr. 4 zu Art. 7.1.4 UNIDROIT-Prinzipien wird deutlich, in welchen Fällen ein berechtigtes Interesse der mit der fehlerhaften Leistung belasteten Partei an der Zurückweisung der Nacherfüllung angenommen werden kann.[182] Dabei wird zunächst klarstellend ausgeführt, daß der nichterfüllenden Partei regelmäßig dann ein Recht zur Nacherfüllung zustehen soll, wenn die Voraussetzungen nach lit. a und lit. b erfüllt sind, wenn also die Intention zur Nacherfüllung unverzüglich mitgeteilt und die Nacherfüllung den Umständen nach geeignet ist: „However, if notice of cure is properly given and if cure is appropriate in the circumstances, it is presumed that the non-performing party should be permitted to cure."

---

181 Article 7.1.4 (1): „... provided that (b) cure is appropriate in the circumstances; ... provided that (d) cure is effected promptly."

182 Erläuterung Nr. 4 zu Art. 7.1.4 UNIDROIT-Prinzipien:
„The aggrieved party's interest
The non-performing party may not cure if the aggrieved party can demonstrate a legitimate interest in refusing cure. However, if notice of cure is properly given and if cure is appropriate in the circumstances, it is presumed that the non-performing party should be permitted to cure. A legitimate interest may arise, for example, if it is likely that, when attempting cure, the non-performing party will cause damage to person or property. On the other hand, a legitimate interest is not present if, on the basis of the non-performance, the aggrieved party has simply decided that it does not wish to continue contractual relations."

Ein berechtigtes Interesse an einer Zurückweisung der Nacherfüllung wird aber trotzdem anzunehmen sein, wenn die Gefahr droht, daß es bei Gelegenheit der Durchführung der an sich geeigneten Maßnahmen zu Schäden an anderen Rechtsgütern kommen könnte: „A legitimate interest may arise, for example, if it is likely that, when attempting cure, the non-performing party will cause damage to person or property.“ Als ein Beispiel wird der Bau einer Straße auf einem Bestellergrundstück angeführt.[183] Die Straße wurde fehlerhaft errichtet. Zusätzlich wurde aber noch festgestellt, daß durch Fahrzeuge des Unternehmers Schäden an dem umstehenden Baumbestand des Bestellers verursacht worden sind. Selbst wenn in diesem Fall die alsbaldige Andienung einer Nachbesserung daher geeignet gewesen wäre, den Fehler in der Herstellung der Straße zu beseitigen, würde sich in dieser Situation aus dem Interesse des Bestellers, weiteren Schaden an seinem Waldbestand zu verhindern, ein berechtigtes Interesse ergeben, die Durchführung der Nacherfüllung abzuwehren.

An diesem Beispiel fällt auf, daß für die Bewertung, ob der Besteller zur Zurückweisung der Nacherfüllung berechtigt war, nicht auf den eigentlichen Fehler am Werk abgestellt wurde, also hier auf die mangelhaft hergestellte Straße. Vielmehr soll es auf das Verhalten der nichterfüllenden Partei im Umgang mit dem eingetretenen Fehler ankommen. Der Unternehmer hatte bereits bei Herstellung des Vertragsgegenstandes die notwendige Sorgsamkeit vermissen lassen und erschien unzuverlässig, so daß der Besteller den Eindruck hatte, der Hersteller sei zur Vertragserfüllung nicht geeignet. Ein solches Abstellen auf das Verhalten des Verkäufers im Umgang mit dem Fehler wird daher auch im Rahmen der Zumutbarkeitsbestimmung in Art. 48 UNKR als ein Bewertungskriterium zu beachten sein.

In Erläuterung Nr. 4 zu Art. 7.1.4 UNIDROIT-Prinzipien wird aber nicht nur aufgezeigt, in welchen Fällen ein berechtigtes Interesse für die Zurückweisung vorliegen kann, sondern ebenso gezeigt, in welchen Fällen ein berechtigtes Interesse gerade nicht anzunehmen sei. Danach soll ein berechtigtes Interesse der belasteten Partei gerade dann nicht vorliegen, wenn diese sich im Hinblick auf die fehlerhafte Erfüllung einfach dazu entschließt, an die vertraglichen Beziehungen nicht weiter gebunden zu sein: „On the other hand, a legitimate interest is not present if, on the basis of the non-performance, the aggrieved party has simply decided that it does not wish to continue contractual relations.“

---

183 „Illustration: A agrees to construct a road on B's property. When the road is complete, B discovers that the road grade is steeper than the contract permits. B also discovers that, during construction, A's trucks caused damage to B's timber. A gives notice of cure to regrade the road. Even if cure would otherwise be appropriate in the circumstances, B's desire to prevent further damage to the timber may provide a legitimate interest for refusing cure.“

Es sind zwei Fallgestaltungen denkbar, bei denen sich die eine Partei nicht mehr an den Vertrag gebunden fühlt. Einerseits sind das solche, in denen es nach dem Willen der benachteiligten Partei zu keinem weiteren Austausch der versprochenen Leistungen kommen soll, vielmehr eine Rückabwicklung der bereits erbrachten Leistungen zu erfolgen habe. Andererseits kann auch dann eine solche „Aufgabe des Vertrags" vorliegen, wenn die benachteiligte Partei der anderen die dieser zustehenden Rechtsbehelfe nicht zubilligen will und den Vertrag vielmehr mit dem erreichten Zustand für beendet erklärt, wenn also die benachteiligte Partei die von ihr notwendigerweise zu erbringenden Mitwirkungshandlungen für Nacherfüllungsmaßnahmen nicht mehr erbringen will.

Um einen solchen Fall geht es in dieser Arbeit, da die benachteiligte Partei nicht bereit war, Nacherfüllungsmaßnahmen auf ihrem Gelände zu dulden und als Zeichen der sofortigen Vertragsbeendigung unter Verzicht auf eine Rückabwicklung den vollen Kaufpreis bezahlt, obwohl sie eine fehlerhafte Ware erhalten hat. Wendet man zur Lösung dieses Falles Art. 7.1.4 UNIDROIT-Prinzipien an, läge die zweite der oben geschilderten Fallkonstellationen vor. Es würde sich aber kein berechtigtes Interesse der benachteiligten Partei ergeben. Ist nämlich die fehlerhaft erfüllende Partei grundsätzlich zur Vertragserfüllung geeignet, hat sie sich nach Entdeckung des Mangels auch sofort um eine mögliche und geeignete Maßnahme zur Beseitigung des Fehlers bemüht, und ist ihr auch sonst kein Verhaltensvorwurf zu machen, ist die benachteiligte Partei nicht berechtigt, allein auf Grund des Fehlers der Ware die Nacherfüllung zurückzuweisen.

b) Die Pflichten der durch den Fehler belasteten Partei

In den Erläuterungen zu Art. 7.1.4 UNIDROIT-Prinzipien werden neben den Rechten auch die Pflichten der Parteien angesprochen. Es ergibt sich aus Kommentar Nr. 10, daß die benachteiligte Partei verpflichtet ist, die Nacherfüllung durch die nichterfüllende Partei anzunehmen, sofern diese dazu berechtigt ist: „The decision to invoke this article rests on the non-performing party. Once the aggrieved party receives effective notice of cure, it must permit cure and, ...".[184] Die belastete Partei ist dann verpflichtet, mit der nacherfüllenden Parteien zusammenzuarbeiten, wenn das vernünftigerweise erwartet wer-

---

[184] Erläuterung Nr. 10 zu Art. 7.1.4 UNIDROIT-Prinzipien:
„The aggrieved party's obligations
The decision to invoke this article rests on the non-performing party. Once the aggrieved party receives effective notice of cure, it must permit cure and, as provided in Art. 5.3. cooperate with the non-performing party. For example, the aggrieved party must permit any inspection that is reasonably necessary for the non-performing party to effect cure. If the aggrieved party refuses to permit cure when required to do so, any notice of termination is ineffective. Moreover, the aggrieved party may not seek remedies for any non-performance that could have been cured."

den kann. Das ergibt sich auch aus Art. 5.3. UNIDROIT-Prinzipien[185], auf den ausdrücklich hingewiesen wird: „...it must permit cure and, as provided in Art. 5.3. cooperate with the non-performing party." Form dieser Kooperation kann es nach Erläuterung Nr. 10 zu Art. 7.1.4 UNIDROIT-Prinzipien beispielsweise sein, der nichterfüllenden Partei in notwendiger Weise Inspektionen der fehlerhaften Sache zu gestatten.[186] Dieses Beispiel soll nur klarstellen, daß auch die notwendigen begleitenden Maßnahmen von dem Nacherfüllungsrecht erfaßt sind. Selbstverständlich umfaßt die Verpflichtung, eine Nacherfüllung zu dulden, ebenso die Verpflichtung, auch die tatsächliche Mängelbeseitigung zu gestatten. Verletzt die benachteiligte Partei ihre Verpflichtung, verliert sie das Recht zur Vertragsaufhebung und kann auch keinen Ausgleich für den Mangel in der Erfüllung mehr verlangen: „If the aggrieved party refuses to permit cure when required to do so, any notice of termination is ineffective. Moreover, the aggrieved party may not seek remedies for any non-performance that could have been cured."

c) Die Reichweite der Nacherfüllung

Das Recht auf zweite Andienung wird der nichterfüllenden Partei auch im Rahmen der UNIDROIT-Prinzipien nicht schrankenlos gewährt. In der Erläuterung Nr. 3 zu Art. 7.1.4 UNIDROIT-Prinzipien[187] wird zu der Reichweite des Nacherfüllungsrechts Stellung genommen.

Grundsätzlich soll das Recht auf Nacherfüllung nicht deswegen ausgeschlossen sein, weil der Fehler eine wesentliche Vertragsverletzung darstellt: „As indicated in para. (2), cure is not precluded merely because the failure to perform amounts to a fundamental non-performance." Es sind nach Maßgabe der UNIDROIT-Prinzipien vielmehr auch geeignete Nacherfüllungsmaßnahmen zu

---

185 Art. 5.3. UNIDROIT-Prinzipien:
„*Co-operation between the parties*
Each party shall cooperate with the other party, when such co-operation may reasonably be expected for the performance of the party's obligations."

186 For example, the aggrieved party must permit any inspection that is reasonably necessary for the non-performing party to effect cure.

187 Kommentar Nr. 3 zu Art. 7.1.4 UNIDROIT-Prinzipien:
„*Appropriateness of cure*
Whether cure is appropriate in the circumstances depends on whether it is reasonable, given the nature of the contract, to permit the non-performing party to make another attempt at performance. As indicated in para. (2), cure is not precluded merely because the failure to perform amounts to a fundamental non-performance. The factors to be considered in determining the appropriateness of cure include whether the proposed cure promises to be successful in resolving the problem and whether the necessary or probable delay in effecting cure would be unreasonable or would itself constitute a fundamental non-performance. However, the right to cure is not defeated by the fact that the aggrieved party subsequently changes its position. If the non-performing party gives effective notice of cure, the aggrieved party's right to change position is suspended. Nonetheless, the situation may be different if the aggrieved party has changed position before receiving notice of cure."

berücksichtigen, sofern diese in einem vertretbaren Zeitrahmen durchgeführt werden können: „The factors to be considered in determining the appropriateness of cure include whether the proposed cure promises to be successful in resolving the problem and whether the necessary or probable delay in effecting cure would be unreasonable or would itself constitute a fundamental non-performance." Liegt danach eine wesentliche Nichterfüllung des Vertrages vor, ist die benachteiligte Partei nach Artikel 7.3.1. UNIDROIT-Prinzipien zur Vertragsaufhebung berechtigt.

Es ergibt sich also, daß die benachteiligte Partei eine Nacherfüllung regelmäßig zu dulden hat. Es ist erforderlich, daß die belastete Partei ein berechtigtes Interesse an einer Zurückweisung der Nacherfüllung benennen kann, und als Beispiel dafür kommt das Verhalten der fehlerhaft erfüllenden Partei in Betracht. Das Zurückweisen der Nacherfüllung ohne ein berechtigtes Interesse, also nur auf Grund der Fehlerhaftigkeit der gelieferten Ware, ist nicht vorgesehen. Das Nacherfüllungsrecht entfällt auch nicht schon dann, wenn der Fehler der Ware eine wesentliche Vertragsverletzung darstellt. Die Möglichkeit der Nacherfüllung ist zu berücksichtigen. Der nichterfüllenden Partei steht somit ein sehr weitgehendes Recht zur Nacherfüllung nach Ablauf des Lieferzeitraums zu.

4. Der Regelungsgehalt der Europäischen Prinzipien[188]

Neben den UNIDROIT-Prinzipien für internationale Handelsverträge stehen nach ihrer erstmaligen vollständigen Publikation im Jahre 2000 auch die Europäischen Prinzipien als Auslegungshilfe zur Verfügung. Bei den Europäischen Prinzipien handelt es sich um erste Vorschläge für Teile eines neuen europäischen Zivilgesetzbuches.[189] Sie sind von den Mitgliedern der „Commission on European Contract Law", einer privaten, von der Europäischen Gemeinschaft unterstützten Vereinigung von Rechtswissenschaftlern aus allen EG-Mitgliedstaaten vorgelegt worden.[190] Die „Kommission für europäisches Vertragsrecht", nach ihrem Vorsitzenden auch Lando-Kommission genannt, wurde im Jahre 1982 von *Ole Lando*, *Ulrich Drobnig* u.a. gegründet. Ihre Mitglieder sind unabhängige Juristen, niemand ist von einer Regierung zum Mitglied der Kommission ernannt worden, niemand hat Instruktionen von einer Regierung oder einem Gemeinschaftsorgan erbeten oder erhalten.[191]

---

188 Der englische Text der Europäischen Prinzipien und ihre Erläuterungen und Beispiele sind abgedruckt in: Lando/Beale [Editors], Principles of European Contract Law, 2000. Die deutsche Übersetzung der Prinzipien durch Drobnig/Zimmermann/Wicke ist abgedruckt in: ZEuP 2000, 675ff.

189 Beale, Festschrift Lando, S. 21.

190 Reinhart, in: Herausforderungen zum Jahrtausendbeginn, S. 299.

191 Lando, Festschrift Drobnig, S. 378.

Die Europäischen Prinzipien sollen eine Grundlage für ein europäisches und nicht für ein universelles internationales Vertragsrecht sein.[192] Bei ihrer Abfassung sind die Mitglieder der Kommission davon ausgegangen, die Grundregeln für verschiedene Arten europäischer Verträge zu erarbeiten, und im Vordergrund standen dabei im Gegensatz zu den UNIDROIT-Prinzipien nicht nur europäische Handelsverträge. Die Europäischen Prinzipien sollen nach dem Wortlaut von Art. 1:101 Abs. 1 als allgemeine Regel des Vertragsrechts in den europäischen Gemeinschaften angewandt werden: „These principles are intended to be applied as general rules of contract law in the European Union." Daraus läßt sich ableiten, daß sie Grundlage für Verträge sein können, in denen z.B. die Europäische Kommission als Vertragspartner auftritt, und darunter können auch Arbeitsverträge für die Mitarbeiter der europäischen Kommission fallen.[193]

Ähnlich wie die UNIDROIT-Prinzipien sind auch die Europäischen Prinzipien weiterhin anwendbar, wenn die Vertragsparteien die Geltung der Europäischen Prinzipien entweder ausdrücklich vereinbart (Art. 1:101 Abs. 2)[194] oder konkludent die „Allgemeinen Prinzipien" bzw. die „lex mercatoria" für anwendbar erklärt[195] haben (Art. 1:101 Abs. 3 (a))[196]. Schließlich können die Europäischen Prinzipien herangezogen werden, wenn entweder gar keine nationale Rechtsordnung vereinbart worden ist (Art. 1:101 Abs. 3 (b)) oder aber sich bei ihrer Anwendung Auslegungsschwierigkeiten ergeben (Art. 1:101 Abs. 4)[197]. Der Anwendungsbereich der Europäischen Prinzipien hat nach Art. 1:101 daher einen vergleichbaren Umfang wie derjenige der UNIDROIT-Prinzipien, der sich in jenem Regelungswerk jedoch aus der Präambel ergibt.

Die Bedeutung der Europäischen Prinzipien ist aber eine sehr viel weiterreichende. Sie stellen sowohl einen Rahmen als auch eine einheitliche Terminologie für den Aufbau eines europäischen Einheitsrechts und für die Interpretation der bereits bestehenden nationalen europäischen Rechtsordnungen zur Verfügung.[198] Daher sind Hinweise auf den Regelungsgehalt nationaler europäischer Rechtsordnungen als rechtsvergleichende Notizen[199] in diesem Regelungswerk angegeben. Auf dem Weg zu einem einheitlichen Europäischen Gesetzbuch für das Privatrecht stellen die Europäischen Prinzipien daher ei-

---

192 Lando, RabelsZ 56 (1992) 261, 264f.; Remien, ZVglRWiss 87 (1988) 116f.; Drobnig, Festschrift Steindorff, S. 1151f.; Scholl, S. 203.

193 Beale, Festschrift Lando, S. 27.

194 Article 1: 101: „(2) These Principles will apply when the parties have agreed to incorporate them into their contract or that their contract is to be governed by them."

195 Beispiele für derartige Rechtswahlklausel bei: Jünger, Unif.LawRev. 2000, 171, 184f.

196 Article 1: 101: „(3) These Principles may be applied when the parties: (a) have agreed that their contract is to be governed by „general principles of law", the „lex mercatoria" or the like; or (b) have not chosen any system or rules of law to govern their contract."

197 Article 1: 101: „(4) These Principles may provide a solution to the issue raised where the system or rules of law applicable do not do so."

198 Zimmermann, ZEuP 1995, 731, 732; Beale, Festschrift Lando, S. 27.

199 Remien, ZVglRWiss 87 (1988) 116, 120f.

nen ersten Schritt dar.[200] Allerdings ist es nach der Auffassung von *Zimmermann*[201] zunächst erforderlich, daß eine gemeineuropäische Privatrechtswissenschaft (wieder-) begründet wird und eine gemeineuropäische Rechtskultur (wieder-) entsteht.

Das Nacherfüllungsrecht gemäß den Grundregeln des Europäischen Vertragsrechts, das für beide Vertragsparteien Anwendung finden kann, enthält wenige Voraussetzungen. Ein Nacherfüllungsrecht kann nach Art. 8:104 Europäische Prinzipien nur entstehen, wenn die angebotene Leistung durch die andere Partei als nicht vertragsgerecht zurückgewiesen wird[202]:

„Heilung durch die nicht erfüllende Partei
Eine Partei, deren Angebot der Leistung durch die andere Partei als nicht vertragsgerecht zurückgewiesen wird, kann ein neues, vertragsgerechtes Angebot machen, wenn die Leistung noch nicht fällig oder die Verzögerung nicht derart ist, daß sie eine wesentliche Nichterfüllung darstellt."

Damit folgt die Regelung in den Europäischen Prinzipien mit dem Erfordernis zur Zurückweisung der Ware weniger dem UNKR oder den UNIDROIT-Prinzipien, als vielmehr beispielsweise dem US-amerikanischen UCC, in dessen Anwendungsbereichen die Zurückweisung der Lieferung ebenfalls Voraussetzung für ein Nacherfüllungsrecht ist.[203] Wird das Angebot zur Leistung von der belasteten Partei zurückgewiesen, steht der nichterfüllenden Partei ein Nacherfüllungsrecht zu. Sofern der vertragliche Erfüllungszeitraum noch nicht abgelaufen ist, kann sie so lange ein neues Angebot unterbreiten, bis dieser Zeitraum abgelaufen ist. Sollte der Nacherfüllungszeitraum aber bereits abgelaufen sein, ist die nicht erfüllende Partei bei einer Zurückweisung ihrer Leistung nur noch dann zu einer zweiten Andienung berechtigt, wenn die durch die Nacherfüllung eintretende zusätzliche Verzögerung für die belastete Partei keine wesentliche Vertragsverletzung darstellt. Die nichterfüllende Partei kann daher auch noch nach Ablauf der Leistungsfrist erfüllen, sofern das angesichts des Charakters des zugrundeliegenden Vertrags, eventuell ein arbeitsrechtlicher, miet- oder werkvertragsrechtlicher Vertrag, noch möglich ist, ohne daß ein Aufhebungsrecht für die belastete Partei entsteht.

Die in Art. 8:104 Europäische Prinzipien statuierte Notwendigkeit zur Zurückweisung des fehlerhaften Leistungsangebots führt jedoch dazu, daß sich ein direkter Vergleich mit dem Nacherfüllungsrecht nach UNKR, in dem es diese Voraussetzung gerade nicht gibt, nicht anbietet.

---

200 Tilmann, ZEuP 1993, 613ff.

201 Zimmermann, ZEuP 1995, 731, 732.

202 Article 8:104: „Cure by Non-Performing Party
A party whose tender of performance is not accepted by the other party because it does not conform to the contract may make a new and conforming tender where the time for performance has not yet arrived or the delay would not be such as to constitute a fundamental non-performance."

203 Vgl. oben: Kapitel 2, C I.

Es ist aber ein Umkehrschluß möglich. Im Anwendungsbereich der Europäischen Prinzipien kann die benachteiligte Partei eine von ihr ungewollte Nacherfüllung indirekt verweigern, indem sie die ihr angebotene, fehlerhafte Leistung annimmt und sie nicht zurückweist. In diesem Fall steht ihr dann nach Art. 9:401 Abs. 1 S. 1 Europäische Prinzipien das Recht auf Minderung des Preises zu[204]: „Eine Partei, die eine angebotene, nicht vertragsgemäße Leistung annimmt, kann den Preis mindern." Im Bereich des UNKR wäre nun der Verkäufer regelmäßig berechtigt, nachträglich zu erfüllen, um wieder Anspruch auf den gesamten Kaufpreis zu haben, denn in Art. 50 S. 2 UNKR ist normiert, daß eine Minderung unstatthaft ist, wenn ein Angebot zur Nacherfüllung vorliegt. In den Europäischen Prinzipien ist das nicht ausdrücklich geregelt. Da die belastete Partei die Ware angenommen hat, entsteht nach dem Wortlaut von Art. 8:104 kein Nacherfüllungsrecht. Aus dem Wortlaut[205] von Art. 9:401 ergibt sich kein Hinweis auf ein Nacherfüllungsrecht für den Fall, daß die belastete Partei die vertragliche Gegenleistung mindert[206], und auch in der erläuternden Kommentierung zu Art. 9:401 wird dieser Rechtsbehelf der nichterfüllenden Partei nicht besprochen.[207] Mit Annahme des fehlerhaften Leistungsangebots entfällt daher nach den Europäischen Prinzipien das Nacherfüllungsrecht der leistenden Partei.

Der Umkehrschluß ergibt sich dann aus dem folgenden: Einerseits fehlt im Bereich des Minderungsrechts eine Regelung, wonach die nichterfüllende Partei nachträglich erfüllen kann, um sich den Anspruch auf den Preis zu er-

---

204 „A party which accepts a tender of performance not conforming to the contract may reduce the price."

205 Article 9:401: „Right to Reduce Price
(1) A party which accepts a tender of performance not conforming to the contract may reduce the price. This reduction shall be proportionate to the decrease in the value of the performance at the time this was tendered compared to the value which a conforming tender would have had at that time.
(2) A party which is entitled to reduce the price under the preceding paragraph and which has already paid a sum exceeding the reduced price may recover the excess from the other party.
(3) A party which reduces the price cannot also recover damages for reduction in the value of the performance but remains entitled to damages for any further loss it has suffered so far as these are recoverable under Section 5 of this Chapter."

206 Artikel 9:401: „Recht auf Minderung des Preises
(1) Eine Partei, die eine angebotene, nicht vertragsgemäße Leistung annimmt, kann den Preis mindern. Diese Minderung bemißt sich nach dem Verhältnis, indem der verminderte Wert der Leistung zur Zeit des Leistungsangebots zu dem Wert steht, den eine vertragsgemäße Leistung zu diesem Zeitpunkt gehabt hätte.
(2) Eine Partei, die nach dem vorangehenden Absatz zur Minderung des Preises berechtigt ist und bereits einen den geminderten Preis übersteigenden Betrag gezahlt hat, kann diesen Überschuß von der anderen Partei verlangen.
(3) Mindert eine Partei den Preis, so kann sie nicht auch noch Schadensersatz für die Minderung des Wertes der Leistung verlangen; sie bleibt jedoch berechtigt, für alle weiteren Schäden Ersatz zu verlangen, soweit diese nach Abschnitt 5 dieses Kapitels ersatzfähig sind."

207 Lando/Beale, Principles, S. 430ff.

halten. Andererseits ist ein Nacherfüllungsrecht aber doch vorgesehen. Es steht der nichterfüllenden Partei aber nur zur Verfügung, wenn die belastete Partei die Leistung zurückweist. Daraus ist zu schließen, daß dem Nacherfüllungsrecht in den Europäischen Prinzipien nur eine untergeordnete Rolle zugewiesen ist. Die fehlerhafte Erfüllung unterliegt, sofern sie von der belasteten Partei angenommen wird, einer scharfen Sanktion: Die Minderung der Gegenleistung stellt die regelmäßige Rechtsfolge dar, die von der fehlerhaft erfüllenden Partei nicht durch ein Angebot zur Nacherfüllung vereitelt werden kann. Der belasteten Partei ist daher das Initiativrecht zugewiesen, über die weitere Abwicklung des Vertrags angesichts einer fehlerhaften Erfüllung zu bestimmen, indem sie das Angebot annimmt oder zurückweist. Bei Annahme des Angebots stehen der fehlerhaft erfüllenden Partei keine rechtlichen Möglichkeiten mehr zur Verfügung.

Im Gegensatz dazu ist die Regelung in Art. 48, 50 S. 2 UNKR zu sehen. Selbst wenn ein Verkäufer fehlerhaft erfüllt, kann ein Käufer mit seinem Minderungsbegehren nicht immer durchdringen. Er hat vielmehr zunächst eine Nacherfüllung zu dulden, um nicht doch zur Zahlung des gesamten Kaufpreises verpflichtet zu sein. Der Verkäufer hat es im UNKR daher in der Hand, die weitere Vertragsabwicklung zu gestalten. Der Käufer muß die Durchführung der Nacherfüllung dulden, um sich bei ihrem Fehlgehen das Recht zur Minderung zu erhalten. Es ist unerheblich, ob der Käufer die Herstellung der vertraglich ausbedungenen Qualität wünscht oder ob er sich evtl. mit der ihm gelieferten Sache einverstanden erklärt, für sie aber lediglich weniger bezahlen möchte. Aus diesem Vergleich beider Statuten ergibt sich also, daß es für das Nacherfüllungsrecht des Verkäufers im Anwendungsbereich des UNKR regelmäßig nicht auf die Zustimmung durch den Käufer ankommen kann.[208]

5. Zwischenergebnis

Für die Auslegung von Art. 48 UNKR folgt aus der Betrachtung dieser beiden Grundregelwerke, daß bei der rechtlichen Bewertung des jeweiligen Sachverhalts prinzipiell überwiegend auf die Verkäuferseite abzustellen ist. Die Betrachtung der UNIDROIT-Prinzipien hat gezeigt, daß die Berechtigung zur nachträglichen Erfüllung bereits ausschließlich davon abhängen kann, wie sich die nichterfüllende Partei während des vertraglichen Erfüllungszeitraums verhalten hat bzw. wie sie mit einem Mangel umgeht, nachdem dieser erkannt worden ist. Andererseits ist dem Wortlaut von Art. 7.1.4 Abs. 1 lit. c) UNIDROIT-Prinzipien zu entnehmen, daß es für die Abwägung der Zulässigkeit einer Maßnahme nicht auf das subjektive Interesse der benachteiligten Partei ankommt. Es ist vielmehr ein berechtigtes, also objektiv vertretbares Interesse an einem Unterbleiben der nachträglichen Erfüllung erforderlich.

---

[208] Vgl. dazu oben unter: Kapitel 1, D 1.

Eine entsprechende Regelungstendenz ergab die Betrachtung der Lando-Prinzipien. Aus einem Vergleich der prinzipiellen Regelung einer Nacherfüllung in den Lando-Prinzipien und in dem UNKR ergab sich, daß es für die Ausübung des Nacherfüllungsrechts durch den Verkäufer regelmäßig nicht auf die Zustimmung durch den Käufer ankommt.
Somit ist unter Anwendung der untersuchten Grundprinzipien davon auszugehen, daß der Verkäufer regelmäßig Anspruch darauf hat, einen Fehler beseitigen zu können. Diesem Anspruch kann sich der Käufer regelmäßig nicht widersetzen. Dafür wäre bei objektiver Wertung ein erhebliches Interesse erforderlich.

IV Das Recht zur Nacherfüllung im deutschen autonomen Schuldrecht

Ein Recht des Verkäufers zur nachträglichen Mängelbeseitigung ist de lege lata im BGB nicht enthalten. Die Einführung dieses Rechtsbehelfs wurde im Rahmen der Schuldrechtsreform vorgeschlagen[209] und ist nun in § 437 BGB-E des Entwurfs des Schuldrechtsmodernisierungsgesetzes enthalten.

Nach dem derzeitigen Stand des Gesetzgebungsverfahrens muß ein modernes Kaufrecht in Deutschland spätestens am 1. Januar 2002 mit einer rechtzeitigen Umsetzung der Richtlinie über den Verbrauchsgüterkauf[210] in Kraft treten. Seitens des Bundesministeriums der Justiz wurden dazu die bereits 1979 begonnenen Vorarbeiten für eine Reform des nationalen Schuldrechts aufgegriffen. Im Rahmen einer sogenannten „großen Lösung“ soll nun sowohl die erforderliche Umsetzung von verschiedenen Richtlinien als auch eine Modernisierung des Schuldrechts durch eine Gesetzesänderung durchgeführt werden.
Am Anfang dieser Entwicklung standen die Arbeiten der Kommission zur Überarbeitung des Schuldrechts.[211] Durch das Bundesjustizministerium der Justiz wurden zur Vorbereitung dieser Kommission Ende der 70er, Anfang der 80er Jahre eine Reihe von Gutachten zu verschiedenen Bereichen des Schuldrechts und zum Verjährungsrecht eingeholt. Nach insgesamt acht Jahren wurde dann ein Abschlußbericht der Kommission vorgelegt und 1992 veröffentlicht. Darin waren konkrete Vorschläge für eine Modernisierung des Schuldrechts enthalten. Sie wurden aber zunächst nicht weiter verfolgt, um die Ergebnisse der Arbeiten an der Europäischen Richtlinie über den Verbrauchsgüterkauf abzuwarten. Diese Richtlinie wurde im Juli 1999 und damit neun

---

209 Schubel, ZIP 1994, 1330, 1332, 1334ff.

210 Eine Umsetzung ist bis zum 31. Dezember 2001 erforderlich.

211 Weis, in: Ernst, Zimmermann [Hrsg.], Zivilrechtswissenschaft und Schuldrechtsreform, S. 25, 27.

Jahre nach Vorlage des Abschlußberichts der Kommission zur Überarbeitung des Schuldrechts im Amtsblatt verkündet.[212]
Darauf wurden die nationalen Bestrebungen zur Reform des Schuldrechts wieder aufgenommen und unter Übernahme der Kommissionsergebnisse von 1991 im Sommer 2000 ein Diskussionsentwurf vorgelegt. Darin waren zur Vermeidung einer Rechtszersplitterung einerseits sowohl isolierte Verbraucherschutzgesetze wie das Haustürwiderrufsgesetz und das Recht der Allgemeinen Geschäftsbedingungen als auch bislang ungeschriebenes Richterrecht über die Schlechterfüllung, den Wegfall der Geschäftsgrundlage oder die Verletzung von Sorgfaltspflichten bei der Vertragsanbahnung aufgenommen worden. Andererseits wurden die Richtlinie über den Verbrauchsgüterkauf, die Zahlungsverzugsrichtlinie[213] sowie die E-Commerce-Richtlinie[214] zu ihrer notwendigen Umsetzung aufgenommen. Die weitere Nutzung des Abschlußberichts von 1991 wird teilweise kritisiert, da der Abschlußbericht veraltet gewesen und zwischenzeitlich angehäufte Kritik nicht beachtet worden sei.[215] Im Auftrag des Bundesjustizministeriums war er zuvor von der „Kommission Leistungsstörungsrecht" gründlich überarbeitet worden.[216]
In dem jetzt vorliegenden Regierungsentwurf[217] zur Modernisierung des Schuldrechts sind die Vorschläge dieser Kommission nahezu unverändert übernommen worden.[218] Er ist am 9. Mai 2001 vom Kabinett verabschiedet worden, und die erste Lesung zur Verwirklichung der „großen Lösung" fand am 18. Mai 2001 im Deutschen Bundestag statt.

Der darin vorgesehene Rechtsbehelf des Verkäufers zur nachträglichen Mängelbeseitigung in § 437 BGB-E lautet:

§ 437 BGB-E: „Nacherfüllung
(1) Ist die Sache mangelhaft, so kann der Käufer als Nacherfüllung nach seiner Wahl die Beseitigung des Mangels oder die Lieferung einer mangelfreien Sache verlangen.
(2) Der Verkäufer hat die zum Zweck der Nacherfüllung erforderlichen Aufwendungen, insbesondere Transport-, Wege-, Arbeits- und Materialkosten zu tragen.
(3) Der Verkäufer kann die vom Käufer gewählte Nacherfüllung verweigern, wenn sie nur mit unverhältnismäßigen Aufwendungen möglich ist. Dabei sind insbesondere der Wert der Sache in mangelfreiem Zustand, die Bedeutung

---

212 Verbrauchsgüterkaufrichtlinie 1999/44/EG vom 25. Mai 1999, verkündet im Amtsblatt am 7. Juli 1999.
213 Richtlinie 2000/35/EG vom 29. Juni 2000
214 Richtlinie 2000/31/EG vom 8. Juni 2000
215 Knütel, Rolf: Irreführendes zur Schuldrechts-Modernisierung, F.A.Z. Nr. 146 vom 27. Juni 2001, S. 8.
216 Rolland, Walter u.a.: Die Modernisierung des Schuldrechts ist notwendig, F.A.Z. Nr. 137 vom 16. Juni 2001, S. 23.
217 Gesetzentwurf vom 14. Mai 2001, BT-Drucksache 14/6040.
218 Rolland, Walter u.a.: Die Modernisierung des Schuldrechts ist notwendig, F.A.Z. Nr. 137 vom 16. Juni 2001, S. 23.

des Mangels und die Frage zu berücksichtigen, ob auf die andere Form der Nacherfüllung ohne erhebliche Nachteile für den Käufer zurückgegriffen werden könnte.
(4) Liefert der Verkäufer zum Zweck der Nacherfüllung eine mangelfreie Sache, so kann er vom Käufer Rückgewähr der mangelhaften Sache nach Maßgabe der §§ 346 bis 348 verlangen."

Es handelt sich um einen Nachlieferungsanspruch, der ausdrücklich für den Käufer normiert ist. Dieser kann Nacherfüllung einer Sache verlangen, die nach § 437 Abs. 1 BGB-E in Form der Beseitigung des Mangels oder in der Lieferung einer mangelfreien Sache bestehen kann. Diese Vorschrift gilt sowohl für den Rechtsmangel als auch für den Sachmangel und trifft den Verkäufer unabhängig davon, ob er den Mangel zu vertreten hat oder nicht.[219] Nach § 437 Abs. 2 BGB-E hat der Verkäufer die zum Zweck der Nacherfüllung erforderlichen Aufwendungen, und zwar insbesondere die Transport-, Wege-, Arbeits- und Materialkosten zu tragen.

Es ergibt sich aus § 437 Abs. 3 BGB-E, daß dem Käufer das Wahlrecht zwischen den beiden in Absatz 1 der Norm statuierten Formen der Nacherfüllung zusteht.[220] Während die Schuldrechtskommission das Wahlrecht in Übereinstimmung mit dem Regelungsgehalt im UN-Kaufrecht noch dem Verkäufer zubilligte, weicht der Entwurf des Schuldrechtsmodernisierungsgesetzes insoweit davon ab. Maßgeblich hierfür war es, daß Art. 3 der Richtlinie über den Verbrauchsgüterkauf das Wahlrecht ausdrücklich dem Käufer als Verbraucher gibt. Da für den Verbrauchsgüterkauf also ohnehin von dem Kommissionsvorschlag hätte abgewichen werden müssen, wurde auf die Einheitlichkeit des Regelungsgehalts ein stärkeres Gewicht gelegt als auf die Beibehaltung des Kommissionsentwurfes. Es sollte der Beurteilung des Käufers überlassen bleiben, inwiefern er sich auf Nacherfüllungsversuche eines möglicherweise inzwischen als unzuverlässig erkannten Verkäufers noch einlassen möchte.[221]
Die im Bereich des UN-Kaufrecht vertretene gegenteilige Bewertung, die infolge der vermuteten Sachnähe des Verkäufers und der Mißbrauchsmöglichkeit durch den Käufer durch schikanöses Nacherfüllungsverlangen dazu führt, daß das Wahlrecht dem Verkäufer obliegt, wird durch eine Möglichkeit des Verkäufers zur Verweigerung der Nacherfüllung entsprochen. Der Verkäufer kann die vom Käufer gewählte Nacherfüllung verweigern, wenn ihre Durchführung nur mit unverhältnismäßigen Aufwendungen möglich ist. Wann solche unverhältnismäßigen Aufwendungen vorliegen können, ist beispielhaft normiert. Dabei sind insbesondere der Wert der Sache in mangelfreiem Zustand, die Bedeutung des Mangels und die Frage zu berücksichtigen, ob auf die andere Form der Nacherfüllung ohne erhebliche Nachteile für den Käufer zurückgegriffen werden kann. Ist der Verkäufer zur Verweigerung der Nacherfüllung

---

219 Diskussionsentwurf, S. 487.
220 Diskussionsentwurf, S. 488.
221 Diskussionsentwurf, S. 488.

berechtigt, kann der Käufer nur die sonstigen Ansprüche geltend machen, die ihm im Falle einer Pflichtverletzung zustehen.[222]
Sofern der Verkäufer eine mangelfreie Sache zum Zwecke der Nacherfüllung geliefert hat, kann er nach § 437 Abs. 4 BGB-E vom Käufer gemäß den Regelungen über den Rücktritt in §§ 346-348 BGB-E die Rückgabe der ursprünglich gelieferten mangelhaften Sache verlangen.

Ein Recht zur zweiten Andienung ergibt sich für den Verkäufer lediglich indirekt aus der vorgeschlagenen Gesetzessystematik. Die Ausübung von Gewährleistungsrechten durch den Käufer hängt davon ab, daß der Käufer zuvor dem Verkäufer eine angemessene Frist für die Nacherbringung einer fehlerfreien Leistung gesetzt hat und die Frist ohne Erfolg verstrichen ist.[223] Diese Art, das Nacherfüllungsrecht lediglich mittelbar und in Anlehnung an die weiteren Rechtsbehelfe des Käufers im Falle der Lieferung einer fehlerhaften Sache zu gewähren, wurde gewählt, um einen Einklang mit dem Nacherfüllungsrecht des Unternehmers im nationalen deutschen Werkvertragsrecht zu finden und um der dort getroffenen Regelung zu entsprechen.[224]

Das Rücktrittsrecht des Käufers ist in § 438 BGB-E geregelt.[225] Der Käufer kann nach Absatz 1 wegen eines Mangels der Kaufsache „nach Maßgabe des § 323" zurücktreten. In § 323 BGB-E ist bestimmt, daß der Käufer dem Verkäufer zunächst aber eine angemessene Nachfrist zur Mängelbeseitigung zu setzen hat. Nur wenn der Verkäufer in dieser Zeit den Mangel nicht beseitigen kann, ist der Käufer schließlich berechtigt, vom Vertrag zurückzutreten. Unterläßt es der Käufer, eine Nachfrist zu setzen, gilt nach § 323 Abs. 1 Satz 2 BGB-E bei bloßer Aufforderung zur Nacherfüllung durch den Käufer eine angemessene Frist als gesetzt. Die Neuregelung weicht damit von dem geltenden Recht ab, das dem Käufer die sofortige Wandelung gestattet. In dem Entwurf wird konsequenterweise auf eine eigenständige gesetzliche Regelung der Wandelung verzichtet.[226]

Dieses Erfordernis einer Nachfristsetzung gilt nach Maßgabe von § 439 Abs. 1 BGB-E[227] ebenso bei der Minderung des Kaufpreises sowie nach § 440 Abs.1

222 Diskussionsentwurf, S. 206, 488.
223 Diskussionsentwurf, S. 206.
224 Kommissionsbericht, S. 211; Diskussionsentwurf, S. 487.
225 § 438 BGB-E: „Rücktritt: (1) Der Käufer kann wegen eines Mangels der Sache nach Maßgabe des § 323 vom Vertrag zurücktreten. (2) Außer in den Fällen des § 323 Abs. 2 bedarf es der Aufforderung auch dann nicht, wenn die Nacherfüllung unverhältnismäßig, fehlgeschlagen oder für den Käufer unzumutbar, insbesondere unter Berücksichtigung von Art und Verwendungszweck der Sache mit erheblichen Unannehmlichkeiten verbunden ist. (3) Der Verkäufer hat dem Käufer die Vertragskosten zu ersetzen."
226 Diskussionsentwurf, S. 494.
227 § 439 Abs. 1 BGB-E: „Der Käufer kann wegen eines Mangels der Sache nach erfolglosem Ablauf einer von ihm zur Nacherfüllung bestimmten Frist den Kaufpreis durch Erklärung gegenüber dem Verkäufer mindern. § 323 Abs. 1 Satz 2, Abs. 2, 3 Nr. 4, Abs. 4 und § 438 Abs. 2 sind entsprechend anzuwenden."

Satz 1[228] i.V.m. § 282 Abs. 1 Satz 1[229] BGB-E bei Schadensersatzforderungen des Käufers.

Wesentliches Merkmal für ein Nacherfüllungsrecht des Verkäufers im nationalen deutschen BGB wird es nach dem Entwurf des Schuldrechtsmodernisierungsgesetzes daher sein, daß der Käufer zuvor Gewährleistungsrechte geltend machen muß. Gerade in diesem Punkt unterscheidet sich die Rechtslage nach dem UNKR und nach dem BGB-E ganz wesentlich, denn es wird als Ergebnis dieser Arbeit gezeigt werden, daß der Verkäufer im Anwendungsbereich des UNKR gerade nicht auf die vorzeitige Ausübung eines Gewährleistungsanspruchs durch den Käufer angewiesen ist. Vielmehr wird es sich ergeben, daß der Verkäufer auch aus eigener Motivation von dem Käufer die Zulassung der nachträglichen Mängelbeseitigung fordern kann.

Für den Bereich des UNKR kann man dieses Ergebnis bereits dem Wortlaut des Art. 48 Abs. 1 UNKR entnehmen, denn dort ist normiert, daß der Verkäufer einen Mangel in der Erfüllung bei Vorliegen der statuierten Voraussetzungen beheben kann. Ein vergleichbarer Ansatzpunkt für die Frage, ob im nationalen deutschen Recht einem Verkäufer auch ein solches umfangreiches Nacherfüllungsrecht gewährt werden wird, steht aber nicht zur Verfügung, da bis jetzt eine ausdrückliche Normierung fehlt.

Das Ergebnis dieser Arbeit wird aber auch unter Anwendung des Fehlerbegriffs im UNKR begründet werden. Dieser umfaßt, wie eingangs bereits dargestellt worden ist, jede Abweichung der Soll- von der Ist-Beschaffenheit der Ware. Sogar krasse Abweichungen stellen im UNKR eine fehlerhafte Lieferung auf den Vertrag dar und zwingen den Käufer, die Ware zu übernehmen und sich wegen des Leistungsdefizits anderer Rechtsbehelfe zu bedienen.
Im deutschen BGB gibt es ein solches weites Verständnis eines Fehlers weder nach der derzeitigen Rechtslage noch in Zukunft. Der Fehlerbegriff soll sich im Wege der Schuldrechtsreform zwar ändern, und es ist vorgeschlagen, die Begriffe des Fehlers und der Zusicherung aufzugeben. Ein Fehler wäre immer dann anzunehmen, wenn die Kaufsache nicht von Sachmängeln frei sein sollte und daher nicht die vereinbarte Beschaffenheit aufweisen würde. Dazu soll die im autonomen Schuldrecht bislang bekannte Unterscheidung zwischen der Lieferung einer anderen als der vertragsgemäßen Sache (aliud-Lieferung) und der einer schlechten Sache (peius-Lieferung) aufgegeben werden.[230] Ebenso wie im UNKR[231] soll die Lieferung einer anderen Sache zukünftig grundsätzlich einem Sachmangel gleichstehen mit der Konsequenz, daß der Käufer den Vertragsgegenstand als auf den Vertrag geliefert abnehmen und

---

228 § 440 Abs. 1 Satz 1 BGB-E: „Der Käufer kann wegen eines Mangels der Sache nach Maßgabe der §§ 280, 282 Schadensersatz verlangen."

229 § 282 Abs. 1 Satz 1 BGB-E: „Der Gläubiger kann statt der Leistung Schadensersatz nur verlangen, wenn er den Schuldner zuvor ohne Erfolg unter Setzung einer Frist zur Leistung aufgefordert hat."

230 Diskussionsentwurf, S. 475; Haas, NJW 1992, 2389, 2391.

231 Österreich: OGH, Beschluß vom 21. März 2000 - 10 Ob 344/99g, in: IHR 2001, 40f.

sich wegen des Leistungsdefizits seiner Rechtsbehelfe bedienen muß. Voraussetzung für die Gleichstellung von Falsch- und Zuweniglieferung mit Sachmängeln ist, daß der Verkäufer die Leistung als Erfüllung seiner Pflicht erbringt. Für den Käufer muß erkennbar dieser Zusammenhang zwischen Leistung und Verpflichtung bestehen, und es darf sich nicht um eine Teilleistung oder eine Leistung auf Grund einer anderen Verbindlichkeit handeln.

In Abweichung vom UNKR ist für das BGB in § 434 Abs.3 Halbs.2 BGB-E[232] aber vorgeschlagen worden, krasse Abweichungen der gelieferten von der geschuldeten Ware auch weiterhin als aliud zu behandeln, da sie „als Erfüllung offensichtlich nicht in Betracht kommen".[233] Der Käufer ist dann auch weiterhin nicht verpflichtet, die Ware abzunehmen.

Einerseits ist die grundsätzliche Aufgabe der Unterscheidung zwischen einer Schlecht- und Falschlieferung zu begrüßen, führt dies doch zu einer vereinfachten Handhabung der Normen. Es ist jedoch unverständlich, warum nicht der Vorlage aus dem UNKR gefolgt wurde, und auch die Einbeziehung eines krassen aliuds in den Fehlerbegriff angestrebt wird. Wenn in Zukunft krasse aliud-Lieferungen von einer Schlechtlieferung weiter abzugrenzen sein werden, bewirkt das lediglich ein Verschieben der Grenze. Ob die gelieferte Ware in einem krassen Umfang abweicht oder lediglich schlechter als vereinbart ist, kann ohne eine verläßliche Definition nicht im erforderlichen Umfang sicher vorhersehbar abgegrenzt werden, so daß ein Abgrenzungsproblem auch weiterhin bestehen wird. Daß es eine solche Abgrenzung, die auch immer von der Interessenslage der beteiligten Personen abhängen wird, wohl niemals geben wird, äußerte bereits Almén: „Es dürfte jedoch vergeblich sein, sei es für Gut im allgemeinen oder für besondere Warengattungen, eine klare und bestimmte Grenzlinie zwischen den Qualitätsabweichungen ziehen zu wollen, die als Fehler des Guten anzusehen sind, und denjenigen, die es zu Gut von ganz anderer Art machen."[234] Es hat „noch niemand vermocht, die Fälle des 'Andersseins' der Kaufsache von denen der bloßen Fehlerhaftigkeit als ein Zurückbleiben hinter der normalen Beschaffenheit derjenigen Kategorien, der die Kaufsache an sich angehört, in klarer Weise zu scheiden".[235]

Ein Verschieben der problematischen Unterscheidung in Richtung der Fälle, die offensichtlich zu einer Erfüllungswirkung nicht geeignet sind, führt somit nicht zu der erhofften[236] Vereinfachung des nationalen Kaufrechts, und die Unterscheidung zwischen Falsch- und Schlechtlieferung wird auch zukünftig

232 § 434 Abs. 3 BGB-E: Einem Sachmangel steht es gleich, wenn der Verkäufer eine andere Sache oder eine zu geringe Menge liefert, es sei denn, daß sie als Erfüllung offensichtlich nicht in Betracht kommt.

233 Diskussionsentwurf, S. 476; Haas, NJW 1992, 2389, 2391; Diederichsen, AcP 1982 (182) 101, 117ff; Flume, AcP 1993 (193), 89, 95.

234 Zitiert nach: Flume, Eigenschaftsirrtum, S. 115.

235 Almén, Skandinavisches Kaufrecht, S. 6.

236 Vgl. dazu das Vorwort des Justizministers zum Kommissionsbericht, wonach das geltende Zivilrecht praktikabler gestalten werden soll; Kommissionsbericht, Vorwort.

als willkürlich erscheinen. Die im UNKR enthaltene völlige Gleichstellung der Schlecht- mit der Falschlieferung als Fehler der Ware wäre somit vorzugswürdig. Da aber der Fehlerbegriff im deutschen BGB nicht mit dem im UNKR übereinstimmt bzw. übereinstimmen wird, kann folglich auf dieser Grundlage kein umfangreiches Nacherfüllungsrecht des Verkäufers im Bereich des nationalen deutschen BGB begründet werden.

Im Ergebnis ergibt sich daher weder über den Wortlaut der Vorschrift noch, wie es später im Rahmen des UNKR der Fall sein wird, über den Fehlerbegriff die Möglichkeit, einen Ansatz für ein Recht des Verkäufers zur nachträglichen Mängelbeseitigung zu finden, das nicht von der Ausübung von Gewährleistungsrechten durch den Käufer abhängig wäre. Es ist daher abschließend zu prüfen, ob eventuell durch die Anwendung allgemeiner Grundsätze des Rechtsinstituts der Nacherfüllung ein solches Recht des Verkäufers begründet werden kann. Denn während der Kommissionsvorschlag im Bereich des Fehlerbegriffs hinter dem UNKR zurückbleibt, sollen wesentliche Prinzipien, wie sie im UNKR statuiert sind, ohne eine ausdrückliche Normierung im deutschen BGB gelten. So soll es sich, wie klarstellend im Kommissionsentwurf betont ist[237], aus allgemeinen Grundsätzen ergeben, daß ein Käufer die Annahme der nachträglichen Mängelbeseitigung verweigern könne, wenn sie ihm nicht zuzumuten ist.
Im Diskussionsentwurf findet sich im Abschnitt über das Nacherfüllungsrecht keine ausdrückliche Stellungnahme mehr. Es ist allgemein aber ausgeführt[238], daß das Leistungsstörungsrecht des UN-Kaufrechts überwiegend zu den gleichen Ergebnissen führt, wie sie nach geltendem deutschen Recht erzielt werden. Der entscheidende Unterschied besteht darin, daß im UN-Kaufrecht die Grundprinzipien, von denen das Leistungsstörungsrecht geleitet ist, in klaren, verständlichen, widerspruchsfreien und rechtspolitisch einleuchtenden Regeln niedergelegt wurden. Das Konzept des UN-Kaufrechtes sollte deshalb bei der Reform des Leistungsstörungsrechts Beachtung finden und kann in vielen Regelungsbereichen als Vorbild dienen.
Insoweit ist davon auszugehen, daß der Käufer verpflichtet ist, eine ihm angebotene fehlerfreie Ersatzlieferung anzunehmen.[239] Sie ist ihm regelmäßig zumutbar, da er die vertraglich versprochene Ware erhält.

Bezüglich des hier zu untersuchenden, sehr weiten Umfangs eines Nacherfüllungsrechts kann jedoch nicht von einem allgemeinen Prinzip dieses Rechtsinstituts gesprochen werden, das, selbst wenn es sich für den Bereich des UNKR ergibt, dann auch im deutschen BGB Anwendung fände. Es läßt sich weder dem Wortlaut von entsprechenden Normierungen in anderen nationalen Rechtsordnungen entnehmen, noch wurde bislang über diesen weiten Inhalt eines Nacherfüllungsrechts umfangreich diskutiert. Vielmehr ist diese Fragestellung erstmals im Bereich des UNKR zu erörtern und wohl eher auf die Ei-

---

237 Kommissionsbericht, S. 212.
238 Diskussionsentwurf, S. 183.
239 Basedow, Gutachten, S. 65; Schubel, ZIP 1994, 1330, 1332.

genarten und Besonderheiten dieser Rechtsordnung zurückzuführen, als daß sich von einem allgemeinen Grundsatz sprechen ließe. Da der Verkäufer die Mängelbeseitigung nur dann verlangen kann, wenn der Käufer Gewährleistungsrechte geltend macht, stellt das im Gesetz zur Modernisierung des Schuldrechts vorgeschlagene Nacherfüllungsrecht für den Verkäufer lediglich eine Abwendungsbefugnis und keinen eigenen Rechtsbehelf dar.[240] Es ist in seiner Funktionsweise daher mit dem „right to cure" nach sec. 2-508 UCC vergleichbar. Wie dargestellt, führt nach überwiegend vertretener Ansicht im UCC die Billigung der fehlerhaften Ware dazu, daß keinerlei Nacherfüllungsmaßnahmen unternommen werden dürfen. Vergleichbares wird auch im deutschen BGB gelten, so daß die Billigung der Ware einen Ausschluss von Nacherfüllungsmaßnahmen zur Folge hat.

Ein eigenes und umfangreiches Recht des Verkäufers zur Nacherfüllung, wie es hier für den Anwendungsbereich des UNKR vertreten wird, kann es ohne eine ausdrückliche Normierung dieses Rechtsinstituts[241] bei Übernahme des bestehenden Entwurfs nicht geben, da die vorgeschlagenen Regeln ausschließlich an der Ausübung eines Gewährleistungsrechts durch den Käufer ansetzen. Der Verkäufer wird daher im Bereich des autonomen deutschen Rechts nach Übergabe der Ware nicht noch einmal auf die Kaufsache zugreifen können, wenn der Käufer sie billigt und den vertraglichen Kaufpreis bezahlt.

V Ergebnis der rechtsvergleichenden Auslegung

Nach dieser rechtsvergleichenden Betrachtung ergibt es sich, daß dem Verkäufer ein durchsetzungsfähiges Nacherfüllungsrecht zur Verfügung steht, sobald es nach den jeweiligen nationalen Voraussetzungen entstanden ist. Dem Käufer obliegt die Rechtspflicht, die Mängelbeseitigung durch Reparatur bzw. Ersatzlieferung zu dulden, um weitere Rechtsbehelfe des Verkäufers zu vermeiden.[242]

---

240 Diskussionsentwurf, S. 191, Schubel, ZIP 1994, 1330, 1339.

241 Für eine solche eigenständige Normierung spricht sich Schubel aus. Der Kommissionsentwurf sei sehr viel mehr vom Recht des Verkäufers zur zweiten Andienung geprägt als vom Anspruch des Käufers auf Nacherfüllung. Nach seiner Auffassung müsse diesem Umstand durch eine eigene Normierung des Nacherfüllungsrechts des Verkäufers Rechnung getragen werden; Schubel, ZIP 1994, 1330, 1339.

242 Dieses Ergebnis entspricht auch der derzeitigen Rechtslage im nationalen schwedischen Kaufrecht. Der Käufer ist danach verpflichtet, eine Ersatzlieferung oder Nachbesserung zu ermöglichen. Das gilt auch dann, wenn der Käufer eine nachträgliche Mängelbeseitigung gar nicht oder statt ihrer Wandelung oder Schadensersatz verlangt hat. Voraussetzung ist jedoch, daß dem Käufer keine wesentlichen Nachteile entstehen: vgl. dazu: Woschnagg, RIW 1992, 117, 120, Almén, Skandinavisches Kaufrecht, § 49; Zum österreichischen Recht: Petrikic, S. 102ff.

D Teleologische Auslegung

Zur teleologischen Auslegung der Norm sind die hinter dem Rechtssatz stehenden Vorstellungen der Mitglieder der Kommissionen zu bewerten, wie sie anhand der Dokumentation der Konferenzen erkennbar sind.[243] Das Nacherfüllungsrecht ist in den vorbereitenden Verhandlungen sehr umfangreich diskutiert worden. Insbesondere gab die Frage, ob dem Nacherfüllungsrecht oder dem Recht zur Minderung der Vorrang einzuräumen sei, Anlaß zu intensiver Beratung.[244] Anders als im Bereich des EKG wurde dieses Verhältnis aber nicht offengelassen, sondern der Vorrang des Nacherfüllungsrechts im UNKR später festgeschrieben[245] und gleichzeitig dadurch untermauert, daß der Fall einer Duldungsverweigerung mit dem Verlust des Minderungsrechts seitens des Käufers sanktioniert ist (Art. 50 S. 2 UNKR).

Der Vorrang des Nacherfüllungsrechts vor einem Recht des Käufers auf Minderung war im früheren Art. 46 EKG nicht normiert, und folglich war das Verhältnis umstritten:
Teilweise[246] wurde für das Haager Kaufrecht die Auffassung vertreten, daß sich die Einschränkung des Minderungsrechts bereits aus dem Wortlaut[247] des Art. 46 EKG ergeben würde, da eine Minderung nur erklärt werden könne, wenn der Käufer weder Erfüllung erlangt, noch den Vertrag aufgehoben habe.[248] Darüber hinaus sei der Sinn und Zweck des Mängelbeseitigungsrechts, dem Verkäufer die Erfüllung des Vertrages zu ermöglichen, nur zu erreichen, wenn eine Minderung nicht ohne weiteres zulässig wäre.
Dem widersprachen Vertreter der gegenteiligen Auffassung.[249] Aus dem Wortlaut lasse sich ebenso ablesen, daß ein „Käufer mindern kann, s o l a n g e er Erfüllung nicht erlangt hat“[250]. Ein insoweit vorrangiges Ziel des EKG, dem Verkäufer die Erfüllung des Vertrags zu ermöglichen, sei danach nicht als übergreifendes Postulat anzuerkennen, sondern nur im Rahmen seiner Verwirklichung durch einzelne Bestimmungen. Ein Käufer sei daher nicht verpflichtet, Erfüllungsversuche des Verkäufers zu dulden.[251]

Auf der zehnten Sitzung wurde im Ausschuß, wie sogleich darzustellen ist, über den Vorrang des Nacherfüllungsrechts debattiert. Dabei wurde anfänglich

---

243 Palandt/Heinrichs[60], Einleitung Rn. 37: Dabei kommt es methodisch zu einer Vermengung der historischen mit der teleologischen Auslegung.
244 Dazu sogleich unten.
245 Vgl. auch: Schlechtriem/Huber[3], Art. 50 Rn. 6
246 Dölle/Stumpf, Art. 46 EKG Rn. 2 (m.w.N.)
247 Art. 46 EKG lautet: „Der Käufer, der weder die Erfüllung des Vertrages erlangt noch die Aufhebung des Vertrages erklärt hat, kann den Preis in dem Verhältnis herabsetzen, in dem sich der Wert, den die Sache im Zeitpunkt des Vertragsabschlusses gehabt hat, durch die Vertragswidrigkeit vermindert hat.“
248 Dölle/Stumpf, Art. 46 EKG Rn. 2 (m.w.N.)
249 Mertens/Rehbinder, Art. 46 EKG Anm. 3; Soergel/Lüderitz, Art. 46 EKG Rn. 3.
250 Soergel/Lüderitz, Art. 46 EKG Rn. 3.
251 Mertens/Rehbinder, Art. 46 EKG Anm. 3.

die Auffassung vertreten, daß ein Nacherfüllungsangebot das Recht zur Minderung nicht beeinflussen könne, da der Verkäufer vertragsbrüchig sei und daher jede nachträgliche Vertragserfüllung ein Privileg sei, das von der Zustimmung abhängen müßte.[252] Allerdings einigte man sich später auf das Prinzip, daß eine nachträgliche Erfüllung nur dann einer Herabsetzung des Preises vorgehen dürfe, wenn der Verkäufer für die Nacherfüllung alle Kosten übernehmen würde.[253] Eben diese Kostenübernahmepflicht des Verkäufers führe nach Meinung der Delegierten jedoch dazu, daß vom Käufer die Duldung einer berechtigten Nacherfüllung erwartet werden könne:
„It was stated ... that the buyer would not bear any expenses caused by the exercise of the seller's right to cure and since the buyer would not even suffer any 'unreasonable inconvenience' it was reasonable to *compel* the buyer *to accept* the cure rather than declare the contract avoided."[254] Es war daher die Vorstellung der Mitglieder der Working Group auf der Sitzung von 1977, daß ein Käufer verpflichtet sei, eine berechtigte nachträgliche Erfüllung des Vertrags auch tatsächlich zu dulden.

Die UNCITRAL-Arbeitsgruppe, die den Genfer Entwurf verfaßte, entschied sich jedoch dafür, die Nachfristenregelung aus Art. 44 Abs. 2 EKG nicht für das UNKR zu übernehmen.[255] Diese Frage wurde auf der Diplomatischen Konferenz in Wien daher ausführlich behandelt und war stark umstritten.[256] Der von Bulgarien und der Bundesrepublik Deutschland eingebrachte Vorschlag[257], den Vorrang des Nacherfüllungsrechts klarstellend zu normieren, wurde zwar zunächst abgelehnt[258], dieses Votum hatte jedoch nur Indizwirkung und besaß keinen bindenden Charakter[259], so daß es zunächst auch nicht zu einer Verän-

---

252 Yearbook VIII (1977) S. 45 Nr. 276: „There was considerable opposition in the Committee to the idea that the buyer's right to declare the contract avoided could be affected by an offer to cure the defect. The seller was in breach and any possibility to cure was a privilege which depended upon the consent of the buyer who had the right to declare the contract avoided."

253 Yearbook VIII (1977) S. 45 Nr. 277: „There was substantial support for the position that the buyer's right to declare a reduction in the price was subject to the seller's right to cure provided that the seller bore all expenses of such cure. The Committee accordingly decided to accept this principle and requested the Drafting Group to formulate appropriate language."

254 Yearbook VIII (1977) S. 45 Nr. 279: „Es wurde ... dargelegt, daß der Käufer die Kosten der Ausübung des Nacherfüllungsrechts durch den Verkäufer nicht zu tragen hätte, und da der Käufer jedenfalls keine unzumutbare Unannehmlichkeiten dulden müsse, sei es vernünftig, den Käufer zu zwingen, Nacherfüllungsmaßnamen anzunehmen statt den Vertrag aufheben zu können." (Übersetzung und Unterstreichung durch den Verfasser).

255 Yearbook VII (1976) S. 115; Yearbook IV (1973) S. 114.

256 Sekretariatskommentar, S. 341ff, Art. 44 Nr. 37-77; S. 351ff, Art. 44 Nr. 5-30.

257 Sekretariatskommentar, S. 341, Art. 44 Nr. 37f.

258 Sekretariatskommentar, S. 341, Art. 44 Nr. 66: 14 gegen 18.

259 Sekretariatskommentar, S. 341, Art. 44 Nr. 65: „... the Committee should take an indicative vote on the principle behind the proposal ... on the understanding, that the vote would not affect the proposals themselves."

derung von Art. 44 E UNKR kam.[260] Die eingesetzte Arbeitsgruppe[261] unterbreitete später einen Änderungsantrag zu Art. 44 E UNKR[262] mit zwei Alternativen, der wie folgt erläutert wurde:
„The amendment was intended to guarantee the right of the seller to remedy a failure to perform while at the same time safeguarding the lawful interests of the buyer, who must be assured that the contract would be executed. That was the basic difference between it and the former text....“[263]

Grundgedanke beider vorgeschlagenen Alternativen war es mithin, unter Beachtung der berechtigten Interessen des Käufers die Durchführung des Kaufvertrages zu gewährleisten. Daraus ist zu folgern, daß man dem Verkäufer ein effektives Nacherfüllungsrecht zur Verfügung stellen wollte, das regelmäßig einer Minderung oder einer Vertragsaufhebung vorgeht. Die zweite Alternative, deren erster Paragraph angenommen wurde[264], enthielt den Vorbehalt des Art. 49 UNKR und wurde zur Grundlage für die heutige Fassung von Art. 48 UNKR. Das Nacherfüllungsrecht nach Art. 48 UNKR basiert daher auf der grundsätzlichen Vorstellung der Delegierten der 22. Sitzung der Wiener Konferenz[265], dem Verkäufer das Recht zur Erfüllung des Vertrags zu garantieren. Unter Wahrung seiner Interessen ist daher ein Käufer verpflichtet, eine berechtigte nachträgliche Mängelbeseitigung zu dulden.

Auch die teleologische Auslegung der Norm führt somit zu der Annahme einer Rechtspflicht des Käufers zur Duldung.[266]

---

260 Sekretariatskommentar, S. 341, Art. 44 Nr. 68: „The Chairman explained that article 44 remained unchanged, that the proposals had not been rejected as such and that a new proposal couched in the same or different terms could be submitted. Delegations were quite free to set up a working group on the question if they wished.“

261 Sekretariatskommentar, S. 351, Art. 44 Nr. 5: Dieser Arbeitsgruppe gehörten Vertreter folgender Nationen an: Bulgarien, Kanada, DDR, Bundesrepublik Deutschland, Niederlande Norwegen, USA.

262 A/CONF.97/C.1/L.213.

263 Sekretariatskommentar, S. 351, Art. 44 Nr. 6.: „Der Änderungsantrag beabsichtige, dem Verkäufer das Recht zu gewährleisten, einen Mangel in der Erfüllung zu beheben, und gleichzeitig die berechtigten Interessen des Käufers zu sichern, dem zu versichern sei, daß der Vertrag durchgeführt werden würde. Dies sei der grundlegende Unterschied zwischen diesem und dem früheren Text ...“ (Übersetzung des Verfassers)

264 Sekretariatskommentar, S. 351, Art. 44 Nr. 9, 20f; abgelehnt wurde diejenige Alternative, die einen Vorbehalt zugunsten einer wesentlichen Vertragsverletzung enthielt: Sekretariatskommentar, S. 351, Art. 44 Nr. 8f, 18f, 22f.

265 Die 22. Sitzung der Diplomatischen Konferenz von 1980 fand am 25. März 1980 statt. Der Vorläufer des Art. 48 wurde schon 1977 von der Working Group als Art. 29 beschlossen: Yearbook VIII (1977) S. 44 Nr. 269.

266 Ebenso: Schnyder/Straub/Honsell, Art. 48 Rn. 28, Reinhart, Art. 48 Rn. 6; wohl auch: Rudolph, Art. 48 Rn. 8; Magnus RabelsZ 59 (1995), 469, 484; Gutknecht, S. 86, 324. Dazu: AG Cloppenburg (1993), http://cisgw3.law.pace.edu/cases/930414g1.html.

E Auslegung des UNKR

Nach dieser Untersuchung ergibt es sich insgesamt, daß der Käufer verpflichtet ist, dem Verkäufer die Vertragserfüllung solange auch noch nachträglich zu ermöglichen, bis ihm ein eigenes Recht zur Vertragsaufhebung zusteht. Diese Verpflichtung des Käufers ist zwar nicht ausdrücklich normiert, sie folgt jedoch als sonstige Pflicht des Käufers, auf deren Erfüllung der Verkäufer gemäß Art. 62 UNKR Anspruch hat, aus der Norm des Art. 48 UNKR. Den Käufer trifft gemäß Art. 48 UNKR daher die durchsetzungsfähige Rechtspflicht, eine berechtigte nachträgliche Mängelbeseitigung durch den Verkäufer zu dulden. Dieser grundsätzliche Zusammenhang zwischen der Ausübung eines bestehenden Nacherfüllungsrechts und der Duldungsverpflichtung des Käufers stellt, da er in allen hier betrachteten Rechtsordnungen enthalten ist, ein grundlegendes Prinzip des Rechtsinstituts der Nacherfüllung dar.

Nach den untersuchten nationalen Rechtsordnungen sowie den Prinzipien scheidet ein Nacherfüllungsrecht regelmäßig dann aus, wenn der Käufer die Ware billigt und den vereinbarten Kaufpreis bezahlt. Es sind jedoch Unterscheidungen in Bezug auf das UN-Kaufrecht aufgezeigt worden, die den Schluß rechtfertigen, daß dieses Ergebnis nicht auch auf den Anwendungsbereich des UN-Kaufrechts übertragbar ist. Die Eigenarten und Besonderheiten des UN-Kaufrechts könnten zu einem abweichenden Ergebnis führen.

Kapitel 3

Rechtsbehelfe des Verkäufers bei unberechtigter Duldungsverweigerung durch den Käufer

Da nach den obigen Ergebnissen eine Rechtspflicht des Käufers zur Duldung einer berechtigten nachträglichen Mängelbeseitigung nach Art. 48 Abs. 1 UNKR anzunehmen ist, muß nun untersucht werden, welche Rechtsbehelfe dem Verkäufer für den Fall zur Verfügung stehen, daß der Käufer pflichtwidrig die Duldung der Fehlerbeseitigung verweigert.

Dafür kommen die in Art. 61 UNKR vorgesehenen Rechtsbehelfe in Betracht, sofern nicht in der Regelung des Minderungsverbots nach Art. 50 S. 2 UNKR eine abschließende Sonderregelung zu sehen ist. Auf einen solchen ausschließlichen Charakter dieser Norm könnte man schließen, da das Minderungsverbot regelmäßig bereits einen interessengerechten Ausgleich zwischen den Parteien ermöglicht, indem ein Zahlungsanspruch des Verkäufers in Höhe des vertraglichen Kaufpreises begründet wird. Nach vollständiger Zahlung des Kaufpreises ist das Interesse des Verkäufers an einer tatsächlichen Durchführung der Nacherfüllung in der Regel aber befriedigt, so daß weitere Ansprüche des Verkäufers beispielsweise auf Zahlung von Schadensersatz mangels eines ersatzfähigen Schadens nicht in Betracht kommen. Es folgt jedoch aus der Entstehungsgeschichte von Art. 50 S. 2 UNKR, daß diese Vorschrift nur deshalb in die Konvention aufgenommen wurde, um den Vorrang des Nacherfüllungsrechts vor dem Recht auf Minderung festzuschreiben.[1] Eine abschließende Sonderregelung sollte nicht eingeführt werden.

Weiterführende Ansprüche des Verkäufers sind allein auf Grund der Existenz des Minderungsverbots daher nicht ausgeschlossen, und insofern könnten sich auch noch nach Zahlung des vertraglichen Kaufpreises ein Anspruch des Verkäufers z.B. auf Duldung der Fehlerbeseitigung ergeben. Im Falle einer ungerechtfertigten Duldungsverweigerung kommen daher aus dem Rechtsbehelfskatalog des Art. 61 Abs. 1 UNKR insbesondere[2] ein Anspruch des Verkäufers auf Erfüllung, auf Aufhebung des Vertrags und auf Zahlung von Schadensersatz in Betracht.

---

1 Yearbook IV (1973), S. 92 zum Genfer Entwurf von 1976; Yearbook VIII (1977), S. 44f Nr. 272, S. 154f., Schlechtriem/Huber[3], Art. 50 Rn. 6.

2 Der Anspruch des Verkäufers, vom Käufer Spezifikation nach Art. 65 UNKR zu verlangen, hat im Bereich des Nacherfüllungsrechts keine Bedeutung. Unbeachtet bleibt ebenso die Möglichkeit der Nachfristsetzung nach Art. 63 UNKR. Ein Recht zur Vertragsaufhebung ergibt sich daraus nicht.

A Der Erfüllungsanspruch nach Art. 62 UNKR

Nach Art. 62 UNKR hat der Verkäufer gegen den Käufer Anspruch auf Erfüllung aller seiner Pflichten, und zwar insbesondere auf Erfüllung der beiden normierten, vertragscharakteristischen Pflichten, nämlich der Kaufpreiszahlung[3] und der Warenabnahme. Der Verkäufer hat aber auch das Recht, vom Käufer die Erfüllung aller seiner sonstigen Pflichten zu verlangen[4], und da die Duldung der Fehlerbeseitigung eine sich aus Art. 48 Abs. 1 UNKR ergebende Pflicht des Käufers darstellt, wird diese dann auch von dem Erfüllungsanspruch nach Art. 62 UNKR erfaßt.

Der Erfüllungsanspruch steht jedoch unter dem Vorbehalt der prozessualen Vorschrift[5] des Art. 28 UNKR, mit der den Besonderheiten des Erfüllungsanspruchs im Bereich des Common Law Rechnung getragen werden soll.[6] Während in Ländern des kontinentaleuropäischen Rechtskreises die gerichtliche Durchsetzung des Erfüllungsanspruchs die Regelsanktion darstellt[7], wird der Anspruch auf Durchführung des Vertrags in der ausbedungenen Form, also der Antrag auf Anordnung der Lieferung der Ware in Natur (specific performance) von Gerichten im Bereich des Common Law nur ausnahmsweise zuerkannt.[8] Dort stellt der Anspruch auf Schadensersatz wegen Nichterfüllung den regelmäßigen Rechtsbehelf dar. Für eine Stattgabe dieses Antrags ist es erforderlich, daß die Verpflichtung des Verkäufers in der Lieferung von „specific“ oder „ascertained goods“ besteht, also auf Lieferung von Speziessachen einschließlich eines ganzen Vorrats. Ist eine normale Gattungssache Gegen-

---

3 Hinsichtlich des Anspruchs auf Zahlung des Kaufpreises ist der Umfang dieses Erfüllungsanspruchs zwar umstritten, die Pflicht zur Abnahme der Ware und insbesondere die Pflicht zur Erfüllung der sonstigen Pflichten des Käufers ist jedoch von Art. 62 UNKR erfaßt: Schlechtriem/Huber[3], Art. 28 Rn. 14f (m.w.N. in Fn. 27): Teilweise wurde die Auffassung vertreten, daß der Vorbehalt des Art. 28 UNKR nur in Bezug auf die Kaufpreiszahlungspflicht nicht anwendbar sei, da sich nach einer teilweise vertretenen Auffassung der Begriff „specific performance“ nur auf eine Sachleistung, nicht aber auf eine Geldleistung beziehen soll. Entsprechende Anträge (Yearbook V (1974), S. 33f. (Nr. 40, 42, 50), Yearbook VI (1975) S. 67 (Art. 43)) wurden bei den Beratungen aber abgelehnt. Ebenso wird im Sekretariatskommentar ausdrücklich hervorgehoben, daß der Anspruch auf Kaufpreiszahlung nach der nunmehrigen Fassung dem Art. 28 unterliegt: (Yearbook VII (1976) S. 102, Art. 12 Nr. 2, 3; S. 123).

4 Staudinger/Magnus, Art. 62 Rn. 7; Schlechtriem/Hager[3], Art. 62 Rn. 4.

5 a.A.: Bianca/Bonell/Lando, Art. 28, S. 239, demzufolge Art. 28 nicht eine Anweisung an die Gerichte darstellt, sondern die Rechte und Pflichten der Parteien betrifft.

6 Bianca/Bonell/Lando, Art. 28 Anm. 1.1.; Schlechtriem/Huber[3], Art. 28 Rn. 3.

7 Reinhart, Art. 28 Rn. 2.

8 Vgl. Zweigert/Kötz[3], S. 192ff.; Diese wesentlich unterschiedliche Behandlung des Erfüllungsanspruches in den beiden Rechtssystemen führte dazu, daß eine Vereinheitlichung in diesem Punkt bis zum Abschluß der Verhandlungen nicht möglich war und eine Lösung im Wege der Vorbehaltsregelung nach Art. 28 UNKR gefunden wurde. Danach muß ein Gericht nur dann zur Erfüllung in Natur verurteilen, wenn es dies auch nach seinem unvereinheitlichten nationalen Recht täte; Rabel, RabelsZ 9 (1935) 69 f.; Recht des Warenkaufs, Bd. 1, S. 377; Sekretariatskommentar S. 27, Art. 26 Nr. 2 und S. 304f., Nr. 43, 49, 51.

stand des Streits, wird Naturalerfüllung nicht angeordnet.[9] Es gilt im Bereich des Common Law als ökonomisch vernünftiger und als die für den Schuldner schonendere Lösung, den gestörten Vertrag regelmäßig zu liquidieren, anstatt seine Durchführung zu erzwingen.[10] Eine Verurteilung zur Erfüllung in Natur erfolgt daher nur in solchen Fällen, in denen der Käufer ein besonderes Affektionsinteresse geltend machen kann und ein Schadenersatzanspruch nicht zur Befriedigung seiner Interessen führen würde. In der Entscheidung Thorn v. Commissioners of Public Works[11] wurde ein solches besonderes Interesse beispielsweise für die Lieferung eines Steins der alten Westminster Brücke angenommen, und in der Entscheidung Behnke v. Bede[12] ging es um den Verkauf eines Schiffs, das aufgrund seiner individuellen Qualitäten für den Erwerber keinen vertretbaren Charakter hatte. In derartigen Fällen eines besonderen Interesses an der tatsächlichen Durchführung des Vertrags besteht somit auch nach den Rechtsordnungen aus dem Bereich des Common Laws ein Anspruch auf Erfüllung.[13] Insofern ist die durch Art. 28 UNKR bedingte Einschränkung der Klagbarkeit des Erfüllungsanspruchs praktisch gering.[14] Verweigert ein Käufer sowohl die Duldung einer berechtigten Nacherfüllung als auch die Zahlung des vollen Kaufpreises, hat der Verkäufer bereits nach Art. 50 S. 2 UNKR Anspruch auf Zahlung des Kaufpreises, und ist nach Erhalt des vollen Kaufpreises noch immer ein besonderes Interesse an der tatsächlichen Durchführung der Nacherfüllung anzunehmen, kann der Verkäufer seinen Anspruch im Bereich der kontinental-europäischen Rechtskreise ebenso durchsetzen wie er das auf Grund seines besonderen Interesses auch im Bereich des Common Laws können müßte.[15]

B Das Recht zur Vertragsaufhebung nach Art. 64 UNKR

Nach Art. 64 UNKR ist der Verkäufer zur Vertragsaufhebung berechtigt, sofern sich infolge der Duldungsverweigerung durch den Käufer eine wesentliche Vertragsverletzung ergibt. Dieser Rechtsbehelf kommt grundsätzlich bei einer wesentlichen Vertragsverletzung (Art. 64 Abs. 1 lit. a) UNKR) oder bei einem fruchtlosen Ablauf einer Nachfrist (Art. 64 Abs. 1 lit. b) UNKR) in Betracht, und

---

9 Rabel I, S. 270.

10 Schlechtriem/Huber³, Art. 28 Rn. 4 (m.w.N.): Es steht im freien Ermessen des Richters, die Erfüllung in Natur zu gewähren oder zu verweigern. Die sich daraus ergebende rechtliche Unsicherheit führt dazu, daß Erfüllungsklagen nur erhoben werden, wenn sie auf ein überzeugendes Interesse des Klägers gestützt werden.

11 Thorn v. Commissioners of Public Works, (1863) 55 E.R. 192.

12 Behnke v. Bede, (1927) 1 K.B. 649.

13 Schlechtriem/Huber³, Art. 28 Rn. 9 (m.w.N.).

14 Der eigentliche rechtspolitische Streitpunkt und mithin der eigentliche praktische Effekt einer unterschiedlichen Beurteilung dieser Frage durch die beiden verschiedenen Systeme liegt in der Berechnung des ersatzfähigen Schadens. Umfangreich dazu: Schlechtriem/Huber³, Art. 28 Rn. 6, 9.

15 Entscheidungen sind dazu weder ergangen, noch ist ein entsprechender Hinweis darauf in der Literatur zu finden.

wird nicht bereits dadurch ausgeschlossen, daß die Auslieferung der Ware bereits erfolgte und es sich „nur“ um ergänzende und nachträgliche Maßnahmen der Erfüllung handelt.[16]

I Verletzung einer Pflicht (Abs. 1 lit. a))

Da es sich bei der Duldungsverpflichtung des Käufers nach Art. 48 Abs. 1 UNKR jedoch nicht um eine vertragstypische Pflicht des Käufers im Sinne einer Hauptpflicht handelt, ist eine wesentliche Vertragsverletzung nicht die bei einer Duldungsverweigerung regelmäßig eintretende Rechtsfolge. Bei Verletzung einer *sonstigen Pflicht* ergibt sich die erforderliche Wesentlichkeit vielmehr nur, wenn aus den konkreten Parteivereinbarungen eine erhebliche Gewichtung der Duldungsverpflichtung gefolgert werden kann.[17] Motive des Verkäufers, die einseitig aus seiner Sphäre resultieren, und die für den Käufer allzu überraschend sind, müssen zur Annahme einer Wesentlichkeit der Verletzung außer Betracht bleiben.[18] Denkbar ist jedoch, daß die Möglichkeit zur nachträglichen Mängelbeseitigung in dem Vertrag der Parteien ausdrücklich erwähnt wurde, oder daß sich daraus ein besonderes Interesse auch des Verkäufers an der Vertragsgemäßheit der Ware erkennen läßt. In einem solchen Fall wäre das Interesse des Verkäufers an einer Nacherfüllungsmöglichkeit auch für eine vernünftige Person (Art. 25 UNKR) ersichtlich, so daß ein Vertragsaufhebungsrecht des Verkäufers in Betracht kommt mit der Folge, daß bereits erbrachte Leistungen zurückzugewähren sind.[19]

II Fruchtloser Ablauf einer Nachfrist (Abs. 1 lit. b))

Grundsätzlich ist der Verkäufer nach Art. 63 UNKR auch berechtigt, dem Käufer eine Nachfrist zur Duldung der nachträglichen Erfüllung zu setzen. Allerdings führt der fruchtlose Ablauf einer Nachfristsetzung nur in den ausdrücklich in Art. 64 Abs. 1 lit. b) UNKR aufgezählten Fällen der Verweigerung der Zahlung und der Abnahme zur Wesentlichkeit der Vertragsverletzung und mithin zu einem Aufhebungsrecht des Verkäufers. Nach der ratio der Konven-

---

16 Yearbook V (1974), S. 34, Art. 72 Nr. 1-59; S. 57, Art. 72; VI (1975), S. 105, Nr. 172.

17 von Caemmerer, Wesentliche Vertragsverletzung, Festschrift Coing Bd. II, S. 33, 42; Schlechtriem/Schlechtriem³, Art. 25 Rn. 24; Schlechtriem/Hager³, Art. 64 Rn. 7; Botzenhardt, S. 38ff.

18 Insofern greift zum Schutz des Käufers vor unvorhersehbaren Folgen der Ausschluß nach Art. 25 UNKR ein.

19 Bei der Verletzung von Verpackungs- und Beratungspflichten tendierten die Parteien im Rahmen des EKG dazu, am Vertrag festzuhalten und Schadensersatz zu verlangen: Schlechtriem/Schlechtriem³, Art. 25 Rn. 24 mit Hinweis auf: Schlechtriem/Magnus, Gesetzessammlung, Art. 55 EKG Nr. 1; OLG Celle (2. März 1984), RIW 1985, 571ff. (bei unterlassener Einweisung der Benutzer).

tion soll nur die Nichterfüllung einer „wesentlichen“ Pflicht mit dem Recht zur Vertragsaufhebung sanktioniert werden.[20] Weniger wichtige Pflichtverletzungen sollen dagegen nicht durch Setzen einer Nachfrist zu vermeintlich wesentlichen Gründen erhoben werden. Allein der fruchtlose Ablauf einer gesetzten Nachfrist begründet daher für den Verkäufer kein Vertragsaufhebungsrecht.[21] Denkbar ist jedoch, daß nun der Zeitablauf in Verbindung mit der unterlassenen Duldung als eine wesentliche Vertragsverletzung im Rahmen des Art. 64 Abs. 1 lit. a) UNKR anzusehen ist.[22]

C Der Anspruch auf Zahlung von Schadenersatz

Der Verkäufer kann infolge der Pflichtverletzung für einen kausalen und in Geld bezifferbaren Schaden auch Ersatz in Geld nach Art. 61 Abs. 1 b) UNKR verlangen. In der Regel entsteht dem Verkäufer ein Schaden in der Höhe, in welcher der Käufer den Kaufpreis auf Grund der Fehlerhaftigkeit der Ware mindert. Im Fall einer Duldungsverweigerung ergibt sich jedoch ein Anspruch des Verkäufers auf vertragsgemäße Kaufpreiszahlung bereits aus Art. 50 Satz 2 UNKR, so daß der Anspruch auf Zahlung von Schadensersatz nach Art. 61 Abs. 1 b) UNKR nur in den Fällen eine eigenständige Bedeutung haben wird, in denen der Verkäufer trotz Zahlung des vollen Kaufpreises einen weiteren Schaden geltend machen kann.[23]

D Zusammenfassung

Weigert sich der Käufer, eine nach Art. 48 Abs. 1 UNKR berechtigte Nacherfüllung zu dulden, ergeben sich Rechtsbehelfe des Verkäufers nach den allgemeinen Regeln. Der Verkäufer kann vom Käufer Erfüllung seiner Pflichten, d.h. Duldung der nachträglichen Mängelbeseitigung verlangen. Ein Recht zur Vertragsaufhebung besteht in der Regel nicht, da es sich bei der Duldungsverpflichtung nicht um eine wesentliche bzw. vertragscharakteristische Pflicht

---

20 Honnold, Art. 64, § 354; Bianca/Bonell/Knapp, Art. 64 Anm. 3.4.; Rudolph, Art. 64 Rn. 9; Honsell/Schnyder/Straub, Art. 64 Rn. 66; Schlechtriem/Hager[3], Art. 64 Rn. 8; a.A.: Herber/Czerwenka, Art. 64 Rn. 4, die mit Hinweis auf Art. 60 lit. a UNKR davon ausgehen, daß sämtliche Nebenpflichten regelmäßig als Bestandteil der Abnahmepflicht erfaßt sind.

21 Ebenso führt der reine Fristablauf nicht dazu, daß der Käufer nun die Unzumutbarkeit einer Nacherfüllung aus dem Gesichtspunkt der unzumutbaren Verzögerung einwenden kann. Das folgt aus dem in Art. 7 Abs. 1 UNKR verankerten Grundsatz von *Treu und Glauben* und dem daraus entspringenden Verbot des *venire contra factum proprium*, das auch im UNKR gilt; vgl: Schlechtriem/Herber[3], Art. 7 Rn. 36.

22 Rudolph, Art. 64 Rn. 9; Schlechtriem/Hager[3], Art. 64 Rn. 8.

23 Das kommt bei Fällen einer versehentlichen Lieferung qualitativ höherwertiger Ware in Betracht.

des Käufers handelt. Ein Aufhebungsrecht kommt erst bei Hinzutreten weiterer Umstände in Betracht. Infolge des Minderungsverbots ist ein Schadensersatzverlangen des Verkäufers nur begründet, wenn dieser infolge der Weigerung des Käufers einen weiteren und über den eigentlichen Kaufpreis hinausgehenden kausalen Schaden erleidet.

Kapitel 4

Die Reichweite des Rechts zur nachträglichen Mängelbeseitigung

Schließlich ist die Reichweite des Nacherfüllungsrechts des Verkäufers nach Art. 48 Abs. 1 UNKR festzustellen. Insbesondere soll dabei die Auffassung von Reinhart[1] untersucht werden, ob dem Verkäufer auch gegen den Willen des Käufers ein Nacherfüllungsrecht und zwar in solchen Fällen zustehen kann, in denen der Käufer den vertraglichen Kaufpreis für die fehlerhafte Ware bezahlt und mit Hinweis darauf eine nachträgliche Mängelbeseitigung ablehnt. Nach Auffassung von Reinhart ist ein Käufer unter Zahlung des vollen Kaufpreises grundsätzlich berechtigt, eine nachträgliche Mängelbeseitigung abzulehnen. Das soll aber nicht gelten, wenn der Verkäufer ein besonderes Interesse an der Mängelbeseitigung geltend machen kann. Als solche besondere Interessenlagen des Verkäufers soll z.B. die Abwehr einer zu erwartenden Rufschädigung oder die Vermeidung drohender Gefährdung Dritter durch die nicht vertragsgemäße Ware in Betracht kommen. Fraglich ist daher, ob die Billigung einer fehlerhaften Kaufsache bei Zahlung des vertraglichen Kaufpreises durch den Käufer eine Nacherfüllung durch den Verkäufer, zu der dieser angesichts des Fehlers der Ware eigentlich berechtigt wäre, ausschließen kann.

A Die Notwendigkeit zur internationalen Betrachtung

Im Rahmen der rechtsvergleichenden Untersuchung ist als ein wesentlicher Unterschied zwischen den einzelnen Normierungen in den verschiedenen Regelungswerken festgestellt worden, daß das Recht zur zweiten Andienung in einem Teil der untersuchten Rechtsordnungen von der Zurückweisung der abgebotenen fehlerhaften Ware durch den Käufer abhängig ist. Nach dem Wortlaut von sec. 2-508 (2) UCC kann ein Verkäufer beispielsweise nur nachträglich erfüllen, „where the buyer rejects a non-conforming tender [...]".[2] Im Bereich des UNKR ist aber eine solche Voraussetzung des Nacherfüllungsrechts nicht normiert. Der Verkäufer kann vielmehr nachträglich erfüllen, ohne daß der Käufer die Ware zuvor als nicht vertragskonform zurückweisen müßte. Der Käufer hat dann eine zumutbare Nacherfüllung zu dulden, da das „Zumutbare" nach einer wörtlichen Auslegung etwas darstellt, was erduldet werden muß.[3] Aus diesen beiden unterschiedlichen Regelungspraktiken könnte daher gefolgert werden, daß der Verkäufer im Bereich des UNKR ohne Beachtung

---

1 Reinhart, Art. 48 Rn. 6.
2 Zum UCC vgl. oben: Kapitel 2, B I.
3 Zur wörtlichen Auslegung vgl. oben: Kapitel 1, A III; 2 A.

weiterer Voraussetzungen entscheiden kann, ob er einen Fehler der Kaufsache nachträglich beseitigen möchte. Auf das Interesse des Käufers an einer zweiten Andienung käme es nicht an, so daß der Verkäufer selbst dann zur Beseitigung eines Fehlers berechtigt wäre, wenn ein Käufer eine solche nachträgliche Vertragserfüllung weder gefordert noch evtl. durch Zurückweisung der Kaufsache veranlaßt hat. Dennoch könnte der Käufer verpflichtet sein, die Durchführung der Nacherfüllungsmaßnahmen zu dulden. Dagegen spricht jedoch, daß dem Rechtsinstitut der Nacherfüllung als ein wesentliches Regelungsziel das Prinzip entnommen werden kann, einen Ausgleich der Interessen beider Vertragsparteien zu schaffen. Dagegen würde verstoßen werden, wenn der ablehnende Wille des Käufers gänzlich unbeachtet bliebe und ausschließlich nach dem Wortlaut der Norm verfahren würde.

Der entgegenstehende Wille des Käufers kann aber, da ein eigenes Tatbestandsmerkmal nicht vorhanden ist, nur in die Auslegung der statuierten Merkmale mit einfließen. Es ist daher zu untersuchen, in welchem Umfang der entgegenstehende Wille des Käufers zu berücksichtigen ist. Dabei kann es sich entweder ergeben, daß bereits die bloße Ablehnung einer Nacherfüllung ausreichen könnte. Es kann aber andererseits auch das Ergebnis der Auslegung sein, daß an einen entgegenstehenden Willen besondere Anforderungen zu stellen sind, um im Rahmen der Zumutbarkeitsabwägung zu einem Ausschluß des Rechts auf Nacherfüllung zu führen.

Dafür bietet sich einerseits die Vorbehaltsregelung in Art. 48 Abs. 1 UNKR an, mit der das Nacherfüllungsrecht des Verkäufers durch das Recht des Käufers zur Vertragsaufhebung begrenzt wird. Im Rahmen des Vorbehalts sind neben objektiven Kriterien auch subjektive zu berücksichtigen, weil dem Käufer zur Annahme einer wesentlichen Vertragsverletzung nach seinen subjektiven Vorstellungen im wesentlichen entgehen muß, was er objektiv nach dem vertraglich Vereinbarten erwarten konnte. Der entgegenstehende Wille des Käufers könnte daher über die Annahme einer wesentlichen Vertragsverletzung zu einer direkten Berücksichtigung führen. Weder ist jedoch in dem Anerbieten einer nachträglichen Fehlerbeseitigung eine wesentliche Vertragsverletzung zu sehen, noch wird sich eine Divergenz zwischen dem subjektiv Erwarteten und dem objektiv Vereinbarten nach erfolgter Mängelbeseitigung ergeben. Der Käufer erhält dann, was er vertraglich gefordert hatte, und der mit dem Vertrag verfolgte Zweck wird durch die Fehlerbeseitigung erreicht. Die Vorbehaltsregelung führt daher nicht dazu, daß der Fehler der Ware allein auf Grund des entgegenstehenden Willens des Käufers als eine wesentliche Vertragsverletzung anzusehen ist. Es ist somit keine Aufhebungslage anzunehmen, in deren Folge das Nacherfüllungsrecht automatisch entfallen würde.[4] Der in Art. 48 Abs. 1 UNKR enthaltene Vorbehalt des Art. 49 UNKR ist daher nicht geeignet, in diesem Zusammenhang eine Beschränkung des Nacherfüllungsrechts zu bewirken.

---

4 Dazu oben: Kapitel 1, C I.

Für die Berücksichtigung des entgegenstehenden Willens des Käufers kann aber andererseits das in Art. 48 Abs. 1 UNKR normierte Kriterium der Zumutbarkeit einer Nacherfüllung in Betracht kommen. Bei dem Kriterium der Zumutbarkeit einer Nacherfüllung handelt es sich um ein Tatbestandsmerkmal, das objektiv auszulegen ist und eine Beurteilung des zugrundeliegenden Sachverhalts nach objektiven Gesichtspunkten erfordert.[5] Unbeachtlich sind daher die persönlichen Interessen und Motive der beteiligten Parteien sowie ihre tatsächlichen Einschätzungen oder Versprechungen. Es kommt vielmehr ausschließlich darauf an, ob bei einer objektiven Bewertung des vorliegenden Sachverhalts die Durchführung der Nacherfüllungsmaßnahme einer vernünftigen dritten Person in vergleichbarer Lage zumutbar ist oder nicht. Somit ergibt es sich, daß der entgegenstehende Wille des Käufers an den Wertungen eines objektiven Beobachters zu messen ist und daher das Nacherfüllungsrecht nach Art. 48 UNKR nicht automatisch auf Grund des persönlichen Willens des Käufers als nunmehr unzumutbar entfällt. Die Ablehnung durch den Käufer kann daher nur ein Indiz sein. Ihre Wirkung ist vielmehr nach objektiven Kriterien zu beurteilen.

Daher wird man z.B. in Fällen, in denen der Käufer „ins Blaue hinein" eine nachträgliche Mängelbeseitigung ablehnt, ohne dabei die Position des Verkäufers ausreichend zu bedenken, zu dem Abwägungsergebnis kommen, daß die subjektive Interessenlage des Käufers bei objektiver Betrachtung des Sachverhalts dem Verlangen des Verkäufers auf Nacherfüllung nicht mit gleicher Erheblichkeit gegenübersteht. Das Nacherfüllungsrecht stellt nämlich einen wichtigen Rechtsbehelf des Verkäufers dar, der ihm erst bei Vorliegen einer wesentlichen Vertragsverletzung nicht mehr zur Verfügung steht.[6] Die vom Verkäufer begehrte Nacherfüllung kann daher trotz Widerspruchs des Käufers gleichwohl auf Grund der gesetzlichen Wertung objektiv zumutbar und folglich berechtigt sein. Der Verkäufer wäre dann aber auch gegen den Willen des Käufers zur Nacherfüllung berechtigt, die der Käufer folglich zu dulden hätte, um sich nicht Sekundäransprüchen des Verkäufers auszusetzen. Es erscheint daher nicht als ausgeschlossen, daß die sonst im UNKR übliche, ausgewogene Verteilung der Rechtsbehelfe zwischen Verkäufer und Käufer im Bereich des Nacherfüllungsrechts ausnahmsweise durchbrochen worden ist.[7]

Einem solchen weiten Verständnis des Nacherfüllungsrechts, bei dem die Position des Käufers nahezu unberücksichtigt bliebe, steht jedoch ein gewichtiges Argument gegenüber, das bereits seit langem die Diskussion über die Reichweite eines Nacherfüllungsrechts beeinflußt: Hat der Käufer eine fehlerhafte Ware erhalten, kann ihm „nicht wohl zugemuthet werden, sich gegen

---

5 Vgl. oben in Kapitel 1: A III 2.
6 Vgl. oben in Kapitel 1: A IV 2.
7 Bridge, Festschrift Lando, S. 83, 100.

seinen Willen mit dem Verkäufer weiter einzulassen."[8] Nach wie vor verliert dieses Argument nicht an Überzeugungskraft. Insbesondere in den hier zu untersuchenden Fällen, in denen der Verkäufer nicht zur Abwendung von Rechtsbehelfen des Käufers, sondern entgegen dessen Willen handeln möchte, erscheint die Annahme eines Nacherfüllungsrechts des Verkäufers auf den ersten Blick als unbillig. Entsprechend kommt *Flume*[9] in seiner Untersuchung des Entwurfs zur Reform des nationalen deutschen Schuldrechts zu dem Ergebnis, daß „für die gesetzliche Begründung eines allgemeinen Nacherfüllungsrechts des Verkäufers kein Anlaß" besteht. In Bezug auf das nationale deutsche Schuldrecht ist *Flume* zuzustimmen. In nationalen Rechtsordnungen sind allerdings auch noch diverse andere Rechtsinstitute vorhanden, die sich eventuell auch außerhalb der eigentlichen Kaufrechtsnormen befinden können, und mit deren Hilfe ein interessengerechter Ausgleich zwischen den Vertragsparteien angesichts eines Fehlers der Ware erreicht werden kann. Eine Beseitigung des Fehlers durch eine zweite Andienung ist dann nicht immer notwendig. So kann im nationalen deutschen Schuldrecht auch mit Hilfe z.B. der Anfechtungs- oder der Vindikationsregeln bzw. der Normen über eine ungerechtfertigte Bereicherung ein interessengerechter Ausgleich geschaffen werden. Ebenso wird auch im Bereich anderer nationaler Rechtsordnungen kein Bedürfnis bestehen, ein umfangreiches Nacherfüllungsrecht des Verkäufers, das auch gegen den Willen des Käfers bestehen kann, anzuerkennen. Die grundsätzlichen Unterschiede, die sich zwischen national gewachsenen Rechtsordnungen und einem Einheitsrecht zwangsläufig ergeben, könnten es allerdings erforderlich machen, im Rahmen des UNKR eine abweichende Bewertung vorzunehmen.

Da im UNKR typischerweise Rechtsinstitute des Kaufrechts enthalten sind und Anfechtungs- oder Vindikationsregeln fehlen, kann es erforderlich sein, auf nationale Rechtsinstitute zurückzugreifen. Die hier vertretene weite Auslegung des Nacherfüllungsrechts des Verkäufers nach Art. 48 UNKR könnte aber einen solchen, bisher erforderlichen Rückgriff auf nationale Rechtsbehelfe weitgehend überflüssig machen, wenn ein Verkäufer auch gegen den Willen des Käufers das durchsetzbare und mit Schadensersatzansprüchen bewehrte Recht hätte, auf die Kaufsache noch einmal zugreifen zu dürfen, um sie zu reparieren oder auszutauschen. Leistungsstörungen könnten dann unter Anwendung der vereinheitlichten Regeln des UNKR behoben werden. Eine solche Folge wäre zu begrüßen, da es das Ziel einer vereinheitlichten Rechtsordnung ist, zur Verhinderung von Wertungswidersprüchen nach Möglichkeit das Ausweichen auf nationale Rechtsordnungen zu vermeiden und den internationalen Entscheidungseinklang durch Anwendung vereinheitlichter Normen auf eine größtmögliche Vielfalt von Fällen zu fördern. Daher könnte es in Abweichung von nationalen Vorstellungen über die Reichweite eines Nacherfüllungsrechts geboten sein, den Umfang des Nacherfüllungsrechts nach Art. 48

---

8 Es findet sich bereits in den Protokollen zur Einführung des BGB bei der Zweiten Kommission bezüglich des Nacherfüllungsrechts: Prot. I, 717; Mugdan II, 686.

9 Flume, AcP 193 (1993) 89, 120.

UNKR nicht nur als bloße Abwendungsbefugnis einer Kaufpreisminderung zu verstehen, sondern mit seinem Wortlaut ein weitgehend zustimmungsunabhängiges Recht zur zweiten Andienung anzunehmen.[10] Dafür spricht zudem, daß insbesondere bei Normen, die den Anwendungsbereich des UNKR regeln, eine restriktive und unflexible Interpretation des Wiener Kaufrechts gerade nicht geboten sein soll.[11] Es wird schließlich auch vertreten, das UNKR unbefangen zu beurteilen, da „man es sich unnötig schwer macht, wenn man das UN-Kaufrecht durch die nationale Brille betrachtet und anwendet."[12]

B Die Lieferung qualitativ höherwertiger Ware

Die Fälle der Lieferung qualitativ höherwertiger Ware stellen solche Sachverhalte dar, in denen bisher auf nationale Rechtsbehelfe ausgewichen werden mußte, und die nunmehr durch das in dieser Arbeit vertretene weite Verständnis eines schadensersatzbewehrten Rechts zur zweiten Andienung ausschließlich mit Mitteln des UNKR gelöst werden sollten. Aus ihnen lassen sich dann später Rückschlüsse über den Umfang des Nacherfüllungsrechts ziehen.

Ganz offensichtlich besteht im Fall der Lieferung von qualitativ höherwertiger Ware ein Bedürfnis zum Ausgleich zwischen den Vertragsparteien. Ein solcher Fall liegt beispielsweise vor, wenn Wein aus einem besseren und damit teureren Jahrgang statt des bestellten Jahrgangs geliefert wurde. Wie ein solcher Fall im UNKR behandelt werden soll, ist nicht normiert. Zur Rückabwicklung des Leistungsüberschusses wurde vorgeschlagen[13], entweder eine Analogie zu Art. 52 Abs. 2 UNKR zu bilden, der sich mit der quantitativen statt mit der qualitativen Mehrlieferung befaßt, oder eine nach den allgemeinen Grundsätzen nicht zu schließende Lücke im UNKR anzunehmen und folglich auf autonome nationale Rechtsbehelfe auszuweichen.

I Problemstand und Problemerörterung

Huber[14] vertritt die Auffassung, daß eine analoge Anwendung des Art. 52 Abs. 2 UNKR abzulehnen sei. Es liege zwar bezüglich der Lieferung einer qualitativ höherwertigen Ware eine Regelungslücke im UNKR vor, eine Anwendung des Art. 52 Abs. 2 UNKR, wonach das zahlenmäßige „Mehr" oder „Überschießen-

---

10 Magnus, JuS 1995, 870, 872; Kastely, Wash.L.Rev. 1988, 634f.

11 Diedrichs, S. 155, Czerwenka, S. 147; Honnold[3], Uniform Law, Art. 3 Rn. 60.5.

12 Magnus, JuS 1995, 870, 872.

13 Dazu sogleich unter I.

14 Schlechtriem/Huber[3], Art. 52 Rn. 11; zustimmend: Soergel/Lüderitz/Schüßler-Langeheine, Art. 47 EKG, Rn. 5; Karollus, S. 78; Piltz, § 5, Rn. 74; Heber/Czerwenka, Art. 39 Rn. 15; Resch, ÖJZ 1992, 474.

de“ einer Lieferung rügelos zurückgewiesen werden kann, könne aber ausschließlich bei einer höheren Stückzahl erfolgreich sein, nicht jedoch bei Lieferung einer von den Bestimmungen des Kaufvertrags abweichenden und daher fehlerhaften Kaufsache. Daher sei auch die sich nachträglich notwendigerweise ergebende Bestimmung des Preises nach der Regel des Art. 52 Abs. 2 UNKR analog nicht durchführbar, da der Preis entsprechend dem gelieferten „Mehr“ nicht zahlenmäßig angepaßt werden könne. Bei Lieferung einer fehlerhaften Sache, die nicht verkauft war, könne über den Preis unter zwangsläufiger Nichtbeachtung des bestehenden Vertrags auf Grund dessen abweichenden Inhalts nur spekuliert werden. Ist *Huber* jedoch insoweit Recht zu geben, kann ihm bei seiner Folgerung, deshalb auf nationale Rechtsbehelfe[15] ausweichen zu müssen, nicht zugestimmt werden.

Es ist vielmehr *Magnus*[16] in seiner Kritik beizupflichten, daß zur Lösung typischer Kaufrechtsfragen ein Rückgriff auf nationale Rechtsordnungen nach Möglichkeit vermieden werden sollte. Sofern *Magnus* dann jedoch die Auffassung vertritt, der Grundgedanke des Art. 52 Abs. 2 UNKR eigne sich gleichwohl zu einer analogen Anwendung, ist dieser Auffassung mit den Argumenten von Huber zu widersprechen.[17]

Es spricht zusätzlich folgende Überlegung gegen eine analoge Anwendung von Art. 52 Abs. 2 UNKR: Da im UNKR gerade nicht zwischen der Lieferung einer anderen Sache einerseits sowie der Lieferung einer höherwertigen bzw. geringwertigen Sache andererseits unterschieden wird, kann ein Verkäufer durch Anlieferung einer jeden Ware[18] zwar seiner Lieferverpflichtung nach Art. 35 UNKR nachkommen[19], er erfüllt dadurch aber nicht auch seine Pflicht, vertragsgemäße Ware zu liefern.[20] Dennoch ist aber der Käufer verpflichtet, die im Zusammenhang mit dem Vertrag gelieferte Ware abzunehmen und den Fehler zu rügen.[21] So befand das OLG Frankfurt[22]: „Abweichend vom nationalen deutschen Kaufrecht wird nach dem UN-Kaufrecht vom Käufer in weitgehendem Umfang erwartet, auch vertragswidrige Ware hinzunehmen und sich wegen

---

15 In Betracht kommen Irrtumsanfechtung, wobei nach deutschem nationalen Recht ein Anfechtungsgrund nicht immer vorliegen wird (Peters, AcP 164, 342; Staub/Brüggemann, § 378, Rn. 44), Vindikation sowie ungerechtfertigte Bereicherung, da eine Lieferung nach deutschem nationalem Recht kondiziert werden, wenn ihr die Erfüllungseignung fehlt (MüKo/Lieb, § 812, Rn. 141).

16 Staudinger/Magnus, Art. 52 Rn. 27ff; ebenso: Schlechtriem/Schwenzer[3], Art. 39 Rn. 30.

17 Magnus scheint eine analogen Anwendung von Art. 52 UNKR selber nur als Notlösung zu betrachten, um nicht auf nationale Rechtsbehelfe ausweichen zu müssen, da er die Bestimmung eines billigen Kaufpreises auch weiterhin für problematisch hält.

18 Das gilt nach heute einhelliger Auffassung auch für die Lieferung eines krassen aliuds: vgl. dazu oben A I 1.

19 Staudinger/Magnus, Art. 35 Rn. 6.

20 ebenso: Gutknecht, Anm. VII 2.4.2.2.; Heilmann, S. 170f.

21 Magnus, JuS 1995, 870, 871; OLG Düsseldorf (10. Februar 1994), NJW-RR 1994, 506; OLG Frankfurt (18. Januar 1994), NJW 1994, 1013 (mit Anm. Kappus, S. 984).

22 OLG Frankfurt, a.a.O.

des Leistungsdefizits anderer Rechtsbehelfe (Herabsetzung des Kaufpreises, Schadensersatz) zu bedienen.“ Dem Käufer steht nur ausnahmsweise ein Zurückweisungsrecht zu. Nach Art. 52 Abs. 2 S. 1 UNKR kann er bei Lieferung einer größeren als der vereinbarten Menge die Abnahme der zuviel gelieferten Menge ablehnen. Diese Regelung ist einerseits nicht überraschend, sondern andererseits interessengerecht, denn ein Fehler, der sich aus einer falschen Menge ergibt, ist regelmäßig einfach und auch unstreitig feststellbar. Anders ist es regelmäßig bei einem qualitativen Mangel. Eine zu große Menge der gelieferten Ware kann abgesondert und dann zurückgesandt bzw. am Verbringungsort weiterverkauft werden.

Wollte man nun aber den Anwendungsbereich dieser Ausnahmeregelung des Art. 52 Abs. 2 S. 1 UNKR durch eine analoge Anwendung auf den Fall der Lieferung höherwertiger Ware erweitern, hätte das zur Folge, daß der Empfänger einer qualitativ schlechten Ware diese übernehmen und den Fehler rügen müßte, während der Empfänger einer qualitativ besseren Ware diese nach Art. 52 Abs. 2 S. 1 UNKR analog zurückweisen dürfte. Es entstünden nicht nur Unsicherheiten bei der Abgrenzung zwischen einer besseren oder einer schlechteren Ware. Schwierigkeiten entstünden insbesondere in dem Fall, daß eine völlig andere Ware als die bestellte geliefert würde und dann zu bestimmen wäre, ob es sich bei der angelieferten Ware um eine schlechtere und daher zurückweisungsfähige Ware oder um eine bessere, aufzubewahrende Sache handelte. Ob aber eine gänzlich andere Ware besser oder schlechter als die vertraglich ausbedungene Ware ist, kann nicht festgestellt werden[23], und diese Frage wäre daher Grundlage erheblichen Streits, der besonders im weltweiten Handel angesichts der Entfernungen, sprachlichen Verständigungsschwierigkeiten und auseinandergehenden Wertanschauungen zu gravierenden Problemen führen würde. Diese Problematik wird durch das folgende Beispiel eines Importeurs deutlich, der mit einem breit gestreuten Handelssegment arbeitet und sowohl mit Wein als auch mit Autoreifen handelt. Hat er Wein bestellt, werden ihm aber Autoreifen geliefert, wären die Reifen für ihn infolge seines Engagements in diesem Segment zwar grundsätzlich verwertbar. Es wäre aber die Frage zu beantworten, ob er die Reifen „als schlechten Wein“ annehmen und den Fehler rügen müßte oder ob er sie „als bessere Ware“ in analoger Anwendung des Art. 52 UNKR zurückweisen dürfte. Ob Autoreifen im Vergleich zu Wein als eine bessere oder als eine schlechtere Ware anzusehen sind, kann aber, da es sich um völlig andere Ware handelt, nicht entschieden werden. Folglich würde bei einer analogen Anwendung des Art. 52 UNKR der Vereinfachungsgedanke, der dem UNKR zu Grunde liegt und der gerade zur internationalen Akzeptanz des UNKR beitrug, zurückgedrängt werden. Würde man der vorgeschlagenen analogen Anwendung des Art. 52 Abs. 1 S. 1 UNKR folgen, fände die aufgegebene Unterscheidung zwischen einer erfüllungsuntauglichen Falschlieferung und einer erfüllungstauglichen Schlechtlieferung nachträglich wieder Eingang in die Konvention. Da aber ein Ausdehnen des Anwendungsbereichs durch Analogi-

[23] Flume, AcP 193 (1993) 89, 94; Almén, Skandinavisches Kaufrecht, S. 6.

en auch aus Gründen der Rechtssicherheit für dogmatisch unzulässig angesehen wird[24], ist die vorgeschlagene analoge Anwendung von Art. 52 Abs. 2 S. 1 UNKR abzulehnen.

II Neuer Lösungsvorschlag

Nach der in dieser Arbeit vertretenen Auffassung ist es nicht erforderlich, zur Lösung der gerade geschilderten Fälle der Lieferung qualitativ höherwertigen Ware eine Analogie zu Art. 52 Abs. 2 S. 1 UNKR zu bilden. Insbesondere besteht auch keine Veranlassung, auf nationale unvereinheitlichte Rechtsbehelfe auszuweichen. Um einen gerechten Interessenausgleich herbeizuführen ist es lediglich erforderlich, daß dem Verkäufer die Möglichkeit eingeräumt wird, unter Ersatz der dem Käufer entstehenden Kosten auf die ursprünglich gelieferte fehlerhafte Ware noch einmal zugreifen zu können, um sie entweder gegen vertragsgemäße Ware auszutauschen oder um die gelieferte Ware dem vertraglich vereinbarten Standard anpassen zu können. Das kann auch in Form einer „Verschlechterung"[25] der Sache in solchen Fällen geschehen, daß sich einzelne Baugruppen isoliert austauschen lassen.[26] Mit dem Wortlaut der Norm sollte dem Verkäufer bei jeder Abweichung der Kaufsache von der Sollbeschaffenheit daher ein Recht zur zweiten Andienung eingeräumt werden, das über eine bloße Abwendungsbefugnis noch hinausgeht und von einer Zustimmung des Käufers weitgehend unabhängig ist. Der Anwendungsbereich der Konvention ließe sich auf diese Weise erweitern. Eine restriktive und unflexible Interpretation ist daher gerade nicht geboten.[27]

1. Die Position des Verkäufers

Bei einer solchen Interpretation wäre der Verkäufer berechtigt, *„zur Behebung eines Mangels in der Erfüllung seiner Pflichten"* eine nachträgliche Mängelbeseitigung auch in solchen Fällen zu verlangen, in denen der Käufer gar keine Rechtsbehelfe ausüben möchte, in denen der Verkäufer aber ein besonderes Interesse daran hat, noch einmal auf die Ware zugreifen zu können, also insbesondere bei Lieferung besserer Ware. Der Anwendungsbereich von Art. 48 Abs. 1 UNKR ist eröffnet, da höherwertige Ware nach dem Fehlerbegriff im UNKR ebenfalls eine Abweichung von der Sollbeschaffenheit darstellt, die trotz der Höherwertigkeit der Ware zur Annahme einer fehlerhaften und damit

---

24 Honnold, Uniform Law, Art. 3 Rn. 60.5, S. 110.

25 An diesem Beispiel zeigt sich, daß nicht von einem Nachbesserungsrecht gesprochen werden sollte, sondern von einem Nacherfüllungsrecht, da es auch die Fälle erfasst, in denen Merkmale der Ware verschlechtert werden.

26 Beispiel: Der Motor bei einem Pkw.

27 Diedrichs, S. 155; Czerwenka, S. 147; Honnold, Uniform Law, Art. 3 Rn. 60.5, S. 110.

mangelhaften Lieferung führt.[28] Entgegen *Magnus*[29] ist Art. 48 UNKR daher auch anzuwenden, wenn der Verkäufer erste statt zweite Qualität liefert. Der Verkäufer hat ein Interesse daran, auf die von ihm eventuell versehentlichen übersandte höherwertige Ware, die der Käufer nicht bestellte, weiterhin zugreifen zu können, da ihm für diese Lieferung mangels vertraglicher Grundlage und mangels einer speziellen Regelung in der Konvention[30] zunächst nur der vereinbarte Kaufpreis zusteht. Es wäre dem Käufer daher möglich, für den von ihm entrichteten, vereinbarten Kaufpreis im Ergebnis höherwertige Ware günstig zu erlangen. Wäre der Käufer berechtigt, unter Zahlung der vollen Kaufpreissumme eine nachträgliche Erfüllung durch den Verkäufer vereiteln zu können, müßte sich der Verkäufer daher wegen des Leistungsüberschusses anderer nationaler Rechtsbehelfe bedienen. Ein Wechsel der Rechtsordnungen ist aber nicht erstrebenswert und bietet für den Verkäufer die Gefahr des Unterliegens. In einigen Rechtsordnungen entfällt ein Nacherfüllungsrecht, wenn der Käufer die Ware nicht zurückweist. Diese Wertung könnte dann den Ausgang einer Klage des Verkäufers auf Zahlung eines höheren Kaufpreises negativ beeinflussen.

Um rechtliche Unsicherheiten zu vermeiden ist es vorzugswürdig, auch in diesen Fällen eine umfangreiche Berechtigung des Verkäufers *„zur Behebung eines Mangels"* nach Art. 48 Abs. 1 UNKR anzunehmen. Auf die Zahlung der vollen Kaufpreissumme kommt es daher hier nicht an. Der Verkäufer kann dann auf Grund des mit dem Käufer bestehenden Kaufvertrages die Ware austauschen oder sie - falls möglich - am Ort des Käufers reparieren. Der Verkäufer hat dem Käufer jedoch die diesem entstehenden weiteren Kosten zu erstatten. Den Käufer trifft dann eine Duldungsverpflichtung, die sich direkt aus Art. 48 Abs. 1 UNKR ergibt, obwohl er mit der gelieferten höherwertigen Ware eigentlich einverstanden ist.
Auf diese Weise löst sich auch das Problem der Bestimmung des gerechten Kaufpreises für die gelieferte Ware. Duldet der Käufer die Durchführung der Nacherfüllungsmaßnahmen, erhält der Käufer die vertraglich versprochene Ware und der vertraglich vereinbarte Kaufpreis ist der billigerweise zu entrichtende. Duldet der Käufer die berechtigte nachträgliche Mängelbeseitigung nicht, steht dem Verkäufer Anspruch auf Zahlung von Schadenersatz zu.[31] Dadurch kann er einen billigen Ausgleich in Geld erlangen, der sich der Höhe nach an dem Differenzbetrag zwischen gelieferter und bestellter Ware orientiert. Diesen Geldbetrag kann der Verkäufer dann in Anwendung der Konvention durchsetzen.

---

28 Zum Fehlerbegriff im UNKR vgl. oben: Kapitel 1, A I 1.
29 Staudinger/Magnus, Art. 48 Rn. 9.
30 Eine solche existiert nach Art. 52 Abs. 2 UNKR ausschließlich für die Lieferung einer größeren Menge (vgl. soeben oben).
31 Vgl. dazu: Kapitel 3, C.

2. Die Position des Käufers

Der Käufer ist jedoch vor einer übermäßigen Inanspruchnahme durch den Verkäufer zu bewahren. Da es sich bei dem Maßstab der Zumutbarkeit um ein objektives Kriterium handelt, kommt es auf einen entgegenstehenden subjektiven Willen des Käufers zunächst nicht an. Der Sachverhalt ist vielmehr aus Sicht eines objektiven Dritten zu beurteilen. Ein gewichtiges Kriterium könnte es dabei sein, ob der Verkäufer die bessere Ware dem Käufer absichtlich geliefert hat, um ihn später durch Übersendung einer entsprechenden Rechnung zur Zahlung eines höheren Kaufpreises zu veranlassen oder ob die Übersendung versehentlich geschah. Es muß ebenso in die Abwägung der Zumutbarkeit der Nacherfüllung mit einfließen, welche tatsächlichen Belastungen der Käufer zu tragen hat, und ob diese trotz Erstattung der daraus entstehenden Kosten objektiv als so erheblich anzusehen sind, daß es unbegründet erscheint, dem Verkäufer die Geltendmachung seines normierten Rechtsbehelfs zu versagen. Einem Empfänger höherwertiger Ware ist es aber insbesondere auf Grund der Kostentragungspflicht des Verkäufers regelmäßig zumutbar, die nachträgliche Mängelbeseitigung zu dulden und dem Verkäufer entweder den erneuten Zugriff auf die Kaufsache zu gewähren oder die Kaufsache bei gleichzeitiger Übersendung vertragsgemäßer Ware an den Verkäufer zurückzusenden. Bei der Beurteilung wird auch nicht nur zu berücksichtigen sein, daß der Fehler aus der Sphäre des Verkäufers stammt[32], sondern ebenso, daß es der Käufer pflichtwidrig und eventuell bewußt unterlassen hat, die Höherwertigkeit als Fehler der Ware zu rügen. Um nicht auf Kosten des Käufers spekulieren zu können, muß der Verkäufer aber umgehend mitteilen, den Fehler nachträglich beseitigen zu wollen. Insofern kehrt sich die Regelung des Art. 39 UNKR dann gegen ihn.

3. Rügepflicht des Käufers nach Art. 39 UNKR

An diesem Beispiel wird deutlich, daß es nicht überzeugend ist, die Rügepflicht nach Art. 39 UNKR als eine Obliegenheit zu qualifizieren, so wie dies vereinzelt geschieht.[33] Merkmal einer Obliegenheit ist es nach nationalem deutschen Recht[34], daß der Empfänger der obliegenden Handlung gerade kein Interesse an der Vornahme der Handlung hat, damit der Obliegenheitsverpflichtete den ihm aus der Vornahme der Handlung zustehenden rechtlichen Vorteil gerade nicht erhält, und der Obliegenheitsverpflichtete im Ergebnis seine günstigere Rechtsposition verliert.[35] Eine Obliegenheit würde daher nur dann vorliegen, wenn der Verkäufer kein Interesse an einer Rüge durch den Käufer hat. Zwar wird das bei Lieferung schlechter Ware regelmäßig der Fall

---

32 Gutknecht, S. 324.
33 So aber Schlechtriem/Schwenzer[3], Art. 38 Rn. 5.
34 Dazu bereits oben in Kapitel 2.
35 Wieling, AcP 176 (1976), 334, 346.

sein, aber jedenfalls bei Lieferung besserer Ware besteht wie gerade aufgezeigt ein Interesse des Verkäufers an einer Rüge durch den Käufer. In diesem Fall könnte der Verkäufer dann entweder nachträglich erfüllen oder im Fall der Duldungsverweigerung einen finanziellen Ausgleich als Schadensersatz erhalten. Die Norm des Art. 39 UNKR soll den Käufer im Interesse des Verkäufers daher zu dem Verhalten zwingen, so daß es sich bei Art. 39 UNKR richtigerweise um eine echte Rechtspflicht des Käufers zur Rüge handelt. Da auch auf Grund einer unterlassenen Rüge keine Vertragsänderung zu fingieren ist, kann der Verkäufer die fehlerhafte Ware weiterhin zurückfordern bzw. Zahlung eines höheren Kaufpreises verlangen. Konsequenterweise kann der Käufer daher bei Verletzung seiner Mitteilungspflicht auch schadensersatzpflichtig werden.

4. Ergebnis

Die Lieferung höherwertiger Ware stellt daher einen klaren Fall dar, eine nachträgliche Mängelbeseitigung auch gegen den Willen des Käufers zuzulassen. Die hier vorgeschlagene wortlautgetreue Anwendung des Art. 48 UNKR wird durch den Fehlerbegriff des UNKR ermöglicht, wonach jede Abweichung vom vertraglich vereinbarten Zustand der Ware zur Annahme einer fehlerhaften Ware führt. Bei einer solchen weiten Interpretation wird eine vertragsgemäße Abwicklung von Kaufverträgen unter einheitlicher Anwendung der Konvention erreicht, so daß Wertungswidersprüche, die sich entweder durch Anwendung nationaler Rechtsbehelfe oder durch eine weite Anwendung der Ausnahmeregelung des Art. 52 Abs. 2 S. 1 UNKR ergeben würden, vermieden werden. Dem Verkäufer steht daher ein „absolutes Recht“[36] zur Nacherfüllung bei Lieferung höherwertiger Ware zu.

C Die Lieferung schlechter Ware

Abschließend ergibt sich aber die Frage, ob die wortlautgetreue Auslegung des Art. 48 Abs. 1 UNKR auf den Fall der Lieferung fehlerhafter, höherwertiger Ware zu beschränken ist, oder ob dem Verkäufer ein solches umfangreiches Nacherfüllungsrecht nicht auch bei Lieferung fehlerhafter, geringerwertiger Ware zustehen muß. Die vereinzelt vertretene Auffassung[37], der Verkäufer hätte seine Ware vor Ablieferung testen können, vermag aber nicht durchzugreifen, denn es ist nicht vorgesehen, daß das Nacherfüllungsrecht mit Übergabe der Ware entfällt.
Sofern man sich ausschließlich an den Wortlaut von Art. 48 Abs. 1 UNKR hält, kommt es auf die Art der Abweichung nicht an. Für das Nacherfüllungsrecht ist

---

36 Al-Rushoud, Apps, Lloyd's Maritime and Commercial L.Q. 1999, 456, 461.
37 Gutknecht, S. 324.

lediglich ein Mangel in der Erfüllung die Voraussetzung, und ein solcher liegt bei jeder vertraglichen Abweichung vor. Es ist unerheblich, ob eine bessere, schlechte oder andere Ware geliefert wird. Jede Abweichung der gelieferten Ware von der vertraglichen Sollbeschaffenheit stellt einen Fehler der Kaufsache nach Art. 35 UNKR dar.[38] Wenn es aber nicht darauf ankommt, in welchem Umfang die gelieferte Ware von der vertraglichen Sollbeschaffenheit abweicht, folgt daraus, daß dem Verkäufer ein Nacherfüllungsrecht bei einer Warenlieferung regelmäßig zustehen muß, sobald diese von der vertraglichen Sollbeschaffenheit abweicht, da die unterschiedliche Behandlung eines Fehlers im Bereich des UNKR nicht vorgesehen ist. Das wird erneut an Hand der Betrachtung eines Falles deutlich, bei dem gänzlich andere Ware geliefert wird. Es kann nicht festgestellt werden[39], ob die gelieferte fehlerhafte Ware eine bessere oder eine schlechtere Ware als vereinbart darstellt. Aber auch die Lieferung kraß abweichender Ware stellt eine Lieferung auf den Vertrag dar. Steht dem Verkäufer aber ein Nacherfüllungsrecht bei Lieferung besserer Ware zu und ist im UNKR ein unterschiedliches Vorgehen je nach Art des Fehlers nicht vorgesehen, dann muß dem Verkäufer auch bei Lieferung schlechter bzw. völlig anderer Ware grundsätzlich ebenso die Möglichkeit zustehen, einen Mangel der Kaufsache gegen den Willen des Käufers nachträglich beseitigen zu können.

I Die Abwendungsbefugnis

Für den Fall, daß der Käufer auf Grund des Fehlers der Ware den Kaufpreis mindern möchte, ist das nicht streitig. Der Verkäufer hat dann die Möglichkeit, den Fehler, wie auch aus nationalen Rechtsordnungen gewohnt, nachträglich gemäß Art. 48 Abs. 1 UNKR zu beseitigen, um nach erfolgreicher Mängelbeseitigung den vertraglichen Kaufpreis fordern zu können.

II Ein Recht zur Nacherfüllung trotz Kaufpreiszahlung?

Ausgangspunkt dieser Arbeit war es jedoch zu untersuchen, ob ein Verkäufer einen Käufer auch für den Fall, daß der Käufer für eine fehlerhafte Kaufsache den vertragsgemäßen Kaufpreis bezahlt, berechtigterweise auffordern kann, eine nachträgliche Mängelbeseitigung zu dulden. Es ist daher zu untersuchen, ob die Billigung der fehlerhaften Kaufsache durch den Käufer, die sich aus der Zahlung des ungekürzten und vertraglich vereinbarten Kaufpreises ergibt, geeignet ist, das sich aus dem Mangel ergebende Nacherfüllungsrecht des Verkäufers abzuwenden.

---

[38] Dazu oben in Kapitel 1: A I.

[39] Flume AcP 193 (1993) 89, 95.

Bereits oben[40] ist die Unabhängigkeit des Nacherfüllungsrechts von Handlungen des Käufers beschrieben worden. Danach ergibt sich u.a. aus dem Verhältnis von Art. 48 Abs. 1 UNKR zu Art. 48 Abs. 2-4 UNKR, daß es für ein bereits nach den Zumutbarkeitskriterien in Art. 48 Abs. 1 UNKR berechtigtes Nacherfüllungsbegehren des Verkäufers ohne Belang ist, ob der Käufer auf eine lediglich klärende Anfrage des Verkäufers widerspricht oder nicht.[41] Ein solcher Widerspruch hat keinen Einfluß auf die materielle Rechtsposition des Verkäufers nach Art. 48 Abs. 1 UNKR. Er kann lediglich dazu führen, daß keine von den Zumutbarkeitsregeln nach Art. 48 Abs. 1 UNKR abweichenden Regelungen im Rahmen des Art. 48 Abs. 2-4 UNKR vereinbart werden, und daß sich das Nacherfüllungsrecht weiterhin ausschließlich nach den Zumutbarkeitskriterien des Art. 48 Abs. 1 UNKR bestimmt.

Zur Beurteilung der hier gestellten Frage ist auch zu berücksichtigen, daß eine Billigungserklärung des Käufers nur als einseitiger Antrag auf Abänderung des Vertrags qualifiziert werden kann. Für eine solche Vertragsänderung, die den Erlass vereinbarter Pflichten bezweckt, gelten aber die allgemeinen Regeln über den Vertragsschluss und Willenserklärungen. Diese sind in den Artikeln 8, 14-24 UNKR normiert.[42] Danach ist für eine nachträgliche Vertragsänderung die Zustimmung des Verkäufers erforderlich. Ebensowenig wie es einem Käufer bei Lieferung höherwertiger Ware möglich ist, durch Zahlung des vertraglichen Kaufpreises die tatsächlich gelieferte bessere Ware zur vertraglich Geschuldeten zu erklären, ist es ihm möglich, bei Lieferung schlechter oder anderer Ware eine ihm unbequeme nachträgliche Mängelbeseitigung durch eine einseitig erklärte Vertragsänderung zu verhindern. Auch eine stillschweigenden Änderung des Vertrags ist infolge des entgegenstehenden Willens des Verkäufers nicht möglich. Der Käufer hat zur Abwendung einer rechtmäßigen Nacherfüllung durch den Verkäufer vielmehr eine einvernehmliche Regelung zu treffen. Weder im Konventionstext noch in seiner Entstehungsgeschichte finden sich Anhaltspunkte dafür, daß dem Käufer ein Recht zur Vertragsänderung durch Zahlung des Kaufpreises zustehen soll.

Insbesondere aus der Betrachtung von Fällen einer Lieferung qualitativ höherwertiger Ware wurde schließlich klar, daß der Käufer das Nacherfüllungsrecht des Verkäufers nicht durch eine einseitige Billigung der Ware vollständig vereiteln kann. Da es im Bereich des UNKR auf die Art des Fehlers gerade nicht ankommt, kann auch das Nacherfüllungsrecht nicht je nach Art des Fehlers aufgespalten werden. Jede Abweichung der Ware von der Sollbeschaffenheit muß daher grundsätzlich ein Nacherfüllungsrecht des Verkäufers zur Folge haben. Der Käufer kann dann aber diesen Rechtsbehelf nicht umfassend einseitig vereiteln, indem er die Ware billigt, denn ansonsten würde eine bislang nicht vorhandene Unterscheidung zwischen besserer, schlechter und

---

40 Dazu bereits oben in Kapitel 1: B.

41 Soergel/Lüderitz/Schüßler-Langeheine, Art. 48 Rn. 6.

42 Schlechtriem, Einheitliches UN-Kaufrecht, Rn. 96f; Enderlein/Maskow/Strohbach, Art. 29 Anm. 1.2.; OLG Köln, EWiR 1994, 867.

anderer Ware im Rahmen des Art. 48 UNKR eingeführt werden. Die rechtliche Position des Verkäufers ist verglichen mit der Position des Käufers eine stärkere.[43]

Die Billigung der Kaufsache hat daher nicht automatisch zur Folge, daß ein bei Lieferung fehlerhafter Ware grundsätzlich bestehendes Nacherfüllungsrecht nach Art. 48 Abs. 1 UNKR vereitelt wird. Das gilt unabhängig von der Art des Fehlers bei Lieferung besserer, schlechter oder gänzlich anderer Ware.

Jedoch kann der Umstand, daß ein Käufer eine fehlerhafte Ware billigt und den vereinbarten Kaufpreises zahlt, nicht ohne Einfluss auf den Bestand des Nacherfüllungsrechts des Verkäufers sein. Die Billigung der Ware ist zu berücksichtigen, es ist nur fraglich, in welchem Umfang. Es steht allein fest, und dies haben soeben die Fälle der Lieferung höherwertiger Ware gezeigt, daß der Käufer das einmal entstandene Nacherfüllungsrecht des Verkäufers nicht einseitig umfassend vereiteln kann. Daraus folgt, daß es bei Lieferung fehlerhafter Ware, und zwar ohne Rücksicht auf die Art der Abweichung, immer Fallkonstellationen geben muß, in denen ein Anwendungsbereich für das Recht zur zweiten Andienung verbleibt, obwohl der Käufer die Ware billigt. Gerade bei Lieferung geringerwertiger Ware, bei der ein Recht zur Nacherfüllung gegen den Willen des Käufers auf den ersten Blick als ungewöhnlich erscheint, ist daher trotz Billigung der Ware grundsätzlich auch von der Möglichkeit zur Nacherfüllung durch den Verkäufer auszugehen. Die Billigung der Kaufsache schließt ein Nacherfüllungsrecht nicht automatisch aus.

Fraglich ist daher nur noch, wann eine Nacherfüllung für den Käufer gemessen an den drei normierten und objektiv zu bewertenden Kriterien noch zumutbar ist. Für die Position des Verkäufers spricht, daß das Recht zur zweiten Andienung stets bei einer beliebigen Abweichung der gelieferten Ware von der Sollbeschaffenheit statthaft sein muß und daher grundsätzlich in Betracht kommt. Seine rechtliche Position ist nicht vollständig davon abhängig, daß der Käufer die Ware billigt, indem er z.B. den Kaufpreis bezahlt. Für die Position des Käufers spricht, daß er dem Verkäufer ein Mehr an Leistung gibt, als ihm infolge seines Fehlers zusteht. Die Nacherfüllung ist ihm aus eigenen Gründen unbequem[44], und er ist deshalb bereit, trotz der Schlechterfüllung durch den Verkäufer den vertraglichen Kaufpreis zu bezahlen. Gegen die Position des Käufers spricht jedoch, daß er durch die Nacherfüllung keinen finanziellen Nachteil erleidet. Der Käufer kann sich nicht darauf berufen, daß er trotz einer vollen Kaufpreiszahlung nun auch noch durch weitere Kosten auf Grund einer nachträglichen Mängelbeseitigung belastet wird, und ihm die Nacherfüllung aus diesem Grund nicht mehr zumutbar sei. Für seine finanziellen Auslagen ist

---

43 Beale, Festschrift Lando, S. 83, 100.

44 In dem dieser Arbeit zu Grunde liegenden Fall des Verkaufs einer Druckmaschine wollte der Käufer mit Druckarbeiten beginnen und dafür auf die Instandsetzung durch den Hersteller verzichten, dessen Techniker allerdings bereits vor den Werkstoren standen.

er durch den nacherfüllungswilligen Verkäufer zu entschädigen. Die Entschädigungspflicht umfasst neben einer Erstattung der durch die Nacherfüllung entstehenden Barauslagen und Sachkosten auch die sonstigen Kosten, die dem Käufer beispielsweise durch Produktionsverzögerungen oder Betriebsunterbrechungen entstehen.[45] Ein finanzieller Nachteil, auf Grund dessen die Nacherfüllung unzumutbar würde, ist daher nicht anzunehmen. Es sprechen aber sowohl die zeitlichen wie auch die tatsächlichen Unannehmlichkeiten für die Position des Käufers. Es kann unterstellt werden, daß es einem Käufer, wenn er für eine fehlerhafte Sache den vollen Kaufpreis bezahlt, gerade darauf ankommt, die Ware ab dem Zeitpunkt der Lieferung sofort und durch den Verkäufer ungestört nutzen zu können. Das hätte dann zur Folge, daß ein Nacherfüllungsrecht des Verkäufers entfällt. Die Abwägung zwischen den entgegengesetzten Interessen des Käufers und des Verkäufers hat daher im Bereich dieser Merkmale zu erfolgen.

Zu den überwiegend vorliegenden Fällen, in denen der Käufer den Kaufpreis angesichts eines Fehlers mindern möchte, ist festgestellt worden, daß der Käufer die Ware regelmäßig für eine Nacherfüllung zur Verfügung stellen muß.[46] Das gilt auch dann, wenn die Interessen des Käufers und die des Verkäufers als gleichwertig anzusehen sind. Diese Bewertung ändert sich, sobald der Käufer die fehlerhafte Ware durch Zahlung des Kaufpreises billigt. Aus Sicht des Käufers, der die Sache sofort und ungestört nutzen möchte, muß sich der Moment, in dem das Nacherfüllungsrecht für ihn unzumutbar wird, zu seinen Gunsten verschieben. Andererseits darf aber, und insoweit ist die Position des Verkäufers zu berücksichtigen, das Nacherfüllungsrecht durch die Billigung der Ware auch nicht vollständig vereitelt werden.[47] Bei Abwägung beider Interessenlagen muß die Billigung der fehlerhaften Ware daher zur Folge haben, daß der Verkäufer nicht mehr regelmäßig nachträglich erfüllen kann. Die Billigung der Kaufsache ist vielmehr als Möglichkeit des Käufers zu verstehen, eine angesichts des Fehlers zwar berechtigte, aber ungewollte Nacherfüllung regelmäßig zu vereiteln. Somit ist der Käufer berechtigt, seine Mitwirkung zu unterlassen, wenn sich die beiden Interessenlagen gleichgewichtig gegenüberstehen. Der Position des Verkäufers kann dann aber nur noch in der Weise Rechnung getragen werden, daß die ihm auf Grund der aufgezeigten gesetzlichen Wertung notwendigerweise zu verbleibende Nacherfüllungsmöglichkeit dann einzuräumen ist, wenn sein Interesse an der Nacherfüllung ein besonderes ist und es im Verhältnis zu dem käuferseitigen Zurückweisungsinteresse selbst nach einer objektiven[48] Betrachtung wesentlich überwiegt.[49] Da der Käufer mit Billigung der Ware die rechtlich stärkere Position erlangt, kann es sich folglich nur noch um wenige Einzelfälle handeln, bei denen ein solches gewichtiges und wesentlich überwiegendes Interesse

---

45 Achilles, Art. 48 Rn. 4.

46 Vgl. oben: Kapitel 1, A IV 2.

47 Vgl. dazu oben geschilderte Fälle einer Lieferung höherwertiger Ware.

48 Dazu oben in Kapitel 1: A III 2b.

49 Ebenso: Reinhart, Art. 48 Rn. 6.

des Verkäufers gegeben ist. Ein solches erhebliches Verkäuferinteresse muß naturgemäß mit dem zugrundeliegenden Kaufvertrag eine enge Verbindung aufweisen. Es muß unter Kaufleuten, die im allgemeinen rational und kostenbewußt abwägen, als vernünftig anzusehen sein, und das Verlangen darf nicht willkürlich motiviert erscheinen. Insbesondere ist es aber zu vermeiden, daß der hier vorgeschlagene Anwendungsbereich des Nacherfüllungsrechts ausgenutzt wird, indem der Verkäufer, nur um einen Termin zur Lieferung der Ware einzuhalten, vorschnell und eventuell bewußt fehlerhaft in der Erwartung liefert, später noch erfüllen zu können.

Ein schützenswertes Interesse des Verkäufers kann sich daher nur ergeben, wenn dem Verkäufer keine Vorhaltungen hinsichtlich seines tatsächlichen Einsatzes bei der Vertragsabwicklung gemacht werden können, wenn sich also nach redlicher Anlieferung der Ware der Erkenntnisstand wesentlich ändert. Insofern ist auf die Auslegung von Art. 7.1.4 UNIDROIT-Prinzipien zu verweisen.[50] In dem dort aufgezeigten Beispiel eines Straßenbaus war der Besteller zur Zurückweisung einer Nacherfüllung allein deshalb berechtigt, weil der Unternehmer anläßlich der Vertragserfüllung anderes Eigentum des Bestellers erheblich beschädigt und dadurch eine besondere Unzuverlässigkeit bewiesen hatte. Zur Begründung der Berechtigung wurde in erster Linie auf das Verhalten des Unternehmers abgestellt, ohne daß es in gleicher Weise auf den Fehler an der Ware ankam.

In zeitlicher Hinsicht ist schließlich zu fordern, daß der Verkäufer der Mängelbeseitigung höchste Priorität einzuräumen hat, um nicht auf Grund eines nicht mehr hinzunehmenden Leistungsverzuges eine zeitliche Unzumutbarkeit der Nacherfüllung zu bewirken. Trotz eines erheblich überwiegenden Verkäuferinteresses kann eine Nacherfüllung für den Käufer unzumutbar sein, wenn das Verhalten des Verkäufers im Umgang mit einem Fehler auf Grund tatsächlicher oder zeitlicher Gesichtspunkte berechtigt zu einem Vertrauensverlust führt.

D Fallgruppen nachträglicher Mängelbeseitigung

Wann ein solcher Fall des erheblich überwiegenden Verkäuferinteresses vorliegt, so daß ein Verkäufer trotz voller Kaufpreiszahlung noch ein letztes Mal[51] in zumutbarer Weises auf die gelieferte Ware zugreifen darf, bestimmt sich

---

50 Dazu oben in Kapitel 2: C III 3.

51 Es sind wohl keine Sachverhalte denkbar, in denen es unter diesen Umständen dem Käufer zumutbar wäre, daß der Verkäufer häufiger als ein letztes Mal auf die Ware zugreifen darf. Auch aus rechtspolitischer Sicht muß ein solcher letzter Termin ausreichen, um die Ware zum Schutz des Käufers den vertraglichen Anforderungen anzugleichen.

nach den objektiv zu bewertenden Umständen eines jeden Einzelfalls. Insofern können nur Fallgruppen gebildet werden:

1. Es kommen die Fälle versehentlicher Lieferung nicht bestellter Ware in Betracht. Die Lieferung besserer Ware stellt einen klaren Fall dar, ein Nacherfüllungsrecht zuzulassen. Ein umfangreiches Nacherfüllungsrecht des Verkäufers auch gegen den Willen des Käufers führt dazu, daß der Verkäufer einen Ausgleich seines Leistungsüberschusses mit den Rechtsbehelfen des UNKR verlangen kann. Ein Ausweichen auf nationale Rechtsbehelfe ist dann nicht mehr nötig. Es sind aber auch die Fälle denkbar, daß dem Käufer versehentlich eine gänzlich andere als die bestellte Kaufsache geliefert wurde. Die dem Käufer gelieferte Ware ist dann nur im Verhältnis zu ihm fehlerhaft. Ein überwiegendes Interesse des Verkäufers an einer nachträglichen Erfüllung, beispielsweise durch Austausch der Ware, ergibt sich insbesondere dann, wenn die gelieferte Ware speziell für einen Dritten hergestellt worden war. Während der Verkäufer einerseits die fehlerhaft an den Käufer ausgelieferte Ware benötigt, um seinen Verpflichtungen im Verhältnis zu diesem Dritten nachkommen zu können, könnte er andererseits auf Abnahme der noch nicht ausgelieferten vertragsgerechten Ware durch seinen Käufer angewiesen sein.

2. Ein überwiegendes Interesse des Verkäufers an der Beseitigung des Mangels ist auch anzunehmen, wenn der durch den Fehler entstehende Folgeschaden erheblich ist, und er nicht auf andere Weise als gerade durch die Fehlerbeseitigung ausreichend kompensiert werden kann. Darunter sind die bereits von Reinhart[52] beschriebenen Fälle der Gefahr einer erheblichen Rufschädigung des Verkäufers auf Grund der sich herausstellenden Mangelhaftigkeit der Ware zu verstehen. Es ist ein wesentliches Prinzip des Rechtsinstituts der Nacherfüllung, wirtschaftliche Schäden weitgehend zu vermeiden und durch die Abwicklung des Vertrags die Erwartungen beider Parteien zu erfüllen.[53] Ein Verkäufer hat aber nicht nur die Erwartung an einen Vertrag, den Kaufpreis zu erlangen. Ihm kommt es regelmäßig auch darauf an, sich für folgende Aufträge gut zu positionieren, indem er seine vorhandene Reputation jedenfalls bestätigt. Insbesondere dann, wenn der Verkäufer eine führende Position auf dem Weltmarkt einnimmt, ist es eine berechtigte Erwartung des Verkäufers an die Vertragsdurchführung, seine Vormachtstellung durch Herstellen eines Qualitätsprodukts jedenfalls zu behaupten. Der Verlust dieser Position stellt auch bei objektiver Betrachtung einen erheblichen Schaden für den Verkäufer dar, denn es ist nicht nur mit einer solchen Position verbunden, auf leichtere Art neue Aufträge akquirieren zu können. Der Ruf, Weltmarktführer zu sein, stellt vielmehr auch ein bilanzielles Anlagegut dar, dem ein Vermögenswert zukommt. Aus wettbewerbsrechtlicher Sicht kann das Verbreiten unwahrer Tatsachen für ein Unternehmen sehr schnell zu hohen Umsatzeinbußen führen, es kann sogar existenzgefährdend sein. Zugleich kann die

---

52 Reinhart, Art. 48 Rn. 6.

53 Apps, Lloyd's Maritime and Commercial L.Q. 1994, 525, 555.

Wettbewerbsordnung berührt werden. Konkurrenten werden zu Unrecht geschwächt oder scheiden aus, der Wettbewerb wird verzerrt[54]
Ist infolge eines Fehlers der Ware aber zu befürchten, daß sich trotz Zahlung des Kaufpreises Rufschäden der Art einstellen, daß der Verkäufer „nicht einmal in der Lage sei, eine Maschine nach den Wünschen des Bestellers herzustellen", droht ein Imageschaden. Ein erhebliches Überwiegen der Verkäuferinteressen kommt in Betracht, um auf Seiten des Verkäufers eventuell erhebliche Folgeschäden zu vermeiden. Da der Käufer das Nacherfüllungsrecht durch seine Billigung nicht einseitig vollständig vereiteln kann, steht es dem Verkäufer dann zur Verfügung, wenn er die bestellte Kaufsache ordnungsgemäß hergestellt und einwandfrei getestet hat, die transportierte und am Ort des Bestellers eventuell noch durch Fremdfirmen installierte Maschine aber nur fehlerhaft arbeitet, die Herkunft des Fehlers also nicht aufzuklären ist.
Der Verkäufer hat immer dann ein Recht zur Nacherfüllung, wenn eine wesentliche Vertragsverletzung nicht vorliegt. Indem der Käufer die Ware billigt, gibt er zu erkennen, daß ihm gerade nicht entgeht, was er nach dem Vertrag erwarten konnte. Der Verkäufer kann in derartigen Fällen eines wesentlich überwiegenden Interesses daher auch bei Lieferung mangelhafter Ware einen Fehler beseitigen, wenn der Käufer den vollen Kaufpreis bezahlt.

3. Der deutlichste Fall des objektiven Überwiegens der Interessen des Verkäufers an einer nachträglichen Fehlerbeseitigung ist der einer Vermeidung einer drohenden Gefährdung Dritter infolge des Fehlers der Ware.[55] Es wird zwar anzunehmen sein, daß ein Käufer, wenn er aus eigenem Sachverstand zu der Einsicht gelangt, daß eine erhebliche Gefahr von der Kaufsache ausgeht, normalerweise auch schon aus eigenem Interesse kooperativ sein wird. Ein ausreichender Sachverstand des Käufers könnte bei technisch aufwendigen Maschinen aber fehlen. So sind Fälle denkbar, in denen ausschließlich der herstellende Verkäufer auf Grund seines Wissensvorsprungs die tatsächliche Sachlage genauer einschätzen kann. Die Notwendigkeit, auf Art. 7 UNKR und den darin enthaltenen Grundsatz von Treu und Glauben auszuweichen, besteht daher nicht.[56] Diese Norm würde vielmehr im Fall der unterlassenen Duldung zu einem Haftungsfreistellungsanspruch des Verkäufers gegen den Käufer führen.

---

54 Schwintowski, Nr. 675.
55 Reinhart, Art. 48 Rn. 6; zustimmend Gutknecht, S. 324.
56 Gutknecht, S. 324.

E Ergebnis

Die Zahlung des vertraglichen Kaufpreises trotz Lieferung einer fehlerhaften Sache führt nicht automatisch dazu, daß das Nacherfüllungsrechts des Verkäufers nach Art. 48 UNKR entfällt. Erst die Unzumutbarkeit der Maßnahme, die sich bei objektiver Bewertung ergibt, kann den Ausschluss des Nacherfüllungsrechts zur Folge haben. Hat der Verkäufer jedoch ein besonderes Interesse an der Nacherfüllung, das gegenüber der Interessenlage des Käufers erheblich überwiegt, ist der Käufer trotz Kaufpreiszahlung zur Duldung der Maßnahmen verpflichtet.

Für den Fall der Lieferung höherwertiger Ware entfällt durch Anerkennen eines Rechts zur umfassenden Nacherfüllung die Notwendigkeit, mangels einer bestehenden Normierung im UNKR entweder eine Analogie zu Art. 52 Abs. 2 UNKR zu bilden, der sich mit der quantitativen statt mit der qualitativen Mehrlieferung befasst, oder eine nach den Grundsätzen nicht zu schließende Lücke im UNKR anzunehmen und folglich auf autonome nationale Rechtsordnungen auszuweichen.

Die Fälle einer Lieferung höherwertiger Ware zeigen, daß im Bereich des Art. 48 UNKR zur Vermeidung eines falschen Verständnisses besser nicht von einer Nachbesserung, sondern von einer Nacherfüllung gesprochen werden sollte.

Zusammenfassung der Ergebnisse der Arbeit

1.
Ein Verkäufer ist nach Art. 48 Abs. 1 UNKR zur nachträglichen Beseitigung eines Fehlers der Kaufsache berechtigt, wenn die Mängelbeseitigung für den Käufer objektiv zumutbar ist. Ein Mangel in der Erfüllung liegt vor, wenn die gelieferte Ware nicht den vertraglichen Vorgaben entspricht, da sie qualitativ oder quantitativ von den vertraglichen Vorgaben abweicht. Auch eine qualitativ höherwertige Ware ist eine fehlerhafte Kaufsache. Die nachträgliche Vertragserfüllung kann sowohl durch Reparatur der bereits gelieferten Ware, durch Nachlieferung fehlender Teile oder durch Neulieferung fehlerfreier Ware erfolgen. Dem Verkäufer steht das Recht zu, die tatsächlich auszuführende Maßnahme zu bestimmen. Seine Entscheidung ist nicht von der Zustimmung des Käufers abhängig. In den Fällen einer Lieferung höherwertiger Ware kommt auch ein Austausch abtrennbarer, wertbestimmender Bauteile gegen solche in Betracht, die tatsächlich bestellt waren. Dadurch ergibt sich eine „Verschlechterung" der Ware. Es sollte daher auf die Verwendung des Begriffs der Nachbesserung verzichtet und ausschließlich von Nacherfüllung gesprochen werden.

2.
Die Zumutbarkeitsabwägung erfordert eine Beurteilung des Sachverhalts nach objektiven Kriterien. Eine Nacherfüllung ist dann unzumutbar, wenn ihre Duldung dem Käufer billigerweise nicht abverlangt werden kann, weil die tatsächliche Durchführung der Maßnahmen für den Käufer (a) auf Grund der objektiven Unerheblichkeit des Mangels lästig, (b) die tatsächliche Durchführung unverhältnismäßig schwierig oder (c) unmöglich ist. Anhand dieses Maßstabs ist im Rahmen der normierten Zumutbarkeitskriterien zu bewerten, ob die nachträgliche Mängelbeseitigung zu einer unzumutbaren Verzögerung, zu einer unzumutbaren Unannehmlichkeit oder zu einer unzumutbaren Ungewissheit über die Auslagenerstattung führt.

3.
Das Nacherfüllungsrecht steht unter dem Vorbehalt einer Vertragsaufhebung durch den Käufer nach Art. 49 UNKR. Zweck dieses Vorbehalts ist es, dem Verkäufer das Nacherfüllungsrecht unter der auflösenden Bedingung einer berechtigten Vertragsaufhebung regelmäßig zu gewähren. Der Käufer, der einen Vertrag ohne Nachfrist aufheben will, muß bei der Bewertung des zugrundeliegenden Sachverhalts die Möglichkeit einer zukünftigen nachträglichen Mängelbeseitigung berücksichtigen. Ist eine Mängelbeseitigung zwar

grundsätzlich möglich, läßt sich der Fehler aber für den Käufer nicht zumutbar beseitigen, liegt bereits mit Entdecken des Fehlers eine wesentliche Vertragsverletzung vor. In dieser Aufhebungslage ist der Käufer zur Vertragsaufhebung berechtigt. Das von einer Zustimmung unabhängige Nacherfüllungsrecht nach Art. 48 Abs. 1 UNKR entfällt, und eine nachträgliche Mängelbeseitigung ist für den Verkäufer dann nur noch im Einverständnis mit dem Käufer nach den Vorschriften in Art. 48 Abs. 2-4 UNKR zu erreichen.

4.
Dem Käufer steht seinerseits das Recht zu, eine Fehlerbeseitigung vom Verkäufer zu fordern, wobei dem Verkäufer aber das Wahlrecht über die tatsächlich vorzunehmende Maßnahme regelmäßig verbleibt. Der Käufer kann das Wahlrecht jedoch einschränken und ausschließlich Neulieferung verlangen, wenn eine Reparatur der bereits gelieferten Kaufsache nicht geeignet ist, sein Vertrauen in die Zuverlässigkeit der gelieferten Ware wieder herzustellen. In einem solchen Fall läge nämlich bei Hinzudenken einer zwar zukünftigen, aber im Ergebnis erfolglosen Reparatur der Kaufsache eine wesentliche Vertragsverletzung vor. Das Recht zur Vertragsaufhebung nach Art. 49 UNKR steht dem Käufer in diesem Fall jedoch erst zu, wenn eine Nacherfüllung auch durch Lieferung neuer Ware nicht mehr möglich ist.

5.
Der Käufer ist verpflichtet, ein objektiv zumutbares und damit berechtigtes Nacherfüllungsbegehren des Verkäufers zu dulden und zu ermöglichen. Der Verkäufer kann nach Art. 62 UNKR vom Käufer, und zwar in Erfüllung seiner sonstigen Pflichten, die Duldung der Nacherfüllung verlangen. Bei Lieferung besserer Ware kommt daher zur Rückabwicklung des Leistungsüberschusses in Fällen der Weigerung des Käufers zur Duldung der Nacherfüllung ein Anspruch auf Zahlung von Schadensersatz in Betracht, dessen Höhe sich aus der Differenz zwischen dem Warenwert der gelieferten Ware und dem vertraglichen Kaufpreis ergibt. Weder ist nach dieser Lösung eine analoge Anwendung von Art. 52 UNKR erforderlich noch ein Ausweichen auf nationale Rechtsbehelfe.

6.
Das Nacherfüllungsrecht des Verkäufers kommt bei einem Fehler der Ware stets in Betracht, und es ist nicht von der Art des Fehlers abhängig. Es ist unerheblich, ob bessere, schlechte oder völlig andere Ware als bestellt geliefert wurde. Eine solche Unterscheidung ist im UNKR systemwidrig. Die Billigung der gelieferten, fehlerhaften Kaufsache durch den Käufer vereitelt das in Be-

tracht kommende Nacherfüllungsrecht des Verkäufers nicht automatisch. Das ergibt sich aus Fällen der Lieferung einer besseren als der geschuldeten Ware. Die Billigung fehlerhafter Ware ist aber im Rahmen der Zumutbarkeitsabwägung zu berücksichtigen. Bei der dabei erforderlichen objektiven Beurteilung ergibt es sich für den Fall, in dem ein Käufer den Kaufpreis mindert, daß er die Kaufsache dem Verkäufer für eine Nacherfüllung in aller Regel zur Verfügung stellen muß, und zwar auch dann, wenn sein Interesse an einer ungestörten Nutzung mit dem Interesse des Verkäufers an der Mängelbeseitigung als gleichwertig zu beurteilen ist. Billigt der Käufer jedoch die Ware, und zahlt er den vereinbarten Kaufpreis, kann er eine Nacherfüllung regelmäßig vereiteln. Die Billigung der Kaufsache führt dazu, daß sich der Moment, in dem ein Nacherfüllungsbegehren des Verkäufers für den Käufer unzumutbar wird, zu Gunsten des Käufers verschiebt. Der Käufer muß eine nachträgliche Mängelbeseitigung nur noch dulden, wenn das Nacherfüllungsinteresse des Verkäufers nach objektiver Beurteilung das Interesse an einer ungestörten Nutzung der Ware wesentlich überwiegt und wenn das Verhalten des Verkäufers im Umgang mit einem Fehler auf Grund tatsächlicher oder zeitlicher Gesichtspunkte zu einem Vertrauensverlust geführt hat.

Zur Vermeidung eines Mißbrauchs durch den Verkäufer kommen nur solche Fallgestaltungen in Betracht, in denen sich nach Lieferung der Ware durch den redlichen Verkäufer der Erkenntnisstand wesentlich ändert. Das ist der Fall a) bei einer versehentlichen Lieferung nicht bestellter Ware, und zwar insbesondere bei Lieferung besserer als der bestellten Ware, b) bei Lieferung schlechter Ware, sofern dem Verkäufer durch ein Versagen der Mängelbeseitigung ein unverhältnismäßiger und erheblicher eigener Schaden entsteht, wie es beispielsweise bei der Gefahr einer schweren Rufschädigung der Fall ist, sowie schließlich c) bei einer Nacherfüllung zur Vereitelung einer von der Kaufsache ausgehenden Gefahr für Dritte.

Übersicht über die zitierten Gerichtsentscheidungen

A. Bundesrepublik Deutschland

BGH, 13. Juni 1957, BGHZ 24, 378.
OLG Frankfurt a.M., 18. Januar 1994, NJW 1994, 1013.
OLG Koblenz, 31. Januar 1997,
http://cisgw3.law.pace.edu/cases/ 970131g1.html.
OLG Hamm, 12. November 1969, VersR 70, 319.
OLG Celle, 2. März 1984, RIW 1985, 571.
OLG Düsseldorf, 10. Februar 1994, NJW-RR 1994, 506.
OLG Köln, 22. Februar 1994, EWiR 1994, 867.
AG Cloppenburg, 14. April 1993,
http://cisgw3.law.pace.edu/cases/930414g1.html.

B. Großbritannien

Agricultores Federados Argentinos Sociedad CL v. Ampro S.A. Commerciale, Industrielle et Financiere, (1965) 2 Lloyd's List Law Reports (Q.B.) 157.
Behnke v. Bede
(1927) 1 K.B. 649.
Borrowman Philipps & Co. v. Free & Hollis
(1878) 4 Queen's Bench Division 500.
Bowes v. Shand
(1877) 2 App. Cas. 455ff.
McDougall v. Aeromarine of Emsworth Ltd.
(1958) 1 W.L.R. 1126.
Enrico Furst & Co. v. W. E. Fischer Ltd.
(1960) 2 Lloyd's List Law Reports (Q.B.), 340 ff.
Kronman & Co. v. Steinberger
(1922) 10 Lloyds List Law Reports (K.B.) 39f.
Motor Oil Hellas (Corinth) Refineries S.A. v. Shipping Corporation of India
(1990) 1 Lloyd's Law Reports (H.L.) 391ff.

S.I.A.T. di dal Ferro v. Tradax Overseas
(1980) 1 Lloyd's Rep. 53 ff.
Thorn v. Commissioners of Public Works
(1863) 55 E.R. 192.
Universal Cargo Carriers Corp. v. Citati
(1957) 2 Q.B. 401.

C. Vereinigte Staaten von Amerika

Appleton State Bank v. Lee
(Supreme Court of Wiskonsin, 1967) 148 N.W.2d 1.
Aubrey's R.V. Center, Inc. v. Tandy Corporation,
(Court of Appeals of Washington, 1987) 731 P.2d 1124.
Bartus v. Riccardi
(City Court of Utica, 1967) 284 N.Y.S.2d 222.
Bayne v. Nall Motors, Inc.
(Iowa District Court, 1973) 12 UCC Reporting Service, 1137.
Beco, Inc. v. Minnechaug Golf Course, Inc.
(Circuit Court of Connecticut, Appellate Division, 1968) 256 A.2d 522.
Carnes Construction Co. v. Richards & Conover Steel & Supply Co.
(Oklahoma Court of Appeals, 1972) 10 UCC Rep.Serv. 797.
Champion Ford Sales, Inc. v. Levine
(Court of Special Appeals of Maryland, 1981) 433 A.2d, 1218.
Chaplin v. Bessire & Company, Inc.
(Court of Appeals of Kentucky, 1962) 361 S.W.2d 293.
Conte v. Dwan Lincoln-Mercury, Inc.
(Supreme Court of Connecticut, 1976) 374 A.2d 144.
Continental Forest Products, Inc. v. White Lumber Sales, Inc.
(Supreme Court of Oregon, 1970) 474 P.2d 1.
Eugéne Gigandet v. Third National Bank of Nashville, Tennessee
(Supreme Court of Alabama, 1976) 333 So.2d 557.
Ford Motor Co. v. Mayes
(Court of Appeals of Kentucky, 1978) 575 S.W.2d 480.
Fortin v. Ox-Bow Marina, Inc.
(Supreme Judicial Court of Massachusetts, 1990) 557 N.E.2d 1157.
Hayes v. Saibolt Hettinga
(Supreme Court of Iowa, 1975) 228 N.W.2d 181.

Joc Oil USA, Inc. v. Consolidated Edison Co. of New York, Inc.
(New York Supreme Court, 1980) 30 UCC Rep.Serv. 426.
Leitchfield Development Corp. v. Clark
(Court of Appeals of Kentucky, 1988) 757 S.W.2d 207.
Marine Mart, Inc. v. L. D. Pearce
(Supreme Court of Arkansas, 1972) 480 S.W.2d 133.
North River Homes, Inc. v. Elmer L. Bosarge
(Supreme Court of Mississippi, 1992) 594 So.2d. 1153.
Norman L. Rester v. Tommy Morrow
(Supreme Court of Mississippi, 1986) 491 So. 2d 204.
Reece v. Yeager Ford Sales, Inc.
(Supreme Court of Appeals of West Virginia, 1971) 184 S.E.2d 722.
Ritz-Craft Corp. v. Stanford Management Group
(United States District Court, Pennsylvania) 80 F.Supp. 1312 (1992).
Stephenson v. Frazier
(Court of Appeals of Indiana, 1980) 399 N.E.2d 794.
T.W. Oil, Inc. (formerly known as Joc Oil USA, Inc.) v. Consolidated Edison Company of New York
(Court of Appeals of New York, 1982) 443 N.E.2d 932.
Transcontinental Refrigeration Company v. Figgins
(Supreme Court of Montana, 1978) 585 P.2d 1301.
Traynor v. Walters
(United States District Court, M.D. Pennsylvania, 1972) 342 F.Supp. 455.
Uchitel v. F.R. Tripler & Co.
(New York Supreme Court, 1980) 30 UCC Rep.Serv. 933
Wilson v. Scampoli
(District of Columbia Court of Appeals, 1967) 228 A.2d 848.
Zabriskie Chevrolet, Inc. v. Alfred J. Smith
(Superior Court of New Jersey, 1968) 240 A.2d 195ff.

Literaturverzeichnis

Achilles, Wilhelm-Albrecht, Kommentar zum UN-Kaufrechtsübereinkommen (CISG), Neuwied 2000

Ahdar, Rex: Seller cure in the sales of goods, Lloyd's Maritime and Commercial L.Q. 1990, 364ff.

Aicher, Josef: Leistungsstörungen aus der Verkäufersphäre, in: Hoyer/Posch: Das Einheitliche Wiener Kaufrecht, Wien 1992, S. 114ff.

Almén, Tore: Das skandinavische Kaufrecht, Band 2, Deutsche Ausgabe von Friedrich Karl Neubecker, Heidelberg 1922.

Al-Rushoud, Ahmad: The Right to Cure Defects in Goods and Documents, Lloyd's Maritime and Commercial L.Q. 1999, 456ff.

Anderson, Ronald A.: Anderson's Uniform Commercial Code, 3. Auflage, Rochester 1983.

Apps, Antonia: The right to cure defective performance, Lloyd's Maritime and Commercial L.Q. 1994, 525ff.

Ballerstedt, Kurt: Zur Lehre vom Gattungskauf, in: Festschrift für Hans Carl Nipperdey, München 1955, S. 261ff.

Bartels, Hans-Joachim/Motomura, Hiroshi: Haftungsprinzip, Haftungsbefreiung und Vertragsbeendigung beim internationalen Kauf, RabelsZ 43 (1979) 649ff.

Basedow, Jürgen: Die Reform des deutschen Kaufrechts, Köln 1988.

Basedow, Jürgen: Die UNIDROIT-Prinzipien der Internationalen Handelsverträge und die Übereinkommen des einheitlichen Privatrechts, in: Festschrift für Ulrich Drobnig, Tübingen 1998, S. 19ff.

Basedow, Jürgen: Uniform law conventions and the UNIDROIT principles of international commercial contracts, Uniform Law Review 2000, 129ff.

Baumbach, Adolf/Hopt, Klaus: Handelsgesetzbuch, 30. Auflage, München 2000.

Beale, Hugh: The Principles of European Contract Law and Harmonisation of the Laws of Contract, in: Festschrift für Ole Lando, Kopenhagen 1997, S. 21ff.

Beinert, Dieter: Wesentliche Vertragsverletzung und Rücktritt, Bielefeld 1979.

Berger, Klaus Peter: Die UNIDROIT-Prinzipien für Internationale Handelsverträge, ZVglRWiss 94 (1995) 217ff.

Berger, Klaus Peter: The *Lex Mercatoria* Doctrine and the UNIDROIT Principles of International Commercial Contracts, Law and Policy in International Business 28 (1997) 943ff.

Berger, Klaus Peter: Einheitliche Rechtsstrukturen durch außergesetzliche Rechtsvereinheitlichung, JZ 1999, 369ff.

Bianca, Massimo/Bonell, Michael: Commentary on the International Sales Law, Mailand 1987 (zit.: Bianca/Bonell/Bearbeiter).

Bitter, Walter/Bitter, Georg: Wandelungsmöglichkeit des professionellen Käufers und Nachlieferungsrecht des Verkäufers bei aliud-Lieferung, BB 1993, 2315ff.

Boele-Woelki, Katharina: Principles and Private International Law, Uniform Law Review 1996, 652ff.

Bonell, Michael J.: Das UNIDROIT-Projekt für die Ausarbeitung von Regeln für internationale Handelsverträge, RabelsZ 56 (1992) 274ff.

Bonell, Michael J.: UN-Kaufrecht und das Kaufrecht des UCC im Vergleich, RabelsZ 58 (1994) 20ff.

Bonell, Michael J.: An international Restatement of Contract Law, 2. Auflage, New York 1997.

Bonell, Michael J.: The UNIDROIT Principles of International Commercial Contracts, http://www.unidroit.org/english/principles/pr-exper.html.

Botzenhardt, Bertrand: Die Auslegung des Begriffs der wesentlichen Vertragsverletzung im UN-Kaufrecht, Frankfurt am Main, 1998.

Brambring, Günter: Die Vorschläge der Schuldrechtskommission zur Reform des BGB, DNotZ 1992, 691ff.

Bridge, J.W.: The Vienna Sales Convention and English Law; Curing Defective Perfomance by the Seller, in: Festschrift für Ole Lando, Kopenhagen 1997, S. 83ff.

Bundesminister der Justiz, Abschlußbericht der Kommission zur Überarbeitung des Schuldrechts, Köln 1992.

Caemmerer, Ernst von: Die wesentliche Vertragsverletzung im internationalen Einheitlichen Kaufrecht, in: Festschrift für Helmut Coing: Europäisches Rechtsdenken in Geschichte und Gegenwart, Band 2, München 1982, S. 33ff.

Creifelds, Carl: Rechtswörterbuch, 15. Auflage, München 1999.

Diederichsen, Uwe: Zur gesetzlichen Neuordnung des Schuldrechts, AcP 182 (1982) 101ff.

Diedrich, Frank: Autonome Auslegung von Internationalem Einheitsrecht: Computersoftware im Wiener Kaufrecht, Baden-Baden 1994.

Diedrich, Frank: Voraussetzungen einer Vertragsaufhebung wegen Sachmängeln nach dem Wiener Kaufrecht, RIW 1995, 11ff.

Dölle, Hans: Kommentar zum Einheitlichen Kaufrecht, Das Haager Kaufrechtsübereinkommen vom 1. Juli 1964, München 1976 (zit.: Dölle/Bearbeiter).

Doralt, Peter [Hrsg]: Das UNCITRAL-Kaufrecht im Vergleich zum Österreichischen Recht, Wien 1985 (zit: Redner in: Doralt, Kaufrecht).

Drobnig, Ulrich: Ein Vertragsrecht für Europa, in: Festschrift für Ernst Steindorff, Berlin 1990, S. 1141ff.

Drobnig, Ulrich: The Use of UNIDROIT Principles by National and Supranational Courts, in: Institute of International Business Law and Practice [Hrsg.], UNIDROIT Principles for International Commercial Practice: A New Lex Mercatoria?, New York 1995, S. 223ff.

Enderlein, Fritz/Maskow, Dietrich/Strohbach, Heinz: Internationales Kaufrecht, Freiburg/Berlin 1991 (zit.: Enderlein/Maskow/Strohbach).

Eörsi, Gyula: A propos the 1980 Vienna Convention on Contracts for the International Sale of Goods, American Journal of Comparative Law 31 (1983) 333ff.

Ferid, Murad: Das Französiche Zivilrecht, Band 1, Frankfurt am Main 1971.

Ferrari, Franco: Das Verhältnis zwischen den UNIDROIT-Grundsätzen und den allgemeinen Grundsätzen internationaler Einheitsprivatrechtskonvention, JZ 1998, 9ff.

Ferrari, Franco: General Principles and International Uniform Commercial Law Conventions: A Study of the 1980 Vienna Sales Convention and the 1988 UNIDROIT Conventions, Uniform Law Review 1997, 451ff.

Flume, Werner: Eigenschaftsirrtum und Kauf, Münster 1948.

Flume, Werner: Gesetzesreform der Sachmängelhaftung beim Kauf?, AcP 193 (1993) 89ff.

Foss, Howard: The Seller's Right to Cure when the Buyer Revokes Acceptance: Erase the Line in the Sand, Southern Illinois Univ.L.J. 1991, 2ff.

Garro, Alejandro M.: The gap-filling Role of the UNIDROIT Principles in International Sales Law: Some Comments on the Interplay between the Principles and the CISG, Tulane L.Rev. 69 (1995) 1149 ff.

Grimm, Jacob und Wilhelm: Deutsches Wörterbuch, Berlin 1974.

Gutknecht, Uta: Das Nacherfüllungsrecht des Verkäufers bei Kauf- und Werklieferungsverträgen, Frankfurt am Main 1997.

Haas, Lothar: Vorschläge zur Überarbeitung des Schuldrechts: Die Mängelhaftung bei Kauf- und Werkverträgen, NJW 1992, 2389ff.

Hammond, M. Darin: When a Buyer Refuses the Seller's Right to Cure, Idaho L.Rev. 27 (1990/1991) 559ff.

Happ, Richard: Anwendbarkeit völkerrechtlicher Auslegungsmethoden auf das UN-Kaufrecht, RIW 1997, 376ff.

Harmathy, Attila: Über Fragen der Angleichung des Privatrechts, in: Festschrift für Ulrich Drobnig, Tübingen 1998, S. 39ff.

Hartkamp, Arthur: Indirect Representation according to the Principles of European Contract Law, the UNIDROIT Agency Convention and the Dutch Civil Code, in: Festschrift für Ulrich Drobnig, Tübingen 1998, S. 45ff.

Hawkland, William D.: Curing an Improper Tender of Title to Chattels: Past, Present and Commercial Code, Minnesota Law Review, 46 (1962) 697ff.

Hawkland, William D.: Sales and Bulk Sales, 3. Auflage, Philadelphia (Pa.) 1976.

Heilmann, Jan: Mängelgewährleistung im UN-Kaufrecht, Berlin 1994.

Herber, Rolf/Czerwenka, Beate: Internationales Kaufrecht, Kommentar, München 1991.

Heymann, Ernst [Begr.]; Emmerich, Volker [Mitverf.]: Handelsgesetzbuch, Kommentar, Band 4 (§§343-460), Berlin 1990.

Hillman, Robert A.: Keeping the Deal together after material Breach - Common Law Mitigation Rules, the UCC, and the Restatement (second) of Contracts, University of Colorado L.Rev. 47 (1976) 553ff.

Hoffmann, Bernd von: Gewährleistungsansprüche im UN-Kaufrecht - verglichen mit EKG und BGB, in: Schlechtriem, Peter: Einheitliches Kaufrecht und nationales Obligationenrecht, Baden-Baden 1987, S. 293ff.

Hohoff, Friederike: Das Nacherfüllungsrecht des Verkäufers: Eine rechtsvergleichende Darstellung der Regelungen nach dem UN-Kaufrecht, dem BGB, den Vorschlägen zur Reform des Schuldrechts und der Europäischen Union, Mainz 1998.

Holthausen, Rüdiger: Die wesentliche Vertragsverletzung des Verkäufers nach Art. 25 UN-Kaufrecht, RIW 1990, 101ff.

Honnold, John O.: Uniform Law for International Sales under the 1980 United Nations Convention, 2. Auflage, Deventer/Boston 1991.

Honsell, Heinrich [Hrsg.]: Kommentar zum UN-Kaufrecht, Berlin 1997 (zit.: Honsell/Bearbeiter).

Hoyer, Hans/Posch, Willibald [Hrsg.]: Das Einheitliche Wiener Kaufrecht, Wien 1992 (zit.: Autor, in: Hoyer/Posch).

Huber, Ulrich: Der UNCITRAL-Entwurf eines Übereinkommens über internationale Warenkaufverträge, RabelsZ 43 (1979) 484ff. (zit.: Huber, Entwurf).

Huber, Ulrich: Die Rechtsbehelfe der Parteien, insbesondere der Erfüllungsanspruch, die Vertragsaufhebung und ihre Folgen nach UN-Kaufrecht im Vergleich zu EKG und BGB, in: Schlechtriem, Einheitliches Kaufrecht und nationales Obligationenrecht, Baden-Baden 1987, S. 199ff. (zit. Huber, Rechtsbehelfe).

Huber, Ulrich: Die Haftung des Verkäufers nach dem Kaufrechtsübereinkommen der Vereinten Nationen und nach deutschem Recht, Berlin 1991 (zit.: Huber, Haftung).

Hüffer, Uwe: Rechtsfragen des Handelskaufs, JA 1981, 143ff.

Hutter, Max: Die Haftung des Verkäufers für Nichtlieferung bzw. Lieferung vertragswidriger Ware nach dem Wiener UNCITRAL-Übereinkommen über internationale Warenkaufverträge vom 11. April 1980, Kempten/Allgäu 1988.

Jünger, Friedrich K.: The lex mercatoria and private international law, Uniform Law Review 2000, 171ff.

Kappus, Andreas: Rechtsvergleichende Aspekte zur Vertragsaufhebung wegen Sachmangels nach UN-Kaufrecht, RIW 1992, 528ff.

Kappus, Andreas: Vertragsaufhebung nach UN-Kaufrecht in der Praxis, NJW 1994, 984f.

Karollus, Martin: UN-Kaufrecht, Wien 1991 (zit.: Karollus, UN-Kaufrecht).

Karollus, Martin: UN-Kaufrecht: Vertragsaufhebung und Nacherfüllungsrecht bei Lieferung mangelhafter Ware, ZIP 1993, 490ff.

Karollus, Martin: Zu den Voraussetzungen der Aufhebung des Vertrages wegen einer wesentlichen Vertragsverletzung, Anmerkungen zum Urteil des BGH vom 3. April 1996, JZ 1997, 38f.

Kastely, Amy H.: The Right to Require Performance in International Sales: Towards an International Interpretation of the Vienna Convention, Washington Law Review 63 (1988) 607ff.

Koppensteiner, Hans-Georg: Rügeversäumnis und Käuferpflichten beim Handelskauf, BB 1971, 547ff.

Komarov, A. C.: The UNIDROIT Principles of International Commercial Contract: A Russian View, Uniform Law Review 1996, 247ff.

Kramer, Ernst A.: Die Gültigkeit der Verträge nach den UNIDROIT Principles of International Commercial Contract, ZEuP 1999, 209ff.

Kraus, Jody S.: Decoupling Sales Law from the Acceptance-Rejection Fulcrum, Yale Law Journal 104 (1994) 129ff.

Kronke, Herbert: International uniform commercial law Conventions: advantages, disadvantages, criteria for choice, Uniform Law Review 2000, 13ff.

Kropholler, Jan: Europäisches Zivilprozeßrecht, 6. Auflage, Heidelberg 1998.

Kuleschowa, W. I.: Wenskaja Konwenzija o dogoworach meschdunarodnoi kupli-prodaschi towarow, Moskau 1994 (zit.: Kuleschowa/ Bearbeiter).

Lando, Ole: Principles of European Contract Law, RabelsZ 56 (1992) 261ff.

Lando, Ole: The eternal crisis, in: Festschrift für Ulrich Drobnig, Tübingen 1998, S. 361ff.

Lando, Ole/Beale, Hugh [Hrsg.]: Principles of European Contract Law, Parts I and II, Den Haag 2000.

Larenz, Karl: Methodenlehre der Rechtswissenschaft, 3. Auflage, Berlin 1995.

Lawrence, William H.: Cure after Breach of Contract under the Restatement Second of Contracts: An Analytical Comparison with the Uniform Commercial Code, Minnesota Law Review 70 (1986) 713ff.

Lawrence, William H.: Cure under Article 2 of the Uniform Commercial Code: Practices and Presciptions, U.C.C. Law Journal 21 (1988) 138ff.

Leser, Hans G.: Vertragsaufhebung und Rückabwicklung unter dem UN-Kaufrecht, in: Schlechtriem, Peter: Einheitliches Kaufrecht und nationales Obligationenrecht, Baden-Baden 1987, S. 225ff.

Leyn, K: Russisch-Deutsches Wörterbuch, 10. Auflage, Moskau 1989.

Lohs, Marcel Martin/Nolting, Norbert, Regelung der Vertragsverletzung im UN-Kaufrechtsübereinkommen, ZVglRWiss 97 (1998) 4ff.

Lüderitz, Alexander: Pflichten der Parteien nach UN-Kaufrecht im Vergleich zu EKG und BGB, in: Schlechtriem, Peter: Einheitliches Kaufrecht und nationales Obligationenrecht, Baden-Baden 1987, S. 179ff.

Magnus, Ulrich: Währungsfragen im Einheitlichen Kaufrecht, RabelsZ 53 (1989) 116ff.

Magnus, Ulrich: Die allgemeinen Grundsätze im UN-Kaufrecht, RabelsZ 59 (1995) 469ff.

Magnus, Ulrich: Die Gestaltung eines europäischen Handelsgesetzbuches, in: Festschrift für Ulrich Drobnig, Tübingen 1998, S. 57ff.

Magnus, Ulrich: Wesentliche Fragen des UN-Kaufrechts, ZEuP 1999, 647ff.

Maskow, Dietrich: Hardship and Force Majeure, 40 American Journal of Comparative Law (1992) 657ff.

Medicus, Dieter: Vorschläge zur Überarbeitung des Schuldrechts: Das allgemeine Recht der Leistungsstörungen, NJW 1992, 2385ff.

Melville, L. W.: The Nature of Fundamental Breach, N.L.J. 1980, 307ff.

Mertens, Hans-Joachim/Rehbinder, Eckard: Internationales Kaufrecht: Kommentar zu den Einheitlichen Kaufgesetzen, Frankfurt am Main 1975.

Michida, Shinichiro: Cancellation of Contract, Am.J.Comp.L. 27 (1979) 279ff.

Mischke, Winfried: Zur Haftung des Verkäufers für Sachmängel und Produktfehler der verkauften Waren nach deutschem, europäischem und internationalem Recht, BB 1997, 1494ff.

Münchener Kommentar zum Bürgerlichen Gesetzbuch: Band 2, Schuldrecht, Allgemeiner Teil, (§§ 241-432), 3. Auflage, München 1994 (zit.: MünchKomm/Bearbeiter).

Neumayer, Karl/Ming, Catherine: Convention de Vienne sur les Contrats de vente internationale de marchandises - Commentaire, Lausanne 1993.

Palandt, Otto: Bürgerliches Gesetzbuch mit Einführungsgesetzen, 60. Auflage, München 2001 (zit.: Palandt/Bearbeiter).

Peters, Egbert: Die Preisberechnung nach Rügeversäumnis in den Fällen des § 378 HGB, AcP 164 (1964) 340 ff.

Peters, Ellen A.: Remedies for Breach of Contract Relating to the Sale of Goods Under the Uniform Commercial Code, Yale L.J. 73 (1963) 199ff.

Petrikic, Radivoje: Das Nacherfüllungsrecht im UN-Kaufrecht, Wien 1999.

Phillips, Jerry J.: Revocation of Acceptance and the Consumer Buyer, Com.L.J. 1970, 354ff.

Piltz, Burghard: Internationales Kaufrecht, München 1993.

Piltz, Burghard: Der Kaufrechtsfall (einschl. UN-Kaufrecht), in: Büchting, Hans-Ulrich/Heussen, Benno [Hrsg], Beck'sches Rechtsanwalts-Handbuch 1997/1998, München 1997, S. 633ff.

Piltz, Burghard: Neue Entwicklungen im UN-Kaufrecht, NJW 2000, 553ff.

Posch, Willibald: Pflichten des Käufers, Rechtsbehelfe des Verkäufers, Gefahrübergang und Schadenersatz, in: Doralt, Peter [Hrsg.], Das UNCITRAL-Kaufrecht im Vergleich, Band I, Wien 1985, S. 153ff. (zit.: Posch/Gefahrübergang).

Posch, Willibald: Die Pflichten des Käufers und die Rechtsbehelfe des Verkäufers, in: Hoyer, Hans/Posch, Willibald [Hrsg.], Wien 1992, S. 143ff. (zit.: Posch/Pflichten).

Priest, George L.: Breach and Remedy for the Tender of Nonconforming Goods under the Uniform Commercial Code: An Economic Approach, Harvard L.Rev. 91 (1978) 960ff.

Rabel, Ernst: Das Rechts des Warenkaufs, Band I, Berlin 1957 (zit.: Rabel I).

Rabel, Ernst: Das Rechts des Warenkaufs, Band II, Berlin 1958 (zit.: Rabel II).

Reinhart, Gert: UN-Kaufrecht, Kommentar zum Übereinkommen der Vereinten Nationen vom 11. April 1980 über Verträge über den internationalen Warenkauf, Heidelberg 1991.

Reinhart, Gert: Die weltweite Vereinheitlichung des Kaufrechts im 20. Jahrhundert, in: Müller-Graff, Peter-Christian/Roth, Herbert [Hrsg.]: Recht und Rechtswissenschaft – Signaturen und Herausforderungen zum Jahrtausendbeginn, Heidelberg 2000, S. 281ff. (zit.: Reinhart, in: Herausforderungen zum Jahrtausendbeginn).

Remien, Oliver: Ansätze für ein Europäisches Vertragsrecht, ZVglRWiss 87 (1988) 116ff.

Röhricht, Volker/Westphalen, Friedrich Graf von [Hrsg.]: Handelsgesetzbuch, Köln 1998 (zit: Röhricht/Graf von Westphalen/Bearbeiter).

Rosett, Arthur: UNIDROIT Principles and Harmonisation of International Commercial Law: Focus on Chapter Seven, Uniform Law Review 1997, 441ff.

Rudolph, Helga: Kommentierung des UN-Übereinkommens über internationale Warenkaufverträge mit Hinweisen für die Vertragspraxis, Freiburg (Breisgau) 1996.

Schlechtriem, Peter: Einheitliches UN-Kaufrecht, Tübingen 1981.

Schlechtriem, Peter: Einheitliches UN-Kaufrecht, JZ 1988, 1037ff.

Schlechtriem, Peter: Rechtsvereinheitlichung in Europa und Schuldrechtsreform in Deutschland, ZEuP 1993, 217ff.

Schlechtriem, Peter: Internationales UN-Kaufrecht, Tübingen 1996.

Schlechtriem, Peter: Schuldrecht, Besonderer Teil, 5. Auflage, Tübingen 1998 (zit.: Schlechtriem, BT)

Schlechtriem, Peter: Kommentar zum Einheitlichen UN-Kaufrecht, 3. Auflage München 2000 (zit.: Schlechtriem/Bearbeiter).

Schmid, Christoph: Das Zusammenspiel von Einheitlichem UN-Kaufrecht und nationalem Recht: Lückenfüllung und Normenkonkurrenz, Berlin 1996.

Schmidt, Karsten: Handelsrecht, 5. Auflage, Köln 1999.

Schmidt, Reimer: Die Obliegenheiten, Karlsruhe 1953.

Schmitt, Michael A.: The Seller's Right to Cure Non-Conforming Tenders - If at first you don't succeed, try to try again, Com.L.J 1982, 283ff.

Scholl, Thilo: Die Rezeption des kontinental-europäischen Privatrechts in Latein-Amerika, Berlin 1999.

Schubel, Christian: Nacherfüllung im Kaufrecht - Bemerkungen zu den Vorschlägen der Schuldrechtsreform, ZIP 1994, 1330ff.

Schwintowski, Hans-Peter: Wettbewerbsrecht: (GWB, UWG), 3. Auflage, München 1999.

Sekretariatskommentar: Commentary on the Draft Convention on Contracts for the International Sale of Goods, Official Records, United Nations (A/Conf.97/5), New York 1981.

Singer, Reinhard: Sonderprivatrecht für Kaufleute: Zu den Rechtsfolgen der Schlecht- und Falschlieferung im Bürgerlichen Recht und im Handelskauf, ZIP 1992, 1058ff.

Soergel, Hans Theodor: Bürgerliches Gesetzbuch,
Band 13, Schuldrechtliche Nebengesetze 2, Übereinkommen der Vereinten Nationen über Verträge über den internationalen Warenkauf (CISG), 13. Auflage 2000, Stuttgart
(zit.: Soergel/Bearbeiter).

Staudinger, Julius: Julius von Staudingers Kommentar zum Bürgerlichen Gesetzbuch mit Einführungsgesetzen und Nebengesetzen, Wiener UN-Kaufrecht (CISG), Berlin 1999, (zit.: Staudinger/Magnus).

Stern, Elisabeth: Erklärungen im UNCITRAL-Kaufrecht, Wien 1990.

Tilmann, Winfried: Entschließung des Europäischen Parlaments über die Angleichung des Privatrechts der Mitgliedstaaten vom 26. Mai 1989, ZEuP 1993, 613ff.

Treitel, G. H.: Remedies for Breach of Contract, Oxford 1988.

Ulmer, Peter: Vom deutschen zum europäischen Privatrecht?, JZ 1992, 1ff.

UNCITRAL Yearbook, UNCITRAL Yearbook III (1972); IV (1973); V (1974); VI (1975); VII (1976); VIII (1977); New York.

UNIDROIT, A new approach to International Commercial Contract: the UNIDROIT Principles of International Commercial Contracts, Bericht über: XVth International Congress of Comparative Law, Bristol 1998, http://www.unidroit.org/english/principles/1998-bristol.html.

Vahle, Oliver: Der Erfüllungsanspruch des Käufers nach UN-Kaufrecht im Vergleich mit dem deutschen Kaufrecht, ZVglRWiss 98 (1999) 54ff.

Wahrig, Gerhard: Deutsches Wörterbuch, München 1986.

Weis, Hubert: Einführung in den Diskussionsentwurf, in: Ernst, Wolfgang und Zimmermann, Reinhard: Zivilrechtswissenschaft und Schuldrechtsreform, Tübingen 2001, S. 25ff.

Welser, Rudolf: Qualitätsmangel und Quantitätsmangel, in: Festschrift für Rudolf Strasser, Möglichkeiten und Grenzen der Rechtsordnung, Wien 1983, S. 919ff.

Welser, Rudolf: Die Vertragsverletzung des Verkäufers und ihre Sanktionen, in: Doralt, Peter [Hrsg]: Das UNCITRAL-Kaufrecht im Vergleich zum österreichischen Recht, Band I, Wien 1985, S. 105ff.

Westphalen, Friedrich Graf von [Hrsg.]: Handbuch des Kaufvertragsrechts in den EG-Staaten, Köln 1992 (zit.: Graf von Westphalen/Handbuch).

White, James J./Summers, Robert S.: Uniform Commercial Code, 4. Auflage, St. Paul (Minn.) 1995.

Wichard, Johannes Christian: Die Anwendung der UNIDROIT-Prinzipien für internationale Handelsverträge durch Schiedsgerichte und staatliche Gerichte, RabelsZ 60 (1996) 269 ff.

Wiegand, Wolfgang: Die Pflichten des Käufers und die Folgen ihrer Verletzung, in: Bucher, Eugen [Hrsg.]: Wiener Kaufrecht, Bern 1991, S. 143ff.

Wieling, Hans Josef: Venire contra factum proprium, AcP 176 (1976) 334ff.

Williams, Ronald A.: Commercial Law - The Effect of the Seller's Right to Cure on the Buyer's Remedy of Rescission, Ark.L.Rev. 28 (1974) 297ff.

Witz, Wolfgang/Salger, Hanns-Christian/Lorenz, Manuel: International Einheitliches Kaufrecht, Praktiker-Kommentar und Vertragsgestaltung zum CISG, Heidelberg 2000.

Woschnagg, Karl: Das neue schwedische Kaufrecht, RIW 1992, 117ff.

Ziegel, Jacob S.: Report to the Uniform Law Conference of Canada on Convention on Contracts for the International Sale of Goods, http://www.cisg.law.pace.edu/cisg/text/ziegel48html.

Ziegler, Ulrich: Leistungsstörungen nach dem UN-Kaufrecht, Baden-Baden 1995.

Zimmermann, Reinhard: Die "Principles of European Contract Law", Teil I, ZEuP 1995, 731ff.

Zweigert, Konrad/Kötz, Hein: Einführung in die Rechtsvergleichung auf dem Gebiet des Privatrechts, 3. Auflage, Tübingen 1996.

STUDIEN ZUM VERGLEICHENDEN UND INTERNATIONALEN RECHT

Herausgeber: Bernd von Hoffmann und Erik Jayme

Band 1 Ferdinand Henke: Die Datenschutzkonvention des Europarates. 1986.

Band 2 Peter Czermak: Der express trust im internationalen Privatrecht. 1986.

Band 3 Peter Kindler: Der Ausgleichsanspruch des Handelsvertreters im deutsch-italienischen Warenverkehr. Eine rechtsvergleichende und kollisionsrechtliche Untersuchung. 1987.

Band 4 Wilhelm Denzer: Stellung und Bedeutung des Engineers in den FIDIC-Bauvertragsbedingungen. 1988.

Band 5 Marijan-Maximilian Lederer: Die internationale Enteignung von Mitgliedschaftsrechten unter besonderer Berücksichtigung der französischen Enteignungen 1982. 1989.

Band 6 Rainer Esser: Klagen gegen ausländische Staaten. 1990.

Band 7 Chang Jae-Ok: Auf dem Weg zu einer Materialisierung des Immateriellen ? Personen-, Persönlichkeitsschutz und Geldersatz des immateriellen Schadens in rechtsvergleichender Hinsicht am Beispiel des koreanischen und japanischen Zivilrechts unter besonderer Berücksichtigung des deutschen Rechts. 1990.

Band 8 Paul-Frank Weise: Lex mercatoria. Materielles Recht vor der internationalen Handelsschiedsgerichtbarkeit.1990.

Band 9 Werner Born: Der Auftrittsvertrag für Musikgruppen im Bereich der Rock- und Popmusik. 1990.

Band 10 Ralf Erich Jürgens: IPR und Verfassung in Italien und in der Bundesrepublik Deutschland. 1990.

Band 11 Rainer Gildeggen: Internationale Schieds- und Schiedsverfahrensvereinbarungen in Allgemeinen Geschäftsbedingungen vor deutschen Gerichten. 1991.

Band 12 Klaus Grabinski: Die kollisionsrechtliche Behandlung des Durchgriffs bei rechtlich verselbständigten Unternehmen in privater oder öffentlicher Hand. 1991.

Band 13 Dieter Stummel: Konkurs und Integration. Konventionsrechtliche Wege zur Bewältigung grenzüberschreitender Insolvenzverfahren. 1991.

Band 14 Joachim Güntzer: Die Rechtsstellung des Geschäftsführers im spanischen Aktienrecht. Die Neuregelung des spanischen Aktienrechts nach dem Beitritt Spaniens zur EG. 1991.

Band 15 Sabine Isenburg-Epple: Die Berücksichtigung ausländischer Rechtshängigkeit nach dem Europäischen Gerichtsstands- und Vollstreckungsübereinkommen vom 27.9.1968. Untersuchungen zum Anwendungsbereich von Art. 21 EuGVÜ unter schwerpunktmäßiger Behandlung der Frage nach der Bestimmung eines europäischen Streitgegenstandsbegriffs. 1992.

Band 16 Ulrich Nickl: Die Qualifikation der culpa in contrahendo im Internationalen Privatrecht. 1992.

Band 17 Theo Rauh: Leistungserschwerungen im Schuldvertrag. Eine rechtsvergleichende Untersuchung des englischen, US-amerikanischen, französischen und deutschen Rechts unter besonderer Berücksichtigung der gerichtlichen Praxis. 1992.

Band 18 Bernadette Chaussade-Klein: Vorvertragliche "obligation de renseignements" im französischen Recht. 1992.

Band 19 Josef Sievers: Verbraucherschutz gegen unlautere Vertragsbedingungen im französischen Recht. Vom Code civil zum "Code de la consommation" – die Entstehung eines Sonderprivatrechts für Verbraucher. 1993.

Band 42 Helene Boriths Müller: Die Umsetzung der europäischen Übereinkommen von Rom und Brüssel in das Recht der Mitgliedstaaten. Dargestellt am Beispiel Deutschlands und Dänemarks. 1997.

Band 43 Bernd von Hoffmann / Myong-Chang Hwang (eds.): The Public Concept of Land Ownership. Reports and Discussions of a German-Korean Symposium held in Seoul on October 7-9, 1996. 1997.

Band 44 Oliver Heeder: Fraus legis. Eine rechtsvergleichende Untersuchung über den Vorbehalt der Gesetzesumgehung in Deutschland, Österreich, der Schweiz, Frankreich und Belgien unter besonderer Berücksichtigung des Internationalen Privatrechts. 1998.

Band 45 Heinrich Schütt: Deliktstyp und Internationales Privatrecht. Dargestellt an grenzüberschreitenden Problemen der Arzthaftung. 1998.

Band 46 Axel Steiner: Die stillschweigende Rechtswahl im Prozeß im System der subjektiven Anknüpfungen im deutschen Internationalen Privatrecht. 1998.

Band 47 Martina Schulz: Der Eigentumsvorbehalt in europäischen Rechtsordnungen. Rechtsvergleichende Untersuchung des deutschen, englischen und französischen Rechts unter besonderer Berücksichtigung von Erweiterungen und Verlängerungen. 1998.

Band 48 Karin Dreher: Die Rechtswahl im internationalen Erbrecht. Unter besonderer Berücksichtigung des italienischen IPR-Reformgesetzes N. 218 vom 31. Mai 1995. 1999.

Band 49 Giuliano Gabrielli: Das Verhältnis zwischen der Anfechtung wegen Eigenschaftsirrtums und den Gewährleistungsansprüchen im deutschen, österreichischen und italienischen Recht. 1999.

Band 50 Bernd von Hoffmann / Myong-Chan Hwang (eds.): Developments in Land Law. Reports and Discussions of a German-Korean Symposium held in Berlin and Trier on July 21-24, 1997. 1999.

Band 51 Volker Heidbüchel: Das UNCITRAL-Übereinkommen über unabhängige Garantien und Standby Letters of Credit. Vergleiche mit den Richtlinien der Internationalen Handelskammer, dem deutschen, englischen und US-amerikanischen Recht. 1999.

Band 52 Jan Christoph Nordmeyer: Pflichtteilsansprüche und Wiedervereinigung. Eine systematische Analyse der Ausgleichsansprüche nach BGB-Pflichtteilsrecht unter besonderer Berücksichtigung der durch den Wiedervereinigungsprozeß eingetretenen Wertveränderungen. 1999.

Band 53 Bettina Linder: Vertragsabschluß beim grenzüberschreitenden Verbraucherleasing. 1999.

Band 54 Almontasser Fetih: Die zivilrechtliche Haftung bei Vertragsverhandlungen. Eine rechtsvergleichende Studie zum deutschen, französischen, ägyptischen und islamischen Recht. 2000.

Band 55 Sona Rajani: Die Geltung und Anwendung des Gemeinschaftsrechts im Vereinigten Königreich von Großbritannien und Nordirland. Der Grundsatz der Parlamentssouveränität im Wandel. 2000.

Band 56 Joachim Kayser: Gegenmaßnahmen im Außenwirtschaftsrecht und das System des europäischen Kollisionsrechts. Eine Analyse der EU-Abwehrverordnung gegen die Auswirkungen extraterritorialer Rechtserstreckung eines Drittlandes. 2001.

Band 57 Albrecht Conrad: Qualifikationsfragen des Trust im Europäischen Zivilprozeßrecht. 2001.

Band 58 Bernd Borgmann: Die Entsendung von Arbeitnehmern in der Europäischen Gemeinschaft. Wechselwirkungen zwischen Kollisionsrecht, Grundfreiheiten und Spezialgesetzen. 2001.

Band 59 Aleksandar Jaksic: Arbitration and Human Rights. 2001.

Band 60 Islamisches und arabisches Recht als Problem der Rechtsanwendung. Symposium zu Ehren von Professor Emeritus Dr. iur. Omaia Elwan. Veranstaltet vom Institut für ausländisches und internationales Privat- und Wirtschaftsrecht der Universität Heidelberg und der Gesellschaft für Arabisches und Islamisches Recht e.V. Herausgegeben von Herbert Kronke, Gert Reinhart und Nika Witteborg. 2001.

Band 61 Patrick Fiedler: Stabilisierungsklauseln und materielle Verweisung im internationalen Vertragsrecht. 2001.

Band 62 Werner Mangold: Die Abtretung im Europäischen Kollisionsrecht. Unter besonderer Berücksichtigung des spanischen Rechts. 2001.

Band 63 Eike Dirk Eschenfelder: Beweiserhebung im Ausland und ihre Verwertung im inländischen Zivilprozess. Zur Bedeutung des US-amerikanischen discovery-Verfahrens für das deutsche Erkenntnisverfahren. 2002.

Band 64 Bernd Ehle: Wege zu einer Kohärenz der Rechtsquellen im Europäischen Kollisionsrecht der Verbraucherverträge. 2002.

Band 65 Heiko Lehmkuhl: Das Nacherfüllungsrecht des Verkäufers im UN-Kaufrecht. 2002.

Harro Plander / Alexander Witt

Der Fehlerverdacht

Kauf- und ordnungsrechtliche Aspekte der Risikogesellschaft

Frankfurt/M., Berlin, Bern, Bruxelles, New York, Oxford, Wien, 2001. 148 S.
ISBN 3-631-38123-9 · br. DM 49.– / € 25.10*

Als Bürger unserer Risikogesellschaft kaufen wir nicht selten Gegenstände, die im Verdacht stehen, mit Fehlern behaftet und deshalb für die Nutzung, Verarbeitung oder Weiterveräußerung ungeeignet zu sein. Im ersten Teil geht das Buch der Frage nach, welche Rechte den Käufern in solchen Fällen gegen ihre Verkäufer zustehen.
Der zweite Teil erörtert, ob und wann Produzenten und andere Inhaber von Gegenständen, die im Verdacht stehen, Gefahren für Dritte zu bewirken, darüber die zuständigen Ordnungsbehörden informieren müssen. Das Buch widmet sich damit Rechtsfragen, die in den letzten Jahren durch zahlreiche Skandale, zuletzt den BSE-Skandal, immer wieder aktuell geworden sind.

Aus dem Inhalt: Gewährleistungsrecht des Käufers · Fehlerverdacht als Mangel der Kaufsache · Rügelast des Käufers · Selbständige und unselbständige Auskunftspflichten von Produzenten und anderen gegenüber Ordnungsbehörden bei Gefahrenverdacht · Auskunftsverweigerungsrechte

FSC
www.fsc.org
MIX
Papier | Fördert
gute Waldnutzung
FSC® C083411

Kolibri 360 GmbH
Ferdinand-Jühlke-Straße 7
99095 Erfurt, Deutschland
produktsicherheit@kolibri360.de

Druck:
CPI Druckdienstleistungen GmbH
im Auftrag der
Kolibri 360 GmbH
Ferdinand-Jühlke-Str. 7
99095 Erfurt